闯生之路

开源节流降本增效案例集萃

中国石油天然气集团公司思想政治工作部 编

石油工业出版社

内容提要

本书荟萃了中国石油天然气集团公司各级单位在生产、销售、科研等领域开源节流、降本增效的优秀案例，融汇了广大石油员工的集体智慧，从管理创新、科技创新、全员创新、石油情怀四个方面展现了石油人艰苦奋斗、爱岗敬业的精神面貌。

图书在版编目（CIP）数据

内生之路：开源节流降本增效案例集萃／中国石油天然气集团公司思想政治工作部编．
北京：石油工业出版社，2015.9

ISBN 978-7-5183-0828-6

Ⅰ．内…
Ⅱ．中…
Ⅲ．石油企业－工业企业管理－成本管理－案例－汇编－中国
Ⅳ．F426.22

中国版本图书馆CIP数据核字（2015）第176819号

出版发行：石油工业出版社
（北京安定门外安华里2区1号　100011）
网　址：http://www.petropub.com
编辑部：（010）64523582
图书营销中心：（010）64523633
经　　销：全国新华书店
印　　刷：北京晨旭印刷厂

2015年9月第1版　2015年10月第2次印刷
710×1000毫米　开本：1/16　印张：29.5
字数：390千字

定价：55.00元
（如出现印装质量问题，我社图书营销中心负责调换）

《内生之路》编委会

刘封黎	刘俊哲	刘洪升	闫德山	米小双
江成明	汤志斌	宇　峰	安　利	孙　喜
孙永生	孙伟卿	孙宏建	孙钦瑞	苌新平
严忠萍	苏　健	杜小龙	李　江	李　建
李　威	李　桦	李　寒	李　想	李国平
李建雷	李春文	李玲月	李署芳	李鹏飞
李新霞	杨　军	杨　艳	杨　莉	杨文伟
杨昌辉	杨商艺	肖　扬	吴　萌	吴　锦
吴利平	吴明祯	邱必武	何　明	何　佳
余炜皓	余颖庆	谷　玥	沈小明	宋　华
宋　诤	宋连军	张　奕	张　洪	张　勇
张　猛	张　斌	张　鹏	张　腾	张立敏
张丽萍	张宏志	张国发	张金雷	张彦宁
张祥允	张喜民	张霄汉	陆文涛	陆智勇
陈　帅	陈　扬	陈　波	陈　薇	陈天伟
陈廷库	陈冠杉	陈雪洲	邵东波	武登峰
范永福	罗伟强	金　锋	金红红	周　安
周东宁	周丽平	周英操	周明川	庞　鸿
郑延鹏	单江江	居正和	孟祥宇	孟得省
封　美	封　衡	项洪亮	赵　帅	赵　亮
赵小森	赵洪钢	赵新华	胡　铁	胡　健
胡　晶	胡文江	柳　楠	柳小龙	皇甫锦峰
俞金保	姜长海	费　梅	姚晓露	秦　阳
秦海旭	袁　辉	都业辉	倪德宏	徐　文
徐亚欧	徐鑫金	高　博	高　强	高财禄

郭永华　郭庆丰　郭宗轲　郭南楠　唐　梅
唐钰淏　黄　强　黄　鹤　黄飞虎　黄东旭
黄延兵　黄新军　萧庆华　曹继辉　龚　耕
常　林　常记佳　崔永峰　崔路广　盖　博
董飞武　董玉梅　董红军　韩　阳　韩子慧
景忠峰　谢　宁　谢炳军　鄢运德　裴海红
廖　涛　廖万君　翟小强　熊卫斌　熊运冬
颜世闯　薛　军　薛建晖　戴百聪　鞠延波
鞠宝军

前言

中国石油天然气集团公司（以下简称“集团公司”）是实行上下游、内外贸、产销一体化、按照现代企业制度运作，跨地区、跨行业、跨国经营的综合性石油公司，在推动我国能源生产和消费革命、保障国家能源安全、实现国有资产保值增值等方面肩负着重大责任，承担着神圣使命。集团公司2014年年底资产总额居央企之首，在世界大石油公司综合排名第三、世界500强排名第四。

当前，我国经济发展进入新常态，世界石油市场供需宽松局面依然持续，国际油价连续走低，对企业的发展提出了新要求、新挑战。站在新的起点上，集团公司坚决贯彻国家各项部署，紧紧抓住国家大力推动能源革命、加快实施“一路一带”等战略的历史性机遇，聚焦油气主业，调整优化结构，着力挖掘潜力，构筑发展优势，推进企业稳健发展。特别是深入开展全员、全过程、全方位开源节流降本增效工作，实施对标管理和精细化管理，努力实现管理增效和提质升级。

小中见大，成业之基。提升企业素质，必须激活基层、筑牢基础。思想政治工作部认真落实集团公司党组部署，全面开展“五新五小”群众性经济技术创新活动，动员和组织广大干部员工结合企业和岗位实际，从小从细入手，钻研新技术、新工艺、新材料、新装备、新方法，致力于小革新、小发明、小改造、小设计、小建议，弘扬石油工业的优良传统，努力重塑中国石油的良好形象，汇聚起推进企业发展的强大正能量。

小革新凝聚大智慧，小案例彰显大主题。“五新五小”群众性经济技术创新活动在基层迅速展开。年初以来，我们在近千个案例中，精心甄选出140个有效、实用、管用的优秀案例集结成书。全书包含管理创新、科技创新、全员创新、石油情怀四个篇章，内容涵盖了集团公司上中下游各个行业、企事业单位各个层面、日常经营管理各个领域，既展示了开源节流降本增效的巨大空间和先进做法，又彰显了广大干部员工继承弘扬大庆精神铁人精神的优良作风和石油情怀；既体现了工作中的效益意识、效益精神，又反映了创新创效的工作思路、工作方法。同时还增加了员工哲语、岗位感受、权威点评、知识链接等内容，对案例进行了丰富提升和延伸拓展。

这些案例创新型与效益型并重、典型性与推广性兼顾，是基层广大干部员工聪明才智和主人翁情怀的集中体现，是企业稳健发展进程中熠熠生辉的效益珍珠。希望这些案例能够给广大干部员工以启迪借鉴，成为群众性经济技术创新活动好经验的“百宝箱”、可学可用的“案头书”、拓宽思维的“催化剂”，也希望通过这些案例，宣示一种主张，彰显一种态度，营造一种氛围，激励和鼓舞广大干部员工在企业发展的大舞台上，充分发挥自身的聪明才智，把开源节流降本增效这篇大文章写得更加生动精彩！

让我们为基层单位的激情创造点赞！

让我们为干部员工的主人翁情怀喝彩！

让我们为中国石油的稳健发展加油！

本书编委会

2015年9月

目录

第1章

管理创新，拓宽开源节流之路

不等不靠，顺势而为，向管理创新要效益。紧紧围绕质量效益目标，突出开源节流重点，创新管理理念，强化战略引领，完善规章制度，激活人力资源，优化组织结构、管控模式和生产运行……管理创新涉及行业方方面面，融入企业管理各个环节，强化了成本控制，促进了效益增长，提升了管控水平，为稳健发展夯实了管理基础。

第1章 管理创新，拓宽开源节流之路

第2章 科技创新，舞动增收创效之翼

务实创新，锐意进取，以科技创新为主导，培育经济新增长点，提升核心竞争力。组织实施科技项目攻关，研究推广新技术新工艺，一个个专利，一项项成果，为企业发展插上了科技的翅膀，提高了工作效率，降低了生产成本，实现了高附加值，增强了抵御风险、战胜困难的能力，有力支撑了企业稳健发展。

第2章 科技创新，舞动增收创效之翼

第3章
全员创新，夯实节支降耗之基

聚沙成塔、积水成渊，节支降耗从我做起，点滴入手。为节支降耗献计，为压缩成本献策，来自基层、源于岗位的技术创新、修旧利废、工艺再造、发明创造，为企业创造着不菲的价值和效益。层出不穷的小发明、小革新、小改造、小设计、小建议，凝聚着广大员工群众的智慧和力量，体现着广大员工群众迎接挑战、战胜困难的信心和决心。

第4章 石油情怀，铸就控本增效之魂

新形势、新任务、新常态，催生新使命。百万石油人以大庆精神铁人精神为引领，在平凡的工作岗位上，满怀“我为祖国献石油”的豪情壮志，以强烈的主人翁责任感，投身石油事业改革发展新实践，爱岗敬业、艰苦奋斗，勇于创新、争创一流，淡泊名利、甘于奉献，用实际行动诠释着踏上新征程的石油人情怀，展示着迈入新时期的石油人风采。

第1章 管理创新，拓宽开源节流之路

不等不靠，顺势而为，向管理创新要效益。紧紧围绕质量效益目标，突出开源节流重点，创新管理理念，强化战略引领，完善规章制度，激活人力资源，优化组织结构、管控模式和生产运行……管理创新涉及行业方方面面，融入企业管理各个环节，强化了成本控制，促进了效益增长，提升了管控水平，为稳健发展夯实了管理基础。

"淘宝"式物资管理

■ 大庆油田公司

随着生产规模不断扩大，大庆油田第一采油厂物资流动量和采购总额呈逐年上升趋势，一些深层次、结构性矛盾逐步显现，突出表现为：计划上报链条长，执行效率低；采购供应节点多，风险控制难；仓储设库分布散，领料程序繁；资金结算单据杂，核算工作重；修旧利废空间大，交旧执行差；业务数据量大，统计分析难。2014 年以来，他们借鉴淘宝网站的网上购物管理方式，在对物资管理系统进行扁平化整合、集中化仓储的基础上，建立各环节一体化运行模式，生产一线岗位可以借助物资网络平台，在物资超市中根据需要选择物料，直接生成采购单审批后转交到供应商手中，在很短的时间内就可以送货到现场，将物资采购、仓储、配送等相对独立的资源有机整合为一体，优化配置，统筹管理，实现物资的全生命周期管理。

▶ 推行专业化管理，做专物资服务保障职能

以往物资系统是厂、矿、队三级管理模式，供应商与使用单位存在交集，账目多、从业人员多，风险点多。第一采油厂通过简化管理机构、优化岗位设置和强化专职管理，实现了结构重组。取消矿大队材料组和库房，由三级管理变为厂级直线管理；撤消矿大队物资相关岗位，由厂集中优化设置；85 个库房合并为"1+8"，即

1 个中心库和 8 个专业库房，对井下工具、化学药剂和抽油机配件等物资实施集中管理；整合相关管理办法和实施细则，构建了“一法、六则、一册、一流程”的制度体系，指导员工的日常操作。重组后，基层相关岗位由 158 个削减为 107 个，减少矿大队物资管理人员 97 人。

实施一体化运行，实现物资全生命周期管控

第一采油厂构建了“六统一”物资管理业务流程，实现油田物资从计划、采购、配送、收旧等每个环节都能环环相扣、无缝衔接。

统一计划。过去基层队逐级申报计划，现在物资供应站统一制订年度计划，月度按需分解，计划报审人员由矿大队 26 人减少到厂级 2 人，审批周期由 23 天减少到 10 天，报审效率提高 56.5%。

统一采购。过去按矿大队需求采购，厂家分散供应，现在提前落实采购资源，优选战略供应商，随用随买，已招标物资采购周期缩短 25 天，未招标物资采购周期缩短 55 天。

统一仓储。过去由厂按需发放，矿大队各自储备，现在厂统一设库，通过“框架协议”，增加供应商库存，减少厂实物库存；设置样品库房，存放招标样品 1200 余件，变目测验收为对标验收，有效避免采购物资与招标质量不符。

统一配送。过去基层队各自出车出人领料，现在专业配送班组送货上门，按照“先急后缓、一车多达”的原则确认配送对象，合理分配任务、优选运输线路、精细设定时间，形成物流模式的物资配送，目前已具备日配送 3.5 万件的能力。

统一结算。过去各矿大队分别结算与核销成本，现在厂物资中心库集中结算，分单位核销成本，2014 年发票总量比 2013 年减少

33.6%。

统一收旧。过去各矿大队分别收旧维修，现在厂成立仪器仪表、机采设备等专业修旧队伍5个，物资中心库集中收旧，对废旧物资分类定点存放，专人鉴定，缩短鉴定周期，废旧井下工具挑选鉴定周期由15天缩减到2天以内。

通过实施“六统一”的一体化运行，逐步实现计划管理由统计型向统筹型转变，采购供应由临时型向战略型转变，仓储管理由分散型向集中型转变，财务核算由独立型向集合型转变，修旧利废由粗放型向专业型转变，资源调配由管理型向服务型转变。

▸ 搭建信息化平台，强化物资管理高效执行

作为新老物资管理模式转化的桥梁，新的物资一体化信息平台涵盖物资计划、采购、仓储、配送、收旧利废等全生命周期各个流程环节。在需求计划提报上，由过去基层上报、等待审批、自行领料，转变为依托平台提报物资需求，用户就像淘宝一样，坐等物资配送上门，需要什么就可以点什么，很方便也很快捷；在日常仓储管理上，由过去的手工账本转变为持机扫码，通过无线传输将相关数据实时传送到计算机，进入平台数据库汇集保存，库房物资的收、发、存实现了准确高效；在物资全程管控上，物资库存数字化、透明化、动态化，在库、出库、退库等情况一目了然，实现了物资保障职能最大化；在决策分析上，借助平台集成的运算能力，充分发掘和利用数据之间的关联性，按特征生成所需的表单、曲线，实现对标管理常态化。

通过专业化改革、一体化运行和信息化应用，物资系统整体效能得到提升，呈现“三少一控制”的显著效果：有效减少成本支出，通过修旧利废、合理控制计划、集中配送、报废物资处置等减

少成本支出3.487亿元；有效减少供应周期，已招标物资供应周期减少71.7%，未招标物资供应周期减少45.8%；有效减少从业人员，合计向一线生产岗位流动189人；有效管控风险，各流程操作及信息透明度更高，消除变通等违规行为隐患，实现物资全生命周期可控。

◎ 案例撰写人：邱必武

权威点评

取消矿级材料组，实现机构精简，撤并分散仓储，实现中心库辐射全厂，统一计划、采购、仓储、结算、收旧和配送，实现集中管理，搭建网上超市，实现淘宝式采购，这一管理模式中所体现的扁平化、集中化、一体化、信息化，正好顺应了当前的管理潮流。而物资供应周期缩短50%以上，物资管理人员减少40%，物资采购更加方便快捷，则是这一模式创新所带来的高附加值。

——集团公司管理专家　窦春辉

“明白支票”降本增效

■ 长庆油田公司

随着油田开发时间的延长，采油作业区保稳产与控成本之间矛盾越来越突出。作为成本管理重点的材料费，既是消耗的大头，也是管控的难点。2013 年以来，长庆油田公司第三采油厂五里湾第一采油作业区探索并推广“明白支票”，把材料控制的“数量”变成可度量的“支票”，变“领”材料为“买”材料，激活了井区在成本管理中的主体责任，为降本增效开辟了新路子。

▶ 以票取价“明家底”

每年年初，由作业区料库将年度材料费仿照支票形式分别印制成 300 元、500 元、1000 元、2000 元、3000 元、5000 元、10000 元不等面额的内部“明白支票”（见图 1）。在给井区下达材料费总额的同时，按照量票等价的原则，将“明白支票”一并下发给井区，由井区长统一保管。井区通过召开班子会、员工大会等形式，给员工亮家底，定挖潜新目标，按照年、季、月，分井、站、岗制订出井区全年材料费使用的计划大纲，实现成本管理由“数量”向“价值”的根本性转变。以前对基层干部员工而言，成本控制在大家的脑海中就是一个“数字的加减法”，而现在的“明白支票”用一张就少一张，有了花钱的直观感和省钱的紧迫感，干部员工像持家一样精心理好自己的“钱匣子”，齐心管好企业的“钱袋子”，增强了全员的责任意识和效益意识。

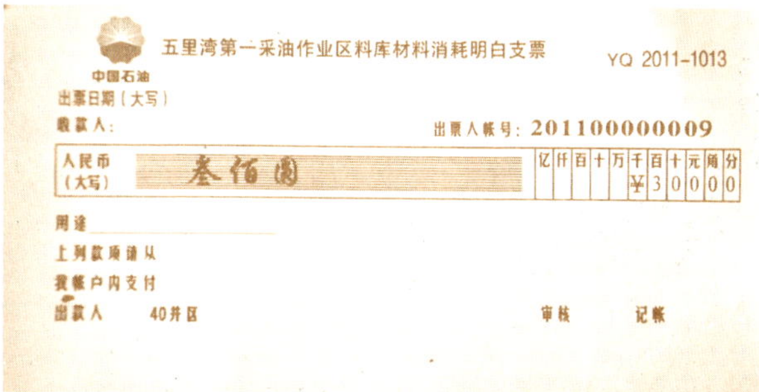

五里湾第一采油作业区料库材料消耗明白支票　YQ 2011-1013

中国石油

出票日期（大写）

收款人：

出票人帐号：201100000009

人民币（大写）　叁佰圆　亿 仟 百 十 万 千 百 十 元 角 分　¥ 3 0 0 0 0

用途

上列款项请从

我帐户内支付

出款人　40井区　审核　记帐

图 1　明白支票

▸ 拿票领料“强责任”

井区资料室每10天向各井、站收集一次用料计划，并进行整理、归类。根据井区库存情况，由材料员制作领料计划单，核算出所需的成本费用，并由主管生产的副井区长进行审核把关，井区长签字确认。材料员从井区长处领取材料计划所需的“明白支票”，到作业区拿票领料。这样，倒逼井区勤算效益账，每次领料前，井区干部都要认真盘点（见图2），哪些材料是必需的，哪些材料是可以修复重新利用的，不仅使材料费的使用更加合理、规范，而且真正把有限的费用用到了“刀刃上”。以前输油泵一有故障，不管是井区干部还是岗位员工，都会领用新设备，现在花支票就跟花自家的钱一样，领料的过程就跟拿钱到商店买东西一样，大家都会精打细算，能修复的绝不领新，能更换配件的绝不整体更换。

岗位感受

井区长郭峰：每一张支票的支付，都是成本的支出。“明白支票”不仅让我们清楚每一分钱花到了哪儿，而且明白成本该怎么省。

图 2 员工定期盘库

▷ 凭票对标“重激励”

每月 30 日，作业区与井区同步对接，以“明白支票”为依据对材料消耗情况进行成本价值分析，将每一件材料落实到班组、井组，确定消耗源点，按时公示，接受监督。并结合生产实际，将三年来同层次、同区域的井组、站点不同时段的成本发生明细进行详细对比、分析，选取平均消耗费用作为“标”，在井区、班组开展成本对“标”管理，强化成本考核激励，对于成本节约（超支）的井区按照节约（超支）费用的 10% 对进行考核兑现。通过对标，不仅树立了效益的标杆，而且找准了成本差异的主要原因，井区干部员工努力从生产前端挖潜增效，实现了从源头上控降成本的目的。一次，离月底还有一个星期的时间，可柳 130 井区井区长高应勇开始犯难了，手中当月的“明白支票”已经花完了，超支就会影响大家的收入，于是他组织井区的技师和大班员工硬是从废料堆里组装了 2 台热水循环泵，既解决了生产急需，又盘活了废旧资产。

“明白支票”的推广，提升了全员成本效益理念和价值创造能力。2014 年，作业区各井区自己动手加工管阀配件千余个，修复中、低压阀门 255 个，制作加工加热炉盘管 45 个，修复水源井电动机 14 个，制作抽油机毛鞭子 110 个。作业区料库通过合理调剂，将修复后的旧油管杆、电动机阀门、泵料等进行二次利用，全年节约材料费用 523 万元。

◎ 案例撰写人：费梅

权威点评

“明白支票”的推行，改变了传统的成本管理模式，提升了企业价值创造能力，调动了全员关注成本、挖潜增效、参与管理的积极性，为推动精细管理、促进提质增效提供了借鉴。

——集团公司管理专家　何炳忠

让"家底"重获新生

■ 新疆油田公司

2014年1月，风城油田作业区物资管理站副站长韩子慧，手拿着《存货盘点报表》，双眉紧锁，报表上显示的20项、1395万元无动态物资让她坐不住了。她带上报表来到库房，和仓储保管员逐一核对物资需求计划、到货时间、入库验收记录、材料收发存明细账。之后，物资管理站立即召集专业组会议，分析物资材料产生无动态的原因。

风城油田是新疆油田公司目前最大的超稠油生产基地，随着油田建设规模逐年扩大，物资材料的收发存量也与日俱增，受油田建设速度、生产工艺技术革新、新产品应用等因素的影响，油田闲置材料和废旧物资如雪球般越滚越大。大家一致认为应从挖掘内部物资潜力入手，在全作业区范围内开展开源节流、清仓利库活动，这样不仅能为油田生产经营带来新的效益增长点，同时还极大地降低由于生产现场堆积大量闲置物资所造成的物资遗失、损毁风险，预防和减少所辖地域的治安隐患。韩子慧提出了"三步"工作法，即全员清仓利库查"家底"、部门统一联动核用途、现场"六平一代"再利用。

第一步，清查。动员全体员工开展清仓利库工作，清查工作横向到油田所属各单位，纵向到基层单位班组账内外物资。对清查出的所有物资全部建账，并进行"四号"定位、"五五"摆放标准化管理。

第二步，核实。物资管理站与使用单位充分协调沟通，摸清、摸准油田生产动态，确立科学、适量的物资集中储备品种、数量。在清库的基础上，核定出油田物资经济运行的库存品种和数量，确认出无动态、积压、超储物资，协同生产技术、设备工艺和质量监督部门对闲置物资根据料性确定处理、使用方向和方法。

第三步，利用。对查出的无动态、闲置积压、超储物资，通过多种形式在油田建设中加以充分利用，加快物资周转，盘活资产。

物资管理站全体员工按专业岗位分成四组开展工作。

物资计划组负责物资平库替代工作。运用 ABC 分类法管理库存物资，谋求“通过适量的库存达到合理的供应，使得总成本最低”，通过专业技术论证，平衡采购需求、替代使用、消减库存物资。2014 年发出无动态物资 18 项 567 台套，盘活资金 25 万元。

材料采购组负责物资内外部调剂工作。与信息部门配合，利用网络平台，共享资源。加强与同行兄弟单位之间的联系，将需调剂物资拍成图片上传网络，调剂给有需求的兄弟单位使用。2014 年完成厂间转储无动态锅炉配件 19 台套、盘活资金 77 万元；调拨超储普通油管 1003 吨，盘活资金 785 万元。

岗位感受

物资管理站仓储保管员严忠萍：原来露天堆放的废旧物资让库房值班门卫提心吊胆，生怕被盗丢失。通过开源节流、清仓利库，释放了仓储保管员和值班门卫的有效工作时间和工作量。目前，库房腾出来的货位，已经摆上了油田生产现场需要的常用物资。

仓储保管组负责回收物资的修复再利用。做好从油井回收来的旧油管、旧抽油杆、旧抽油泵等材料的入库、发放、存储工作，将经过分选、清洗、校正、探伤、试压等工艺修复合格的物资，发放到生产现场重复再利用，2014 年修复再利用物资节约采购资金 2439 万元。

物资管理组负责报废物资处置工作。将油田建设产生的报废物资全部集中回收，细化类别、评估定价，进行对外处置，提高废旧物资综合价值，2014 年为油田生产经营回笼资金 316 万元。

◎ 案例撰写人：韩子慧　高博　董玉梅　严忠萍

知识链接

产品全生命周期管理（Product lifecycle management，简称 PLM）是指管理产品从需求、规划、设计、生产、经销、运行、使用、维修保养、直到回收再用处置的全生命周期中的信息与过程。

ABC 分类管理法（ABC classification）又称为重点管理法，是指将库存物品按品种和占用资金的多少分为特别重要的库存（A 类）、一般重要的库存（B 类）和不重要的库存（C 类）三个等级，然后针对不同等级分别进行管理与控制。

创新防冰堵法解难题

■ 西南油气田公司

西南油气田公司川东北气矿宣汉采气作业区天然气输气管线分布在大巴山南麓高陡山区，地形高低起伏大，天然气管网处在整个川渝地区管网始端，输气量大，管网压力高，大部分管线输送压力均在6兆帕以上，且都为含硫湿气（含硫量均在10克／米^{3}以上）。因管输天然气水露点高，在冬季生产中（冬季气温常在 −2 ～ 5℃左右），很容易形成水合物堵塞管线，严重影响天然气生产安全。为此，作业区通过大量实践工作，探索出了输气管线“三优化、三必清、三保障”的“333”防冰堵法（见图1），有效防治了冬季天然气管线冰堵问题，克服了冬季生产天然气管输困难，实现了连续9年集输气干线零冰堵。

图1　冬季防冰堵

▶ 三优化

一是优化天然气管网运行方案，对天然气实行高低压分输，采用高含硫天然气分段稀释混输。运用此方法，不仅最大程度发挥现有生产气井的自喷能量，而且降低了天然气管网输气压力和硫化氢含量，降低了管线形成水合物的温度。二是优化防冻剂加注方式。对气井防冻剂加注工艺措施进行改造，将原来的大排量泵间歇加滴注改为小排量泵连续加注，实行连续24小时加注防冻剂，有效改善了防冻剂加注效果，增强了防冰堵作用；同时，通过对比，也降低了药剂加注量。三是优化防冻剂加注制度。通过手持式红外线测温仪，按时录取各输气管线进出站温度，根据录取的各输气管线进、出站温度，分析管线前后端温差。同时，结合大气温度，及时调整防冻剂加注制度。

▶ 三必清

即“大气温度骤降前必清管，管线输送效率低必清管，管线输气压差大必清管”的管理制度。冬季生产之前，综合往年各管线清管周期、输气压差和管输效率等信息，制定各集输气干线、支线的清管周期，使之更加优化、实际。同时，在清管过程中，采用小管径管线重复使用清管器，大管径管线（公称直径150毫米以上）清管，采用双向清管器并重复使用，有效节约了生产成本。另外，还针对冬季生产的重点、难点管线，制定了“一线一策”的管理办法，动态监控管线运行情况，结合运行情况、特点制定合理的清管制度。

▶ 三保障

一是强化监管保障。加强调度控制中心的值班力量，要求各井站员工每小时巡检一次，每小时汇报生产数据、异常情况，并及时分析生产异常情况。加强管线运行精细管理，建立各条管线运行台账，每日录取各管线压差、输气量、管温、大气温度、分离器压差等，计算各条管线输气效率，为管线的管理提供依据。加强防冻剂加注管理，按照冬季生产方案，督促各井站有序、合理地加注防冻剂，并建立加注台账。二是强化设备保障。每年冬季生产前，及时完成各井站安全阀及井安系统的调校工作，防冻剂加注泵的巡检和预防性维护保养，对水套炉炉膛、烟囱进行清掏，确保站场工艺设备安全可靠及水套炉的保温效果，为冬季生产防冰堵工作提供了有力支撑。三是强化技术保障。对冬季生产异常困难的气井，派驻技术干部或技师到现场，指导井站组织生产、安全工作，确保在出现异常情况时，能第一时间处理问题，保证冬季生产安全平稳受控。

使用该方法见到了明显效果：一是有效节约了生产成本。通过对防冻剂加注制度的优化，2013年较2012年防冻剂加注总量下降15%，节约防冻剂6.9吨，节约成本约10万元。通过对清管周期的优化，2013年较2012年干线清管频率下降24.5%，支线清管频率下降23.6%，节约成本14.4万元。同时，减少了放空气量和管线停运的损失。二是管线输送安全得到保障。通过以上措施，提高了冬季生产期间管线输送效率，实现了2005—2014年连续9年集输气干线零冰堵，为天然气安全平稳生产提供了可靠保障。三是提升了年轻技术干部素质能力。在冬季生产期间，派驻年轻技术干部到现场学习，加大实践锻炼力度，培养了组织、操作、协调、指挥等能力，加快了年轻技术干部成长步伐。近三年，先后培养了43名技能骨干、8名技师。四是确保了年年超额完成生产任务。通过以上措施，确保了冬季生产管线畅通无阻，最大程度发挥了气井产能，实现了年年超额完成天然气生产任务，所属黄龙场气田被中国石油天然气股份有限公司评为“优质高效开发气田”。

◎ 案例撰写人：周安　向恒　赵小森

三管齐下只为“效”

■ 大港油田公司

大港油田供水公司港东污水处理厂主要负责集中处理油田中心城区生活污水，处理量 1 万米^3/ 天。2014 年，面对异常紧张的生产经营形势，港东污水处理厂三管齐下，紧抓电、药剂、天然气三项成本控制，减少成本支出，深挖经济运行潜力，降本增效成果明显。

▶ 降伏“电老虎”

一方面，提升工艺管理水平，使系统更经济化运行。根据往年同期生产运行基础数据，结合不同季节进水水质状况特点，调整优化预处理部分运行方案，在保证运行效果的基础上，实现了动态调整设备单体的运行数量，优化了鼓风机类大耗电设备的开启台数或控制的运行时间；加强岗位责任制度建设，提高岗位运行人员的责任心，增加岗位巡查的频率，将自动运行的格栅机及配套的水平螺旋输送机、压榨机改为人工启动，集中处理浮渣和垃圾时间，减少设备空转时间；调整各池体中工艺搅拌器运行时间，对设备设施单体上的浮渣每日两次组织员工进行人工打捞，每周对高效沉淀池搅拌区内的浮渣打捞一次，降低杂物对后续工艺设备造成电耗和故障率。另一方面，加大技术改造力度，进一步节支降耗。组织生产技术人员针对耗电较大的污泥处理车间进行技改，更换原有的带式污泥脱水机，安装间歇运行的叠螺式污泥脱水机（见图 1），将原有为污泥脱水设备提供反冲洗水的长轴泵更换为潜水泵。同时，调整供水管线线路分布，减少输水过程中水力损耗，提高了冲洗水头出水压力。经过线路改造，不仅污泥脱水机产出污泥含水率高、滤布冲洗时间长、脱水机故障多等问题，还使污泥脱水间原有的 2 台 5.5 千瓦冲洗水泵退出运行。此外，根据季节变化情况，及时调整高杆灯的启停时间，相继改造仪表风车间、污泥脱水间照明灯具，更换为 LED 灯具，最大程度降低非生产性用电能耗。2014 年 1—12 月份，累计节约电量 34.43 万千瓦时，减少电费支出 15.31 万元。

图 1　更换后的叠螺式污泥脱水机间歇性运行，大幅降低电耗

▸ 管好“药匣子”

在药剂管理方面，污水处理厂从药品采购进厂着手，结合生产用药情况，提前预估采购药品数量，保证合理库存，严格做好对进厂的每个批次药品的检验，保证药品质量达到采购标准，登记清楚每个批次药剂的有效期。药剂发放过程中，坚持“先进库、先发放”的原则，避免因药剂存放时间超过有效期造成药剂的浪费，很

好地保证药品的有效性。

在精确配药方面，厂里每天定时安排化验班化验人员到现场对进水、过程水、外排水等水质情况进行检验，每周在实验室开展一次药剂投加实验，利用实验结果动态指导调整工艺过程的药剂配比，确保投加药量高效、准确、不浪费。针对冬季温度低药剂溶解效果差的情况，专门为配药罐加装了暖气片（见图 2）。通过提高配药水温，达到了良好的药剂配制效果，杜绝了药品浪费的现象。仅一个采暖期就节约药剂 156 千克，节约成本 0.56 万元。

图 2　配药罐

在药剂投加方面，定期将工艺中的药品投加计量器具送到专业检验部门进行校验，严格保证计量器具的精确性。化验人员还会定期到现场对自动加药装置和人工配药进行校核药剂配比，检测药剂投加效果，结合进水水量情况，动态调整加药间计量泵开度大小，使加药量与进水量匹配，减少高效沉淀池的药剂投加量。

厂里技术人员还对加药间的加药系统进行了改造，自主设计了自动投药装置，精确控制每次自动投加药剂量，通过稀释水量调整加药浓度，使药剂配制和投加更加精细。在污泥脱水间，通过在三槽加药箱前端加装配药箱，延长了聚合大分子药剂的溶解时间，解决了因搅拌时间短大分子化学药剂结团沉底的问题，使所投药剂能更好与污泥进行反应，药剂投加控制也更加准确。2014 年 1—12 月，共节约药剂 58.65 吨，药费 12.46 万元。

▶拧紧“燃气阀”

港东污水处理厂冬季供暖主要依靠厂内的燃气供热锅炉，每年 150 多天供暖期所用的天然气费用也包括在经营成本中。为了尽量减少天然气的使用量，每年在采暖期到来前，厂里都要提前组织技术人员对燃气锅炉进行开炉前检查和维护，避免锅炉供暖期间发生故障停炉，减少维修过程中造成的天然气浪费；提前对厂区老化的采暖管线进行更换和维护，通过进行冷水通水试压，尽早发现漏水点和堵塞点，及时加以封堵和疏通，有效降低运行系统回流水量的漏失，减少锅炉补水频次，提升采暖系统热效率。供暖期间，港东污水处理厂根据天气变化情况，动态调整一体化供热机组热水出口温度，对锅炉实施环境温度动态监测，编发《锅炉巡查情况记录表》，安排岗位员工每 2 个小时巡视一次，记录锅炉出口温度及水位高度，确保锅炉机组始终保持经济运行。室外采暖管线全部包裹保温棉，减少传送过程的热量损失，对岗位上损坏的防火门统一更换，避免了采暖区域的热量损失。此外，由于污水输送过程中和污泥处理过程中容易产生硫化氢类气体，粗格

> **岗位感受**
>
> 港东污水处理厂杨秀春：通过加装自动投药装置，实现了准确计量，减少了药剂的浪费，减轻了我们的劳动强度，也改善了我们的工作环境，这真是两全其美的好事啊！

栅间、污泥脱水间等工作现场需要经常保持通风。港东污水处理厂在这些场所加装废气除臭系统（见图 3），解决了冬季开窗和排风扇换气的问题，有效减少了热量损失。通过以上措施，2014 年至 2015 年采暖期，共节约天然气 4.45 万立方米，天然气费 1.62 万元。

图 3　新增设的污泥脱水间除臭设备

2014 年，港东污水处理厂通过推行系统经济化运行、精细药剂投加等措施，累计节约成本 29.39 万元，圆满完成了全年生产任务和预算指标。

◎ 案例撰写人：刘洪升　孙伟卿　陈雪洲

“战略导向型”预算管控机制

■ 华北油田公司

近年来，华北油田公司从发挥整体优势、实现效益最大化的目标出发，全面落实“资源、市场、多元化”发展战略，对各业务原有财务预算管理模式进行有机融合，构建并实施“战略导向型”预算管理体系，实现三大板块、六项业务相互促进、共同发展。

▸ 统一预算机制，强化效益引领

投资回报机制：在未上市单位全面推行投资回报制度，对于集团公司、油田公司统一拨款的投资项目下达投资回报指标，对于各单位建设投资资金来源不足部分，给予内部贷款并收取利息；在上市业务，采油厂按一定比例承担当年折旧折耗，并按投资规模一定比例核定投资回报，在年度预算中予以体现；在集体投资企业，按投资资本额度和回报率确定年度预算，确保投资项目的效益。

流动资金有偿使用机制：对未上市和集体投资单位实行全额信贷管理，承担资金成本，提高流动资金周转速度和使用效果。

薪酬成本自求平衡机制：压缩和控制人员规模及薪酬费用，增员不增费用，自然减员扣减 50% 费用；鼓励各单位输出劳务、减员增效及加大外闯市场力度，缓解人工成本总额较快增长趋势。

科研单位运行经费挂钩机制：将科研单位运行费用分为基本运行费用和挂钩运行费，公司承担科研单位基本运行费用，保障科研工作有序开展；挂钩运行费用与科研项目工作量挂钩，按科研项目投资预算的一定比例匹配，激励科研单位完成科研项目的积极性。

超额利润激励机制：对超额完成利润的单位，按"效益优先、分类分级、超值激励"原则，根据经营性质，分别按照超额利润的25%、30%、35%给予奖励效益工资；对各单位年度业绩考核后实现的超额净利润或减亏额，允许继续用于下一年度的生产经营中，鼓励开源节流降本增效。

油气超产激励机制：油气生产单位在操作成本（含投资）不超支的情况下，超额完成油气商品量时，按照超产原油（含凝析油）商品量800元／吨、天然气（煤层气）商品量400元／千米^{3}追加操作成本，鼓励油气产品超产。

实施配套措施，保障管控有效

安全生产费用优先安排措施：按照集团公司相关规定计提安全生产费用，专款专用。统筹安全生产费用、投资计划和成本预算等资金渠道，综合平衡安全生产所需支出，对于公司安全生产费用不足部分，在投资及成本费用中予以优先安排。

稳油增产专项费用措施：按照公司勘探开发重点工作安排，安排注水、带压作业等稳油增产专项费用，专款专用，专项考核。注水专项区分基础工作量和效益工作量分别核定成本预算指标，与各单位工作量挂钩，年终考核清算；带压作业按照专业部门拟定的工作量，公司与二级单位按比例承担。

岗位感受

预算管理科张伟：新的预算管控机制，实现了公司上下游业务财务预算的一体化管理，使预算统筹更加优化，资源配置更加高效，促进了公司管理水平的持续提升。

完整项目管理措施：对公司煤

层气、储气库等新业务实施完整项目管理，将财务管理贯穿于项目运行的全过程，注重项目全生命周期、全要素的会计核算和效益核算，对项目进行整体跟踪分析和滚动评价，确保实现预期收益。

经营风险预警措施：加强月度预算管理与考核，提高及时性与有效性，并采取扣减绩效工资等约束措施；对重点预警单位的成本经费控制、资金结算等事项进行监督控制，制定改进方案及帮扶措施。

财务风险管控措施：完善资金管理制度建设，规范业务流程，严格落实资金收支两条线管理，防范资金风险；严格执行会计制度和相关管理制度，严肃财经纪律，规避审计风险；加强纳税筹划设计，完善税收风险识别及风险防控制度建设，降低企业税收风险。

经营指标评价对标措施：建立经营指标评价体系，综合评判企业的盈利能力、资产营运能力、发展能力，定期发布经营评价结果，引导各二级单位树立经济效益观念；健全考核指标、控制指标及评价指标并重的“三位一体”考评指标体系，逐步实现评价结果与业绩考核挂钩，加强经营战略引导作用。

提升资产管理效益措施：加强低效无效资产处置工作，优化资产存量，实现资产轻量化；加大盘活闲置资产的政策支持，对调剂双方按调剂资产价值一定比例增加零购资金，提高闲置资产利用效率；加强报废资产技术鉴定工作，最大限度发挥存量资产效益。

▸ 制定“一企一策”预算政策，实施差异化预算管控

在统一公司预算机制和措施的基础上，实施适应各单位业务定位的差异化预算管控。

油气生产单位及科研院实行成本中心模式：将成本经费指标作为年度预算的核心指标，在突出成本管控的同时，下达内部净利润

指标；按投资规模一定比例核定投资回报，在年度预算利润指标中予以体现，加快成本中心向利润中心转化。

生产服务单位实行利润中心管理模式：将净利润指标作为年度预算的核心指标，增强对经营效益的引导。对与油气主营业务关联度高的业务稳定现有规模，通过机制体制调整实现自我发展；限制发展与油气主营业务关联度不高、效益低的业务；精简压缩经费单位，取消经费补贴预算政策，实现亏损显性化；逐步退出产能过剩、竞争力低、盈利能力差的业务。

集体投资单位实行投资中心管理模式：以投资回报为基础的净利润、净资产收益率指标作为年度预算的核心指标，强化投资效益。

“战略导向型”预算管控机制经过几年的运行实施，涵盖了公司各层次、各项业务，资源配置不断优化，预算管控对战略发展的支持能力不断增强，促进了企业管理水平的不断提高。公司综合评价连续 4 年为优秀，上市业务经营指标评价在 16 家油气田企业中连续 4 年排名第 5 位，未上市业务年年完成集团公司下达的控亏目标并实现减亏，连续两年荣获集团公司未上市解困扭亏业绩改进奖，实现了公司整体效益的有效提升。

案例撰写人：闫德山　李新霞　王洪波

权威点评

“战略导向型”预算管理机制聚焦公司“资源、市场、多元化”发展战略，紧紧围绕发展效益这个中心，通过强化“投资成本效益一体化”预算管控，统筹优化资源配置，全面提升整体效益，为实现公司有质量有效益可持续发展，全面建成特色地区能源公司提供了坚实保障。

——华北油田公司总经理　黄刚

释放油田发展的“制度红利”

■ 吐哈油田公司

2014年下半年以来，面对低油价带来的严峻挑战，吐哈油田公司强化顶层设计，着力制度创新，在广泛调研、反复讨论的基础上，修订完善了市场、招标、合同管理三个办法，实现了招标流程再造。按照新办法对2015年连续性工程、服务工作量和物资采购进行打包招标，累计节约采购金额3.3亿元，有效释放了“制度红利”，为油田低成本发展奠定了良好基础。

▹ 完善市场机制，供应商随时准入

修订前的市场管理办法是在2010年制定发布的，四年多来，该办法在培育健康规范的市场环境方面发挥了重要作用。然而，随着企业内外部环境的发展变化，特别是2014年下半年以来国际油价的持续下跌，给油田有质量有效益可持续发展带来了严峻挑战，如何进一步完善市场机制，用市场换资源、降成本、提效益，成为亟待解决的问题。为此，新的市场管理办法首先改变了供应商准入模式。在不降低准入条件的前提下，给满足资质要求的供应商随时办理市场准入，而且市场准入证有效期由一年延长到三年，有效丰富了供应商资源，为实现招标充分竞争创造了条件。此外，新办法的采购立项程序也发生了变化，确立了“超前计划、同类合并”的采购立项原则。各单位、各部门要每年提前上报下一年度连续性工程、服务和物资对外采购计划，经专业部门对同类采购项目合并打包后进行集中招标，发挥规模采购的优势，为提高采购效率、降低采购成本创造了条件。

▶ 防范交易风险，推行“两段式”评标

近年来，油田原有的招标模式越来越不适应形势发展的需要，特别是招标率偏低，陪标、串标、虚假招标，招标降价效果不明显等问题的反复出现，都要求对原有的招标模式进行改革。为此，新的招标管理办法首先制定推行了“两段式”评标。技术标与商务标分开评标，即先开技术标，后开商务标，如果技术标不合格，不开商务标，有效提高招标质量，防范交易风险。其次，新办法将招标组织由原“一处三部”分类招标调整为由“招投标部”统一招标，实现了招标组织的专业化操作。再者，新办法对评标专家的产生方式也进行了规范。新办法规定，要根据项目的类型、金额，选取不同层级的专家担任评委，重大项目将由公司领导及公司级技术、商务专家参与评标，提高招标的质量。

▶ 堵塞管理漏洞，强化合同审查

在合同管理方面，由于原办法对经济、法律、技术三项审查制度规定不清晰，导致合同运行过程中主体不明确，责任不落实，小额合同多，不但浪费了管理资源，而且存在一定的法律风险。为此，新的合同管理办法首先完善了三项审查制度，要求法律、技术、财务部门依次对合同进行审查，有效提高了合同的质量，降低了合同运行过程中的法律风险。其次，新办法对合同的订立程序进行了明确。要求当年年底要超前完成下一年度80%以上连续性工程、服务和物资对外采购合同的签订工作，进一步加强合规管理，杜绝事后合同。再者，新办法完善了合同的审查流程。增加了计划、财

务部门对采购立项和合同的审查，强化投资、成本的过程管理。第四，新办法完善了合同的审查范围。增加了公司内部单位之间订立合同的程序和要求，全面覆盖了公司所有类型的合同，堵塞了管理漏洞。

“三个办法”修订后，吐哈油田对2015年连续性工程、服务工作量进行了“合并同类”打包招标，已完成钻井、井下作业、土建施工、设备维修保运、通信网和社区宽带网、餐饮服务等价值53.73亿元工作量招标，比2014年节约投资成本3.96亿元。完成所有项目招标后，可累计节约4.2亿元以上，使企业的经营成本大幅降低。同时，“两段式”评标方法和配套程序，强化了招标各环节的管控，确保了招标工作合规运行；增加的合同审查管理程序，实现了公司所有合同的规范管理，有效规避了经营风险。

◎ 案例撰写人：皇甫锦锋

单井成本分析“变身法”

■ 冀东油田公司

冀东油田实施单井成本核算起步较早，但是大量繁杂的信息数据收集工作，让生产和经营人员经常加班加点。2013年以来，他们成功运用并持续优化单井生产运行成本分析系统，在“三个转变”中，精确计算单井的边际利润、毛利润及净利润，并将油井划分为净利井、毛利井、边利井、负效井四种类型，为重点治理和挖潜增效提供了依据。

变人工分析为智能报告

以前，单井成本分析需要一个团队花费几天甚至十几天收集各类数据，现在打开系统可随时调取，极大地提高了工作效率。尤其对于地质、工程技术人员来说，让他们把更多精力投入到油藏动态分析和油水井措施研究中，实现了产量、采收率、经济效益同步提升。单井生产运行成本分析系统能自动集成每口油水井的各项生产数据和成本数据，有强大的数据加工和信息转化能力，不仅可以分类别对全油田和各作业区、采油区、采油队、开发区块、单井进行生产运行分析和成本分析，而且可以满足各级管理者和用户的个性化需求，具有效益评价、重点跟踪、趋势分析、智能报告等功能。效益评价可以通过油价和吨油成本之间的关系，按照成本数据和产量数据，对设定报告期内的投入和产出效益进行客观评价，及时查找和弥补经营管理上的短板，提升单井管理能力和水平。趋势分析则可以根据固定费用和吨油成本，测算出最佳开井数和产油量，寻求产量与成本的最佳结合点，实现了成本投入最优，或者结合成本费用和产量需求，预测成本总额，取得最有效的产量产出。

▸ 变分头算账为统筹管理

冀东油田陆地油藏已进入特高含水阶段，平均综合含水率高达94.5%，储采结构失衡；滩海油藏构造复杂，储层变化大，单个砂体小，开发生产过程中地层压力下降快，自然递减率和综合递减率高。由于稳产基础薄弱，导致新井投产、水井措施、油井维护作业等工作量不断增加，单井成本不断上升，成本控制形势严峻。应用单井生产运行成本分析系统，实现了所有油水井生产数据信息和成本费用数据信息有机对接，全油田和各作业区、采油区、采油队、开发区块、单井，每月、每季、每年，产了多少油，花了多少钱，钱具体花在哪里，全盘全过程都在动态控制中。生产、经营、科研等各专业和各级管理者，围绕“效益开发”一个目标，充分利用先进平台的支持，劲往一处使，持续深化“一块一策”“一井一法”精细开发管理，并依据效益评价风险预警，及时优化开发方案、措施工序和油水井工作制度。

▸ 变事后总结为事前“精算”

以前，生产管理和专业技术部门往往一门心思琢磨改善油藏开发效果和油井增产措施，不大考虑成本费用情况。现在，按照低成本发展战略要求，必须把钱都用到刀刃上，油田更加注重事前评价和过程控制，尽量避免发生低效、无效工作量，提高资金使用效益。应用单井生产运行成本分析系统，使“懂生产必须懂经营，懂经营必须懂生产”的观念深入人心，实实在在地体现在从油田机关、作业区机关到采油区、采油队各个层面。为了进一步提高资金的经济有效回报率，冀东油田陆上作业区地质所在增产措施论证中，不仅仅关注油藏、工艺开发指标，更注重融入经济效益指标，并通过制作措施风险预评价图版，使单井措施投入的效益预评价分析直观化、简单化，有效降低了成本的“跑、冒、滴、漏”。

应用单井生产运行成本分析系统，实现了所有油水井生产数据信息和成本费用数据信息有机对接，深化了精细开发管理，油田启动了7个精细注水开发示范区建设。2014年，注水开发区块自然递减率下降3.1%，水驱储量控制程度和动用程度分别提高4.4%和6.2%。通过实施长停井综合治理，恢复长停井314口，增油3.4万吨，增注29.9万立方米，增加水驱控制储量363万吨，投入产出比达到1∶1.4，打开了吨油效益的突破口。通过对749口边利井和负效井进行升级治理，显著提高了经济效益，冀东油田陆上作业区地质人员应用措施效益评估模型，共计核减无效益措施37井次，直接经济效益达1480万元。

◎ 案例撰写人：朱米福

“五步”挖潜瘦身单车成本

■ 玉门油田公司

玉门油田综合服务处是油田工程技术服务单位，有运输车辆400多台，运输成本高，控制难度大。自2011年以来，综合服务处探索实施单车成本核算，坚持指标分解、制度完善、组织运行、统计核算、考核激励等全过程管控，车辆燃料、材料消耗和维修等全要素成本控制，通过“五步”挖潜瘦身单车成本，实现了运输业务效益逐年上升。

▶“一分解”确定考核目标

以单车完全成本为主体，以定额指标为参考，制定单车“业绩指标、工作量、油料消耗、材料及维修”4项核算要素。如：油耗核算要素的确定，先按照《运输车辆油料消耗定额》标准预算各车队油耗量，再根据公司下达的考核指标，结合预算情况确定每台车的节能量指标，并将能耗量和节能量按月分解，确定每个车队月度完成计划目标，最后将月度目标分解到班组、单车，制定出可行的油耗指标。

▶“二完善”奠定考核基础

一是完善油料管控。制定实施了《综合服务处油料管理办法》；结合《油田公司能源消耗定额标准》，实地跟车测量，制定车辆油耗标准；修订完善业绩考核办法。

二是完善设备操控。制定实施了拖车、吊车、客车、油罐车操作规程和《驾驶员岗位操作卡》，规范驾驶员操作行为；在车辆上加装燃油控制系统，使燃料控制向数字信息化转变；及时检修车辆路码表和吊车液压泵，精确计量车辆运行公里和运行时间，为油耗核算打好基础。

“三控制”规范业务流程

一是油票发放控制。正常工作任务，油料员依据当天的生产任务，做好时间、内容、油票号、油品号、定额、数量、里程数、运行工时等详细记录，核清前一次油票发放记录和工作量后，核发当日油量；在任务集中的钻井设备搬迁时，通过作业现场实地勘察路线、测定里程后，核准耗油量发放油票，遇到工作量变化，及时变更处理，并作好记录。

二是车辆运行控制。事先对运行路线实地考察，绘制路线图，合理安排，并利用 GPS 监控系统进行全程、全天候监控，不跑冤枉路，不变线行驶，减少空驶路段，降低运行成本。

三是车辆维修控制。驾驶员做好日常和一级维护保养，设备管理员根据运行公里数，下发《保养通知单》，修理厂完成二级及定项维护保养。故障车辆由驾驶技师、设备管理员、技术员等一起“会诊”，查明原因，预算费用，列出清单组织修理，减少因车况不稳定造成额外消耗。

“四优化”紧缩运行费用

一是优化驾驶技能。分析、评估驾驶员操作技能，针对性地开展技术培训、交流和经验分享，行车中根据路况将车速控制在经济时速，杜绝超速行驶和低速挡大油门等违规操作，冬季启动待车不超过 5 分钟，坚持慢走暖车，停车后及时安装挡风玻璃防护罩，减少待温除霜时间，降低运行成本。

二是优化安全管控。牢记事故是最大的浪费，利用行车记录仪，规范驾驶员操作中的不安全行为；坚持“驾驶员身体状态确认、出车前安全措施确认、作业前设备状态确认、行车中安全状况确认、收车后车辆回场确认”的安全行车“五步确认法”，控制安全风险，减少事故浪费。

三是优化设备性能。收车后，坚持车辆综合状况检查，及时解决问题，保持发动机、底盘、转向、行驶等各部件技术性能，消除车辆带病运行造成的高成本状况。

四是优化组织运行。大型搬迁作业集中接送驾驶员，拖车背卡车，减少车辆空驶，降低燃油消耗；节假日统一安排值班车辆，由小车队集中协调派车，提高了节日运行车辆的利用率，减少了非生产用车，降低了消耗。

岗位感受

客车大队曹继援：现在奖金与公里数、油料考核挂钩，大家积极性都提高了，以前跑完车，有临时出车调派的，大家都不愿跑，现在有空闲都主动到调度室，等调派出车，根据工作量评奖金，辛苦多，拿的也多了，心甘情愿，油料节省和超支也在奖金里兑现，大家心里都有一本账，怎样节油，都有自己的好办法，大家都操心了，积少成多，企业的效益自然就好了。

“五公示”激发控本积极性

将单车核算结果与驾驶员个人收入紧密挂钩，坚持“五个公示”保证公开透明，即公示单车收入情况、公示单车成本（燃料、材料、修理费、差旅费、过道费、停车费等）费用情况、公示单车油耗节超情况、公示安全事故事件情况、公示业绩奖励兑现系数，通过月考核、季兑现、年终总兑现，严考核，硬兑现，激发了驾驶员控本降费的积极性。

通过坚持落实单车核算，采用“五步”挖潜瘦身单车成本，使车辆运输业务2014年整体实现节能171吨标煤，事故事件从2011年的16起下降到2014年的0起，经济损失同比减少20.6万元。车辆运行成本与2011年相比大幅降低，车辆百公里油耗下降1.5%，万元产值材料及维修费下降16%；运输业务2011年整体盈利1217万元，2014年整体盈利 2785万元。全处从2011年亏损4198万元，逐年减亏，截至2014年年底实现扭亏为盈，完成利润23万元。

◎ 案例撰写人：王信

权威点评

玉门油田综合服务处全面推行“五步法”单车核算，通过细化指标分解，强化过程控制，量化标准考核，刚化奖惩兑现，取得了显著成效，实现了扭亏为盈的目标。

——玉门油田公司常务副总经理　陈建军

“配餐制”服务赢得市场

■ 吉林石化公司

面对激烈的行业竞争，吉化物流中心秉承“厚德载物、流通天下”的企业理念，以客户为中心，根据不同的产品、不同的客户，按照客户要求、产品特性、区域、运距、质量、安全性要求、运输节点等7项指标，设计公路、铁路、海路运输，以及公铁、铁海、江海等多式联运的专业物流规划、方案等，为客户推荐、选择最合适的物流服务模式。这种保质、保量、安全、快速、及时、准确、价优的个性化“配餐制”服务，赢得了市场，取得了可观的经济效益。

▶ 根据客户的要求“配餐”

不同的客户有不同的需求，有时，同一客户的需求也在不断变化。物流中心以客户为中心，不断调整服务策略，适应客户需求变化。国内某公司甲基丙烯酸甲酯铁水联运项目，原用1000吨位的船舶运输，2014年初客户提出降低运输成本的要求。对此，物流中心调整运输方案，改用运费单位成本相对较低的2000吨位船舶替代原用船舶，为客户节省物流成本30元/吨。

▶ 根据不同的产品“配餐”

物流中心拥有不同类型、材质的运输工具。水运工具有碳钢船、涂层船、不锈钢船，有的船有加温设备，有的船没有加温设备。公路运输工具根据压力分，有高压罐车、中压罐车、低压罐车、常压罐车、低压低温保温罐车；根据材质分，有碳钢罐车、白钢罐车、合金罐车。根据产品的理化性质采用不同类型、材质的运输工具。乙二醇产品水运用不锈钢的船舶；纯苯和对二甲苯在冬天运输，船舱配有加温设备；丁醇、辛醇使用普通的碳钢船；苯乙烯公路运输使用白钢罐车；夏季气温较高时，运输低闪点的液体化工品时，采用保温罐车等。

▶ 根据不同的区域“配餐”

物流中心业务范围覆盖全国，各个区域的地理、气候环境不尽相同。根据不同的区域，物流中心为客户提供不同的运输方案。例如云南、贵州、四川等地多山，优先选用铁路运输方式；沿海地区优先考虑水路运输方式（见图 1）。对二甲苯产品由重庆运往大连，根据地理环境不同，采取江海联运模式，由江船沿长江运至江阴，再由海船运至大连。根据气候环境特点，鲅鱼圈港在冰冻期，为防止浮冰破坏船体，采用舱容 2000 吨以上双底双壳的船舶运输。

图 1　吉林石化物流中心水运船舶

▶ 根据不同的运距“配餐”

公路运输价格高，铁路次之，水运成本最低。物流中心以“为客户降低运输成本”为出发点，根据不同的运距采用不同的运输方式。中短途采用公路运输模式，并在特殊情况下全程重载；内陆地区，2000 公里以上的采用铁路运输或公铁联运模式；沿海距离较远的，采用公水、铁水、江海联运方式。

▶ 根据货物质量要求“配餐”

有些化工品性能不稳定，其产品质量易受运输方式影响而发生变化。在运输过程中，某环节控制不到位，就会影响产品的质量。例如，为解决乙二醇在运输过程中质量受到影响的问题，实行专车专用、公铁联运的方式，使产品质量得到保障。

▶ 根据货物安全性要求“配餐”

化工品大多有易燃、易爆、易挥发的特性，特别是低闪点的液体化工品，夏季极易挥发，挥发气体如遇到静电或明火极易闪爆。物流中心根据产品的安全性要求，改变装车方式。国内某公司抽余油运输项目，用户要求参照汽油灌装方式密闭装车。物流中心委托有资质的厂家对 22 辆公路槽车进行装车系统改造，保证了 4000 吨 / 月的抽余油的装车安全。

▶ 根据运输节点的选择“配餐”

有时产品不能直接到达目的地，物流中心认真分析各个环节，优化运输节点布局，制定不同的运输方案。某公司对二甲苯产品由重庆运往绍兴，因全程公路运输成本过高，故采用公水运输方式。重庆至江阴采取水路运输方式；产品在江阴码头倒入储罐；由江阴到绍兴采取公路运输方式送达客户。某公司 AN 产品要由吉林运到宁波、上海，物流中心采取公铁联运加车船直取的作业方式，省去了产品在港口的仓储环节，在节省物流成本的基础上提高了周转效率。

“配餐制”服务充分做到了以客户为中心，满足客户个性化需求。凭借良好的信誉和独具特色的服务，物流中心在国内危化品运输市场占据了一席之地，与国内30余家企业建立并巩固了长期合作伙伴关系，形成了立足吉化、通达全国的物流服务网络，由“企业物流”向“物流企业”迈出了关键性的一大步，对外创效逐年递增。2012年，实现总收入35791万元，其中外部收入9126万元，占25%；2013年实现总收入42264万元，其中外部收入17746万元，占42%；2014年实现总收入45962万元，其中外部收入24758万元，占54%，实现了对外创效过半的里程碑式跨越。

◎ 案例撰写人：李玲月　姜长海　赵洪钢

在税费管理中寻金探宝

■ 抚顺石化公司

作为辽宁省纳税大户，抚顺石化公司近年来每年税费支出达到70亿元。如何更好地发挥财务服务生产经营和支持管理决策的作用，提高企业“规范运行、精细管理、科学理财”的工作能力和水平，抚顺石化公司财务处在税费管理中积极寻金探宝、念好效益经。

▹ 念好“思想经”，推动“全员管税”

抚顺石化公司积极强化日常税收知识的培训和宣传，并借助公司《石化动态》、企业网络门户等媒体，在全公司范围内普及税法知识，增强全员纳税管税意识，从整体上提升税收管理水平。目前抚顺石化已有三人取得注册税务师资格，一人取得注册会计师资格。为形成人人懂税法、全员管税的良好局面，公司建立健全财务部门专业管税与业务部门管税联动机制，关注涉税源头，明晰责任，强化事前控制，减少了不必要的税费支出。

▹ 当好“铁算盘”，强化“源头管税”

税源税基是企业纳税的基础，也是税收筹划的出发点和落脚点。抚顺石化公司财务处与计划处、质安环保等部门联合，对31种液态产品进行系统梳理，明确应税产品范围，办理消费税免税手续，并进行检验备案。抚顺石化重点加强了对土地、房产的核查、盘点，共计勘测土地1000多宗，面积1400多万平方米，房屋10万余间，核实了税源税基，为充分利用税收优惠政策提供了有效依据和支持。

针对近年来国家财税政策的不断变化，抚顺石化公司财务处及时接收并研究国家及地方新出台的相关政策，与公司经济业务相结合，及时进行纳税筹划，降低税负。作为大型炼化企业，抚顺石化公司充分利用炼化一体化特点，进行消费税筹划。在炼化间科学调配炼油产品和化工原料关系，将石脑油、燃料油产品进行深入加工，生产乙烯、芳烃类化工产品，以减少高税负、低价值产品出厂，有效节约纳税成本，实现整体效益最大化。

▸ 做好企业“大账房”，提升企业获利空间

依法规范纳税，做到“应缴尽缴”“应享尽享”，有效维护企业合法利益，这是抚顺石化公司财务部门的职责所在。抚顺石化目前应税土地面积1100余万平方米，土地面积大、分布区域广。根据《辽宁省地方税务局关于明确房产税和城镇土地使用税有关业务问题的通知》规定，对各类危险品仓库、厂房所需的防火、防爆安全区免征城镇土地使用税。抚顺石化公司财务处、规划发展处全面梳理公司所属范围内的防火防爆区域所占土地情况，向主管税务机关提交请示减免土地使用税，降低税费1500万元。他们根据《辽宁省残疾、孤老人员、烈属所得减免个人所得税管理办法》的规定，财务处、人事处联合，为公司残疾、孤老人员和烈属申请个人所得税减免优惠政策，争取减征个人所得税50%。目前，已为公司22名残疾员工办理个人所得税减免。

▸ 与时俱进，构建新型税企关系

抚顺石化公司积极构建新型税企关系，从积极主动、坦诚理

解、业务求精、沟通交流等方面加强业务交流，努力维护税企合法权益。先后开展了国、地税进驻企业现场办公，将税收行为置于企业经济业务的前端，为企业提供现场指导，实时交流，形成了税企的良性互动，为公司发展创造了良好的外部政策环境。税费管理的有效实施成为抚顺石化在强化管理、降本增效实践工作中“寻金探宝”的利器。抚顺石化公司防火防爆土地减免税每年可节税 2000 万元；工业园区土地减免税每年可节税 2100 万元；企业申请减免河道使用费、价调基金，每年可减少费用 1000 多万元。2015 年以来，在经济形势呈下行趋势的大背景下，抚顺石化公司企业效益逆势而上，3、4 月份共计实现盈利 3.98 亿元，比 2014 年同期减亏 7.6 亿元，190 项主要经济技术指标持续向好。在中国石油 26 家炼化企业中，连续两个月跨入月盈利企业行列，利润排名跃至第五位。

◎ 案例撰写人：胡晶

自产品替代进口货

■ 独山子石化公司

冰箱、电视、洗衣机、计算机等家电外壳的主要材料是高抗冲聚苯乙烯（HIPS），之所以具有良好的抗冲击性能，是因为原材料里添加了橡胶。独山子石化聚苯乙烯装置原设计中聚苯乙烯原料中添加的是进口“高顺橡胶”。但近年来，进口高顺橡胶价格高，并容易受运输等因素影响造成断供。一吨进口高顺橡胶 28000 ~ 48000 元，一吨自产低顺橡胶 18000 ~ 25000 元，如果高顺胶被低顺胶全部替代，每年至少可节约成本 1000 万元。这个账，乙烯厂橡胶联合车间的领导和技术人员天天算。聚苯乙烯产品成本如果节约下来了，产品效益就会升高，丁苯橡胶装置的效益也会升高。

车间的点子得到了乙烯厂的肯定和支持，车间立即向公司申报科技攻关项目。2012 年初，独山子石化公司成立“HIPS 产品生产配方改进研究与应用”科技攻关小组，计划逐步提高低顺橡胶试用比例，最终完全替代高顺橡胶。

试用过程持续了两年多。接触过橡胶生产的人都知道，低顺胶黏度大，温度低时更是容易黏附在设备上。装置冬季试用低顺橡胶时就遇上了这个难题。切碎的橡胶沫极易黏附在切胶机与溶解罐之间，时间稍长，便堵塞下料口，造成减产甚至停产。

车间攻关小组经过现场勘查，给出了一个全方位的处理方案，涂特氟龙防黏涂层、专人监护、定期查看、手动清理堵料，同时使用，防黏效果立竿见影。

后来经过现场深入分析，罐内的苯乙烯蒸汽在冬季更易冷凝在下料口，碎胶碰到苯乙烯液滴后不断黏附，造成堵塞。通过增加电伴热和保温，给碎胶下料短接套上“围脖”，阻止苯乙烯在此冷凝，从根本上解决了碎胶黏附堵塞的问题。

自试用低顺胶后，进料过滤器堵塞频率增加，从原来的三天切换一次，到三天切换九次，增加工作量与操作风险，也增加了过滤器滤芯成本。

通过实验和生产线运行参数分析，发现低顺橡胶凝胶含量偏高。丁苯橡胶装置迅速查找问题源头，改进生产工艺，降低凝胶含量，很快消除了过滤器堵塞的问题。经过对低顺橡胶的试用，还找出自产橡胶存在的问题，提高两个产品的质量，消除生产隐患。

试用的两种低顺橡胶达到一定比例后，抗冲击强度竟然降下来，聚苯乙烯产品的质量受到了影响。车间详细分析近期几十项参数的变化趋势，与技术专家探讨实践，发现在不增加橡胶含量的基础上，改进橡胶粒径大小，增加产品中橡胶相“细胞”大小等方式，可适度增加抗冲击强度。通过对反应器温度、搅拌器转速等关键控制参数的调整，抗冲击强度稳步回升至原来的高水平。

自使用低顺橡胶以来，共替代高顺胶 3987 吨，直接降低生产成本 4000 多万。开发出低成本 HIE-1 牌号，每吨产品成本降低 500 ~ 800 元，为公司创造了良好的经济效益，提高了高抗冲聚苯乙烯产品的市场竞争力。

独石化 HIE-1 牌号产品在全球 HIPS 产品中抗冲击强度排第二位，仅次于上海赛科生产的低熔融指数 HIPS-641 牌号。而 HIPS 产品熔融指数越高，产品抗冲强度必然越低。在相同熔融指数的产品中，独石化产品抗冲性能最好。

试用低顺橡胶为橡胶联合车间自产，有利于检验自产低顺橡胶性能，及时反馈使用信息，改进低顺橡胶的生产工艺，也有利于物资采购。独石化聚苯乙烯装置持续稳定生产 HIE−1 牌号产品。随着装置安全稳定长期运行，经济效益将进一步凸显。

车间不满足于现状，2015 年 4 月车间试用自产橡胶开发高光泽高抗冲 HIPS−3190 产品，获得成功。此产品属于高端聚苯乙烯产品，与国内同类产品相比，性能优秀，成本低廉，具有很强的市场竞争力。

◎ 案例撰写人：吴利平　杨昌辉

高性价比下的汽油调和

■ 大连石化公司

国五汽油作为大连石化最主要的盈利产品之一，汽油调和的整体优化效益很大。公司 9 个汽油调和组分的生产涉及 9 套装置，作为汽油调和组分的石脑油、甲苯、二甲苯，不仅可以作为调和组分，还可以单独作为产品销售。汽油调和整体优化包含优化 9 套装置运行，改善汽油调和组分品质；根据石脑油、芳烃、汽油产品价格变化，及时调整石脑油、甲苯、二甲苯参与汽油调和的比例，保证根据市场情况，汽油调和方案按整体效益最大化；做好汽油在线调和优化项目，实现汽油产品的优化生产。

▶ 轻石脑油经球罐调和汽油

大连石化公司以前用常压储罐储存轻石脑油，轻石脑油蒸汽压要求不大于 88 千帕。装置为控制蒸汽压，轻石脑油中重组分（C6 及以上）增多，辛烷值变低，密度变大。轻石脑油调和汽油时，一方面造成汽油蒸汽压偏低，另一方面增加高辛烷值调和组分的消耗，损失效益并造成汽油密度偏高，同时损失大量本可以作为重整料生产苯的 C6 组分。2014 年公司充分研究现有储运设施，依托气分球罐现有流程增上变频设施和少量管线，规避轻石脑油在常压储罐储存的蒸汽压限制，实现轻石脑油在球罐收油和调和汽油，轻石脑油蒸汽压、辛烷值上升，轻石中 C6 环烷烃大大减少。2014 年全年实现 19.2 万吨轻石脑油经气分球罐调和汽油，实现增效 3000 万元。公司 220 万吨／年连续重整装置苯收率同比增加 1.84%，相当于增产苯 2.8 万吨，增效 5000 万元（见图 1）。

图 1　大连石化结合实际改进装置，改善汽油调和组分品质，优化汽油调和，实现汽油产品增产增效

▶ MTBE 扩能改造，增加高辛烷值组分产量

大连石化公司三套催化总设计加工能力 580 万吨／年，两套气分总设计加工能力 120 万吨／年，混合 C4 产量达到 70 万吨／年，但是公司原 MTBE 装置设计产量为 9 万吨／年，过剩 30 万吨混合 C4 调和到液化气中作为低效产品外售。为充分利用公司的异丁烯资源，提高 MTBE 装置加工能力，改善汽油调和池结构，提高生产效益，大连石化结合 2014 年全厂大停工检修，实施 MTBE 扩能改造至 16 万吨／年，并降低硫含量。装置 5 月 29 日一次进料投产成功，投产后 MEBE 硫含量由之前的 70 毫克／升降低至小于 5 毫克／升，日产量由 257 吨提至 450 吨左右。自 5 月开工至年底，MTBE 产量 9.6 万吨，增产 3.8 万吨，增加消耗甲醇 1.4 万吨，消耗异丁烯 2.4 万吨，由于液化气、甲醇与汽油均存在较大价差，同时 MTBE 研究

法辛烷值可达到115，扩能改造实现增效8200万元。

▸ C4调和汽油

大连石化公司汽油质量升级采用的PRIME-G+选择性加氢和CD-TECH的轻汽油醚化技术，轻汽油中的C5/C6活性烯烃醚化后，混合汽油蒸汽压显著降低，而新的汽油标准中大多增加了蒸汽压的下限要求，使得蒸汽压成为汽油调和的瓶颈。目前公司作为液化气调和组分出厂的C4组分蒸汽压、辛烷值均高，由于液化气每吨价格比汽油低1000元左右，C4调入汽油不但可提高油品蒸汽压，还可增加效益。国外公司C4调和汽油案例较多，但是国内没有成功案例。大连石化公司组织技术人员研究C4调和汽油的技术方案，并辨识实施风险。该项目在流程上依托闲置球罐、流程，减少球罐、管线投资。在方案上重视安全性以及与汽油在线调和优化系统的融合性，最终方案增加了保证安全的蒸汽压在线分析仪器和4个重要参数的联锁值，触动联锁后C4调和汽油自动切断，保证安全。并将C4调和汽油整合至原汽油在线调和优化系统中。C4调和汽油项目在2014年10月底测试完毕并正式投用，11月、12月份共调和0.47万吨，增效470万元。

▸ 汽油在线调和和调和池优化

大连石化公司汽油在线调和优化升级改造项目在2013年6月完成，项目投用以来受汽油调和组分、数量等变化较大影响，原有的近红外分析模型和汽油调和规则已经不适用于当前生产。2014年在保证汽油调和组分生产装置运行平稳的基础上，优化汽油调和基础配方，实施汽油在线调和优化功能，控制汽油辛烷值过剩。同时根据汽油、石脑油、甲苯、二甲苯的价格变化，应用先进计划系统优化汽油调和池，及时调整石脑油、甲苯、二甲苯参与汽油调和的比例，保证根据市场需求情况，汽油调和方案按整体效益最大化执行。

2014 年 5 月份装置开工以来，汽油调和逐步稳定。2014 年全年与 2013 年相比辛烷值过剩量平均降低 0.2 个辛烷值，控制辛烷值过剩增效 3000 万元。通过系统性优化，2014 年，公司汽油组分生产的相关装置运行水平提高，高辛烷值组分生产量大大提高，调和辛烷值过剩得到了控制，产品结构得到改善。不仅汽油产量增加了，甲苯、二甲苯产量也大幅增加。总体来看，轻石脑油调和汽油、MTBE 扩能、C4 调和汽油、辛烷值卡边控制和芳烃增产累计增效约 3.097 亿元。

◎ 案例撰写人：颜世闯

像找奖金一样找隐患

■ 锦州石化公司

为激励员工认真巡检，主动发现隐患，遏制事故发生，公司提出“像找奖金一样找隐患”，从建立发现隐患奖励机制入手，修订完善《避免事故事件奖励实施细则》，加大奖励额度，细化奖励级别，规范审批程序，提高奖励时效，以此来鼓励员工认真巡检，提高巡检质量及查找隐患积极性，避免事故事件发生。

▶ 细化奖励级别

制定5级30档奖励标准，最低奖励1150元，最高奖励56650元。同时，设立安全异常情况汇报奖励，针对现场发现小的安全问题，制定6个档次的奖励标准，最低奖励100元，最高奖励850元。同时，由于在发现隐患，避免事故事件过程中现场可能存在各种客观条件，包括时间因素、位置因素、时段因素、区域因素、天气因素导致隐患不易被发现，因此又提出发现隐患奖励“六个不一样”（白天晚上不一样、平时假日不一样、当不当班不一样、好天坏天不一样、高处低处不一样、属地内外不一样），在原奖励金额基础上，设定了“时间、位置、路线、时段、天气”奖励因素，综合考虑避免事故事件的难易程度情况，给予增加相应的奖励金额。

▶ 扩充奖励范围

公司扩充了避免事故事件奖励范围。将隐患排查从设备设施扩展到工艺流程，从生产环境扩展到规程制度，从施工检修扩展到设计采购，从正常生产扩展到操作变动、开停工，从物的不安全状态扩展到人的不安全行为，形成从过程到前期，从硬件到软件的全过程、全方位立体隐患排查机制和奖励机制。

▸ 重奖发现隐患的员工

公司对发现事故隐患的员工实行重奖，特别是对发现重大隐患、避免重特大事故的员工，不受标准限制，使用总经理奖励基金进行奖励，公司总经理签发总经理嘉奖令，亲自到现场将奖金送到发现隐患的员工手中。

▸ 多手段调动基层单位积极性

一是将基层单位“像找奖金一样找隐患”工作开展情况纳入公司全年“安全生产先进单位”评选标准，基层班组查找隐患情况纳入公司全年“安全文化推进班组”评选标准；二是树立典型，评选避免事故事件安全明星、纠正现场违章安全明星。

▸ 重奖政策广而告之

公司在安全环保工作会议、安全专题会议、生产调度会议上对奖励政策进行宣传和部署，将此项举措传达到公司每一位员工，让大家了解公司政策，感受公司治隐患的决心。定期对奖励情况进行总结分析，每周在公司大调度会议上对奖励情况进行通报，公司电视台、报纸、网站还开辟专栏，对发现隐患、避免事故事件进行大张旗鼓的宣传。

在对避免事故事件进行奖励，组织排查同类隐患的同时，公司定期组织深层次原因分析，查找管理漏洞，进行专项治理。如针对近几年来发现密封失效、电器过热问题较多的情况，将机械密封改

岗位感受

三催化车间班长佟强：理顺了企业治理隐患的流程，建立了隐患治理常态机制。就像说的那样：查找隐患、消除隐患是每名员工的责任，发现隐患能够得到奖励，给我们一线员工很大鼓舞，我要带领班组将查找隐患进行到底，将这份正能量带给整个班组、带给每名员工！

造、电器系统隐患整改纳入近年来公司级重点隐患进行治理。

目前，“像找奖金一样找隐患”的氛围在全公司范围内已经形成。员工在巡检中突出一个“找”字，“找”到了隐患即“找”到奖金。“以往巡检走直线，现在巡检两边看。”以往巡检，员工转了一圈很快就回来了，如今在巡检过程中，岗位员工总是自觉延长巡检时间，携带可燃气报警仪、测温枪等工具，伏下身子查，爬上梯子看，不放过任何“蛛丝马迹”，巡检不再是简单意义上的“挂牌”，而是为了在巡检中发现隐患获得奖金。“像找奖金一样找隐患”使员工主动巡检的意识增强，巡检质量得到保证，岗位员工、管理人员先后发现隐患3618起，公司共奖励发现隐患、避免事故事件5561人次，奖励金额达163万元。

◎ 案例撰写人：曹继辉

权威点评

“像找奖金一样找隐患”通过实施正向激励，对发现隐患者重奖，解决了岗位员工以往巡检走过场、排查隐患主动性和积极性不高的问题，达到了员工发现隐患得实惠，企业安全生产有保证的双赢目的，有效提升了员工巡检积极性。

——锦州石化公司总经理　魏立东

像找奖金一样找隐患，采用正向激励法，变罚为奖，把劣势和优势巧妙地结合在一起，发挥了人的主观能动性，实现了双赢的目标。

——锦州石化公司党委书记　李波

“三驾马车”拉动效益增长

■ 四川石化公司

2014 年，四川石化公司面临原始开工，原油下半年持续跌价，渣油加氢装置加工负荷不足，裂解原料短缺等一系列不利条件，对公司效益造成了极大的压力。为扭转不利局面，在保证装置安全稳定运行的前提下，公司不断优化生产方案、优化公用工程用量、推动产品升级和市场化，三管齐下，增产量、降能耗、占市场，实现年增效 3.5 亿元，降低成本 7 亿元。

▶ 优化生产方案，确保装置“开足马力”生产

做好当期重点物料平衡，解决物料加工瓶颈。为确保公司整体物料环节通畅，生产运行处集中解决当期物料瓶颈，对影响负荷提升的“渣油物料平衡线”和“柴油物料平衡线”分别制定对应的加工方案，并根据重油罐存情况，协调平衡常减压装置、渣油加氢装置、催化裂化装置加工负荷，灵活调节汽油和柴油加工量，确保效益最大化。优化油品调和工作，提高调和自动化率。公司可用于汽油调和的组分主要有：催化汽油、重整汽油、芳烃抽余油、加氢裂化轻石脑油、MTBE 等，其中芳烃抽余油和加氢裂化轻石脑油可作乙烯原料。生产运行处根据当期乙烯原料库存、汽油调和组分产量，科学优化汽、柴油调和比例，同时建立汽油调和模型数据库，加快推进汽油在线调和系统投用，提高调和自动化率。

▸ 优化公用工程使用量，提高装置“能效比”

优化公用工程用量，降低水、电、气（汽）消耗量。装置公用工程物料主要指“生产水、电、蒸汽和燃料气”的消耗，生产运行处以公用物料设计消耗值为依据，加强循环水用量管理、控制界区循环水温差、提高循环水厂浓缩倍数，降低循环水用量；加大污水回用率，降低新鲜水用量；使用热水代替部分低压蒸汽，加大装置热水热量利用率；调整各装置原料组成和温度，优化日常操作，控制装置各公用物料消耗量，降低装置能耗。优化自备电站运行模式，减少自发电浪费。由于四川石化公司自备电站使用天然气作为原料，自发电成本高于外购电成本，公司结合外管网蒸汽需求量和电站自用电的情况，在兼顾动力系统安全运行的条件下，尽量降低自发电量，将3炉2机模式调整为3炉1机模式，并将化工燃料气和化工回收火炬气（约9000米^3/小时）并入电站。经过以上措施，天然气用量明显下降，比去年同期天然气消耗数据消耗量减少了66万立方米，按天然气价格2.91元/米^{3}计算，公司年减少成本7亿元。优化全厂氢气平衡，提高氢气利用率。公司主要氢气产氢装置为连续重整装置和艾尔普制氢装置。因艾尔普制氢装置使用天然气作为产氢原料，成本较高。公司生产运行处根据外部氢气消耗量，合理确定连续重整装置加工量。在乙烯原料充足的情况下，提高重整装置负荷，减少艾尔普天然气制氢比例；同时积极推进氢气管网压力自动调节系统的投用，预判管网压力变化趋势，并提前进行生产负荷调整，减少因管网压力波动导致的氢气放空浪费。

▸ 以市场为导向，优化加工方案，推动产品升级

积极推动汽、柴油产品升级，抢占区内高端市场。公司从降低原油硫含量、提高渣油加氢脱硫效果、优化催化裂化操作等几个方

面降低汽油硫含量，在短时间内生产出了合格的国Ⅳ汽油；同时，积极推动汽油加氢项目，确保及早抢占国Ⅴ汽油市场。因四川石化公司柴油质量较好，达到了国Ⅳ柴油标准，计划经营处提早推动区内国Ⅳ柴油置换，为公司增效0.5亿元。加快市场认可及本地化，提升产品销售价格。为尽快使四川石化公司化工产品得到市场认可，抢占市场份额，公司采取邀请客户来厂交流考察、主动走访区内外客户、提供免费样品等方式，迅速缩短了化工产品市场认可周期。目前三聚产品的价格让利已全部取消，顺丁橡胶产品也得到了市场的认可，迅速缩短了与独山子石化、大庆石化所产三聚产品等一线品牌的价差。充分发挥临近川渝高效市场的地域优势，扩大产品本地化比例，减少运费损失。公司积极与总部和销售公司沟通，目前97# 汽油已占据省内中国石油全部份额，苯和线性聚乙烯全部实现区内销售，乙二醇等化工产品的本地份额已逐步提升。优化装置加工负荷，提升高效益产品加工量。生产运行处按照总的效益最大化路线，提高乙烯加工负荷，积极协调外购裂解原料，维持三聚装置高负荷生产；同时调整炼油丙烯收率，确保聚丙烯装置满负荷生产，减少丁辛醇装置开停车次数。通过以上措施，公司增效近3亿元。

◎ 案例撰写人：肖扬　袁辉

权威点评

四川石化公司通过大负荷生产、降低装置能耗、拓展产品市场三大举措，有效提高了公司整体效益。

——四川石化公司总经理　王彬

算好降本增效的加减法

■ 庆阳石化公司

在近年来的生产运行管理中，庆阳石化公司牢固树立“过紧日子”的思想，落实“大平稳出大效益”管理要求，加强技术创新，优化生产运行，打造成本竞争优势，算好降本增效加减法，有力推动了公司有质量有效益可持续发展。

▸ 优化装置运行，算好装置创效加减法

以“消瓶颈、提指标、降成本、增效益”为目标，深入挖掘装置运行潜力。优化常压—催化—加氢装置热供料，使催化热进料温度由90℃提高到160℃，柴油加氢进料温度由60℃提高到105℃，汽油加氢进料温度由30℃提高到60℃，通过实施装置间的热供料，降低全厂能耗2.16千克标油／吨；优化MTBE装置运行，控制MTBE中C4含量在4%～5%，将未反应C4溶解在MTBE中直接作为汽油组分调和，MTBE产率提高2.34%，年创效益2000万元；优化常压、催化装置运行，采用深拔技术，提高综合收率0.23%，年创效益3650万元；深入开展“找硫查垢”活动，优化溶剂再生、酸性水汽提、硫黄回收装置运行，硫黄日产量由5吨／天提高至6吨／天，年增产360吨，增效30万元。

▸ 实施技术改造，算好节能降耗加减法

实施全厂凝结水及低温热系统改造，梯级利用蒸汽，每小时多

回收凝结水35吨，年节约新鲜水30.66万吨，节约费用72.05万元。实施火炬自动点火系统改造，彻底熄灭火炬，每小时节约燃料气20～30立方米、蒸汽3～5吨，年降低成本约600余万元。成功实施重整"四合一炉"和苯抽提换热网络优化改造，"四合一炉"热效率提高了2.49%，每小时多产中压蒸汽1.5吨，年节约费用197.10万元。对碱渣生化处理进行改造，碱渣处理量由50千克/小时提高至100千克/小时，每年可降低外委处置费用200万元，同时也保证了生产后路畅通。

▸ 加强新技术应用，算好技改增效加减法

为了进一步优化催化装置反应过程，改善产品分布，提高液体产品收率、降低装置能耗，催化实施CRC改造，新增两台CRC—再生剂冷却器。有效降低催化剂与原料油的接触温度，提高进入提升管的原料温度，改善原料的雾化效果，在提高剂油比的同时，提高了进入提升管的催化剂的平均活性，提高反应选择性，强化催化裂化反应、减少热裂化反应，提高轻油收率、降低干气产率。实施CRC技术改造后，再生催化剂冷后温度降低32℃，剂油比增加了3左右，装置液体收率提高1.24%，催化剂单耗由1.1千克/吨降至0.8千克/吨，能耗降低5.17千克标油/吨，年增效9845万元。

岗位感受

二联合运行部脱科锋：苯抽提换热网络优化改造后，降低了该塔塔底重沸炉的瓦斯消耗和电能消耗，可以说既降低了能耗，又降低了现场噪音和操作工操作频率。

▸ 深化对标管理，算好运行成本加减法

强化三剂管理，严格控制三剂单耗。按照"用量最小、效益最佳"的原则，合理标定每种剂的投

入量，并评价其使用效果。加大市场研判，降低三剂采购成本。全厂辅材消耗成本为 24.02 元 / 吨原料，比节支目标降低 4.08 元 / 吨原料，节约费用 864.44 万元。争取有利政策，降低运行成本。针对大型机组多，用电成本高，为进一步降低用电成本，积极与省、市业务主管单位沟通协调，使余热发电动机组按自发自用管理模式运行，只收取系统备用费，免收其他附加费，每年减少电费支出 1200 万元。通过与电力公司协调，调整基本电费计量方式，基本电费缴纳方式由受变压器容量法改为最大需量法，使基本电费由 176 万元 / 月降低至 132 万元 / 月，年节约电费 528 万元。

◎ 案例撰写人：谢炳军　余颖庆　白宁波

权威点评

庆阳石化奉行“省下的成本就是净利润”的理念，技术、运行、经营管理各方面坚持“人才、产品、利润”工作价值，搭建班组创“三佳”、机关争“五型”、运行部抓“三生工程”平台，积极践行“开源节流，降本增效”活动，算好降本增效的加减法是公司生产运行处上拓技术开发，下延市场营销，中间抓好质保对标，装置优化运行的典型案例。我们决心不断总结经验，形成管理模式，引导全员养成习惯、形成企业文化，有质量有效益可持续发展，为集团公司建成综合性国际能源公司作出应有贡献。

——庆阳石化公司总经理　刘至祥

庆阳石化公司始终把开源节流、降本增效与发扬艰苦奋斗、勤俭节约的工作作风，与弘扬大庆精神铁人精神的光荣传统，与杜绝管理中的“跑、冒、滴、漏”、过紧日子的工作安排相结合，通过深化对标管理、优化装置运行、加强新技术应用，实施技术改造等创新创效措施，算好降本增效加减法，使生产运行进一步优化，在发挥装置潜能、提质增效方面取得了显著成效，推动了公司有质量有效益可持续发展。

——庆阳石化公司党委书记　张豫锋

创新服务架起“连心桥”

■ 西北化工销售公司

近年来煤化工在西部内陆地区的快速兴起，打破了中国石油、中国石化和进口产品对乙烯等大宗化工产品“三分天下”的传统格局，使得市场竞争更趋激烈，产品利润不断下降，客户忠诚度受到严峻考验。在产品高度同质化的情形下，客户的选择更加从容，这时除了产品本身的质量、价格等因素外，客户更加重视产品附属的显性或隐性服务，即产品附加值。为最大限度提高产品竞争力，留住老客户、开发新客户，西北化工销售公司于2011年起，将创新服务作为驱动公司发展的新引擎，鲜明提出以创新服务实现“两个转变”的战略方针，即“以产品为中心向以客户为中心转变，由产品销售商向价值服务商转变”。实施这一战略，意味着公司必须摆脱“纯粹、单一的商品化产品提供商”的圈囿，以鲜明的态度站在客户的角度去思考、开发、创造和提供基于产品的差异化、个性化增值服务，从而为客户创造价值并锁定客户，促使公司在新一轮的竞争中脱颖而出。

▶ 创新物流服务

核心是储运流程的优化、效率的提升，降低客户采购成本。公司以发运成本最低为原则，优先保障客户产品的铁路运输，辅以公路运输的适当补充，精心安排“点对点”发运流向，努力实现产品交付的“一站式”直达配送。作为兰州、乌鲁木齐铁路局重点保运单位，公司产品铁路发运比例连年保持在76%左右，独山子石化产品全部实现“直达专列”和“五定单向班列”方式销售发运；灵活把握铁路运能季节性变化，优化并组合运用行包、冷藏、整车分流、集装箱运输方式，为客户节省运输费；借鉴地方政务大厅模式，在分公司实行产品发运联合办公，地区石化公司、中油运输、铁路货运部门等7家单位集中为客户办理产品发运业务，客户提货手续办理时间由半天缩短到2～3小时；优化仓储管理流程，授权库房登录公司ERP系统，简化提货对接环节，库房直接办理出入库手续，为客户提供便利、节省时间；开展“零散货物快运”局管内直发客户“站到门”发运业务，平均每吨产品较原整车发运可为客户节省运费20元左右；开展易货贸易，以产品交付运输半径最小为原则，与中国石化合作，在PX客户之间实施易货交付，为客户节约相应的仓储费和码头费用，并使客户能够在当地港口储罐就近提货。2014年累计实现PX易货贸易1.99万吨，为两家客户节约费用约348万元，为公司增效189万元。

▶ 创新资金流服务

核心是提高客户资金的流转效率和安全性。实施电子银行承兑汇票结算，鼠标一点，轻松接收，既节约了过去至少一个工作日的查询时间，又避免了实物传递和保存过程中潜在的风险，省去了背书盖章不清晰时开具证明等程序。以前纸质汇票至少需要1天才能完成的工作，启动电子汇票后半天内就可完成资金到账和启动产品运输销售的流程。同时电子汇票到期当天即可解付，与纸质汇票相比，平均加快公司资金回笼3～10天时间，客户资金占用周期缩短3天。按照公司2012年5月至2014年12月收取电子汇票58.67亿元、解付期平均占用 3 天、年利率 5.04% 计算，累计为公司节约财务费用达到 246.4 万元。推广应用“一票制”结算，删减铁路运输货票及杂费顺转环节，为客户提供便利。

创新信息流服务

核心是增强业务关联信息的透明度，信息交互反馈无障碍，提升服务公信力。公司建成客户服务网站和手机版移动服务终端，实现客户资金流转信息、产品发运信息、销售计划和订单信息、石化公司生产信息、行业动态信息、技术服务动态信息的及时查询，同时客户产品需求计划通过网上直接提报，为客户提供最大便利；按产品类别建立客户 QQ 群、微信群，点对点及时沟通，掌握客户需求信息，第一时间为客户解决问题；创新年度客户座谈会组织形式，突出会议内容创新，组织经济时政报告、行业技术讲座等，实施接送站等一对一式人性化会务服务，提高面对面信息沟通交流的时间占比，营造坦诚、平等的沟通氛围，开展针对公司业务关联层面廉洁从业情况客户调查，查找公司营销服务“短板”信息，提高客户认同感。

创新技术服务

核心是为客户尽可能提供一揽子的产品加工应用解决方案。公司协同生产、研究单位共同搭建“产销研用”一体化技术服务平台，形成“五讲”“七问”“三看”“四交流”技术服务规定动作，深入终端用户现场，开展“一对一”驻点技术服务，为用户汇编提供技术文献资料，帮助客户选用适宜工艺配方，发挥产品最佳功效，公司在环保专用橡胶、聚乙烯燃气管材、线性农膜料和 SODm 尿素等新产品开发销售领域取得重要突破；落实限时调查、限时处理、先行赔付制度，提高客户投诉快速响应能力，客户质量、计量投诉处理率达到100%；以行业技术咨询为载体，开展“鹊桥”式延伸服务，促成具有上下游供应链关系的客户建立彼此供销合作。

根据2008年公司ERP系统正式上线后的数据统计，公司客户总数由当年度的413家增加到目前的452家，战略客户由42家增长到83家，平均每个客户采购量由0.76万吨／年增长到0.98万吨／年，有十多家终端客户是所在行业的龙头企业，成为地方实体经济的翘楚。

◎ 案例撰写人：柳小龙

拿下计划与销售的"制高点"

■ 华南化工销售公司

作为集团公司统销化工产品在华南四省区的销售单位，华南化工销售公司持续深入推进开源节流降本增效工作，以管理创新激发企业活力，促进企业增效。根据化工产品受多重因素交织影响、始终处于变化震荡的市场实际，创新提出了精准营销经营管理思想，积极实践一系列精准营销的管理手段，努力实现及时、动态调整营销策略，准确、合理掌控销售节奏，让营销管理始终跟紧市场波动的脉搏，探索出一条以变应变、以动制动的营销之路。

▶ 精准配置和执行销售计划

把计划销售作为精准营销的重要基础。根据集团公司在华南市场的化工产品供应量，与主要客户群体精准商定每月的销售量，并运用综合措施协助其完成这一销售计划，从而确保中国石油化工产品在华南市场的稳定均衡销售，特别是在市场下行时，有效避免卖不动货、堵库现象的发生。为了保证销售计划的执行率，一方面，不断完善客户管理考评办法，在2014年新制定推出了价格折让客户激励政策——每月按照销售计划执行情况的考评结果，对完成情况好的客户给予价格折让优惠，从而进一步提高了客户的合作积极性和忠诚度，达到了持续稳固销售渠道、优化客户队伍的效果；另一方面，对执行销售计划情况进行动态督导，分别在每月中旬和下旬，对业务经理的计划执行情况进行两次考核，通过激励约束机制显著提高了对销售计划的重视程度，有效加强了中间过程的监督，切实提高了销售计划的严肃性和纪律性。

▶ 精准拓展销售渠道

化工产品销售准则是“渠道为王”，要让一定数量的工厂客户、优质客户成为中国石油的稳定客户群。在销售渠道开发过程中，坚持针对产品应具备的销售渠道容量找准目标客户群，不惧失败挫折，耐心细致沟通，建立信任基础，真诚帮助客户，实现共同发展。对公司销售的100多个牌号产品，根据每个牌号年均销售量进行了市场开发和销售渠道建设，如在成功开发全国无纺布行业龙头企业，中间经历许多艰辛和困难，才成就了现在双方的感情和信任。当时，为了实现合作，先后十余次、满载着试用原料、驱车一百多公里，去生产现场试用。开始时，客户认为中国石油的产品不符合他们的要求，提出中止试用，华南化工销售公司没有就此放弃，而是反复多次进行真诚和负责任的沟通，一方面，根据客户对原材料的需求方向，向上游炼化生产厂家提出产品改进意见，协助生产厂研发更加适销的化工产品；另一方面，用自身的服务素质和专业水平，设身处地为客户分析解决问题，耐心介绍产品的性能特点，挑选出最合适的试用原料，帮助其调整加工工艺，最终成功生产出合乎要求的无纺布产品。经过这样耐心、细致、负责任的沟通过程，客户对华南化工销售公司的工作态度和产品质量产生越来越积极的评价，并一步步由试用到实现首单合作，到最终成为华南化工销售公司的战略合作关系大客户。公司成立11年来，培养了一批忠诚度高、长期合作、出货稳定的具有战略合作伙伴关系的客户群体，形成了互相信任、互利共赢、共担风险战略合作关系，为精准营销提供了牢固的销售渠道保障，为企业的经营创效给予了最坚强有力的支撑，使中国石油化工产品的品牌影响力得到快速提升。

▶ 精准掌控销售节奏

受各种因素变化影响，化工产品市场价格总处在上下波动状态中，准确研判市场趋势，价格波峰多出货，价格波谷少出货，把握科学合理的销售节奏是实现产品效益最大化的关键。2014 年，国际油价直线下跌，化工产品市场大幅下滑、严重受挫，这种形势下，在芳烃产品全年价格跌幅接近 50% 的严峻情况下，华南化工销售公司以科学合理的销售节奏把握，实现了芳烃盈利 3000 多万元。当时，华南区域芳烃市场价格持续走低，经深入分析市场发展趋势，华南化工销售公司认为，受国内部分芳烃装置检修和降负荷的影响，芳烃供应量在减少，后期价格极有可能出现一轮高位运行，因此，果断作出了在 4、5 月份低价位期间大幅提高芳烃产品库存、待市场需求明显恢复、价格高企时再大力推价促销的决策，避免了因大量纯苯产品集中投放市场导致本已低迷的市场价格再度深幅下探，又为 6 月份芳烃市场价格进入上行期储备了充足的产品资源。6 月底、7 月初，预期的芳烃市场行情出现，且运行到了较高价位。通过市场分析，预判芳烃市场极有可能马上进入下行期，果断全部斩仓。到下半年，芳烃市场价格由高位时的每吨 9700 元腰斩到 4000 多元，通过及时斩仓，规避了市场价格风险，实现了产品效益最大化。

◎ 案例撰写人：韩阳

让财务费用“贴地皮”

■ 西南化工销售公司

2014年年初，随着四川石化的建成投产，西南化工销售公司承担该企业所有化工产品区内销售和运输工作，不仅新增了自备车购置与运营的投资领域，也开始有了液体化工产品业务，还增加了许多仓储物流业务量，在经营过程中收取的银行承兑汇票成倍增长，短负资金大幅上升，财务费用始终居高不下，形成的资金占用上升了138%。2013年8月以来，他们通过加强承兑汇票顺转、适时进行票据贴现、灵活把握付款节奏等办法，让财务费用最大限度地“贴地皮”。

▶ 顺转降费

以前，银行承兑汇票顺转主要集中在经营领域的化工产品采购结算方面，票据也只是在中国石油系统内部进行流转，很少用于对外，实质上集团内部票据存量并未降低。随着四川石化化工产品调运业务的增加，企业首先将银行承兑顺转从经营领域扩大到投资领域，对新增的大额投资支出自备车购置费用使用银行承兑汇票与现款相结合的方式进行结算，向装备制造单位顺转银行承兑汇票，2014年以来，分4次分别向北车集团沈阳机车公司和西安轨道交通装备公司两家单位顺转5215万元银行承兑汇票，累计节约财务费用61.28万元。

其次，使用银行承兑汇票支付物流费用。现代物流公司的行规是在为客户发货的同时，就要收取货物的物流费用。过去与各物流公司的物流费用都是进行现款结算，这样就要同时承担相应的短负资金财务费用。2013 年，通过多方协调沟通，物流费用延后跨月结算，并且运费的 1/3 以银行承兑汇票进行支付。目前月均向两家单位支付约 3600 万元，月均顺转银行承兑汇票约 1200 万，月均节约财务费用约 13 万元，全年节约财务费用 156 万元。

再者，使用银行承兑汇票支付客户退款。在没有液体化工业务的时候，企业都是直接使用银行存款支付这些退款，同时承担相应的短负资金财务费用。随着四川石化液体化工业务的扩大，由于排产计划、资源配置、市场行情等客观情况不断变化，客户支付货款一段时间后要求退款的情况时有发生，而且金额非常大。如再使用从前的办法，将对企业财务费用形成很大压力。通过沟通，现在原则上只同意使用银行承兑汇票支付客户退款，降低了大量短负资金占用成本。

最后，使用银行承兑汇票结算代销商品。为保证四川石化产品销售后路畅通，企业要承担起四川石化环氧乙烷的代销工作。代销业务本来就没有什么利润可言，同时还要承担相应的短负资金利息。现在通过与四川石化达成协议，代销的环氧乙烷全部通过银行承兑汇票进行结算。2014 年度，共代销环氧乙烷 1.13 万吨，顺转银行承兑汇票 1.12 亿元，节省财务费用 117.6 万元。

▶ 贴现节费

以往收取的银行承兑汇票不多，一般都是持有，到期时便去银行解付，同时适当顺转部分银行承兑汇票。2014 年以来，随着业务量的增大，收取的银行承兑汇票占到销售收入的三分之一，企业短负资金压力很大，财务费用负担很重。他们通过紧密关注市场贴现率的变化，择机进行票据贴现业务，并使票据贴现成为企业资金管控的常态化措施之一。2014 年择机贴现 6.71 亿元，由于进行贴现用的全是 3 ~ 6 个月期限较长的纸质银行承兑汇票，节省财务费用 15 万元，同时降低了票据持有风险。

▶ 管理控费

首先，资金计划从“报够”向“报准”转变。过去的“报够”虽然保证了公司对外支付有足够的资金计划，但是忽略了计划执行率和集团公司总部的头寸管理；现在的“报准”则是保证本单位支付计划的情况下，兼顾了集团公司整体利益。他们通过资金计划人员在填报资金计划前与相关岗位进行沟通，包括使用资金的时间、额度、资金类别，尽可能提高资金计划的准确性，财务处原则上不再为各单位调整资金计划。同时，关注重点单位、重点费用项目，要求仓储运输处、计划规划处等费用支出较大的单位要提供资金计划编制依据，运输费、维护修理费、自备车租赁费、财产保险费、仓储费等占企业对外支付总额 80% 的费用项目，实时跟踪计划执行情况，并及时反馈相关信息；利用资金计划管理 QQ 交流群，对资金计划填报过程中容易出现的问题进行适时提醒，对专业资金计划管理专业知识进行普及，对各单位在资金计划填报过程中发生的错误进行讲解，对好的经验进行推广，对各单位提出的问题进行充分讨论。每月第一周对上月资金计划执行率比较差的单位进行专门电话沟通或者上门服务，帮助他们一起分析原因，查找问题根源，探讨解决问题的途径，使资金计划率同比往年有了大幅提高，达到了 22%，有力地支持了总部合理安排资金头寸，盘活资金余量，提高资金使用效率，取得了好的效果。

其次，是合理利用支付时间节点，灵活掌握付款节奏。为保证及时对外支付，过去付款时对于资金的时间价值和资金成本考虑不够，无形中造成了效益流失。从 2014 年 8 月起，他们通过采取税金支付尽量在临近申报期截止前缴纳、其余资金支付尽量安排在每月的后两周、每周五原则上不对外支付款项、运费结算从原来的预付款方式转换为收到运输票据后 7 个有效工作日内付款等方法，尽可能地降低财务费用。

2014 年，累计降低财务费用 100 多万元。

◎ 案例撰写人：何佳　杨商艺

“剥洋葱”式核运距

■ 东北销售公司

东北销售公司冀中分公司承担着北京、河北 968 座加油站成品油地付配送业务，为京、冀地区的资源供应提供有利保证。随着销售企业业务的不断发展，地付配送范围的逐渐扩大，承担的运输费用也呈逐年上升趋势。如何找到降费的突破口是当下业务运行中亟待解决的问题。冀中分公司不可能通过降低油品发运数量影响加油站资源供应，只能尽最大限度优化路径，像剥洋葱一样把层层多余的运距剥掉，留下运距最短的一层，才能为企业减少开支，从而实现降本增效。于是冀中分公司迅速开展了持续优化地付配送运距工作，通过事前、事中、事后将运距三次“瘦身”，总运距从 13.51 万公里减少到 12.21 万公里，年均节省运费 480 万元，降本增效效果显著。

▷ 事前严格核定运距、优化路线

在国家基础建设不断加速、公路路况大幅改善的情况下，公路配送路线需要适应不断改善的道路条件。面对分布广泛的千百座加油站，选择“运距短、道路优、费用省、效率高”的道路，是公司面对的课题。公司建立加油站档案，详细记录加油站分布情况、具体位置、运距等基础信息，对各省市公司加油站进行全面的路线优化和运距核定工作；与省市公司、运输单位成立三方运距核定小组，实地勘察掌握各主要道路的限行限高情况、车辆通过能力、道路周边人流等情况，对比各种配送路线的经济性和运输效率，择优选择科学的配送路线，再与GPS、电子地图、网络测距等相结合，准确核定配送运距。

事中严格管理、强化监督

为避免成品油配送过程中发生舍直取曲、远报近提、变更流向、承担非入站运费等情况，分公司进行配送过程中的全程控制，不定期组织人力对配送车辆进行稽查，对重点车辆、到站、路线进行监督，核实配送计划与随车路单是否一致；不定期对加油站接收油品情况进行抽查，核实加油站的收油记录与运费结算情况的一致性；利用GPS车辆定位系统，对车辆配送过程进行实时监控和后期回放；月底对承运单位的配送单进行复核，检查配送到站的真实性。对配送过程中遇到道路维修、拥堵限行等情况，需绕行配送的，必须立刻向分公司汇报，经分公司记录同意后变更路线，事后将道路维修、拥堵限行的情况以照片形式反馈，将变更路线后的车辆运输GPS信息，以截屏形式打印出来，报分公司进行核实，复核无误后，按照变更路线运距进行结算。

事后严格核对、科学校对

公路配送量日趋增大，每月的运费明细就有近5000条，给运费结算提出了很高的要求，平常的人工核对已无法实现准确、高效地检查出运费上的出入。分公司通过编辑公路运费校对表，绑定标定过的运距数据，实现地付入站台账与省市公司入站ERP明细、中油运输运费明细表之间的数据比对，自动查找到站、运距、数量、金额误差，当三张不同来源的数据表一致后才予以结算，提高了工作效率，确保运费结算的准确性。

运费少一点 效益多一点

2014 年年初分公司对所有加油站又进行了地毯式复核，2014 年年发生地付运距将提报的总里程由 6262 公里降至 5686 公里，费用较 2013 年减少 1074 多万元；2015 年 1—4 月份减少运距 888 公里，节省运费 19 万元。

◎ 案例撰写人：姚晓露　柳楠

给降低油品损耗支妙招

■ 北京销售公司

北京销售公司晟德油库是租赁油库，库容5万立方米。2014年油品入库32.02万吨，油品出库33.29万吨，人均周转量1.76万吨。成品油是一种液态形商品，它的特性，即流动性、易挥发性、易渗透性决定了在运输、收发、储存等环节不可避免地出现损耗，油品损耗管理是油库的管理难点之一，也是挖潜增效的重要突破口。2014年以来，晟德油库从油品入库、保管、出库环节入手，因地制宜，制定了相应措施降低损耗，取得了较好经济效益。

▶ 严把入库关，努力实现颗粒归仓

严格执行接卸作业流程，在入库验收环节，参照质量抽检采样数量标准，进行计量抽检，发现异常按照程序及时复测，及时汇报，及时索赔。卸油后，实行“双复核一抽查”卸净管理法，即要求罐车扫仓完毕后，罐底基本不见余油，计量员与计量班组长双人逐车检查油品卸净情况，值班主任抽查，确保油品卸净。现在到库的铁路油罐车油罐基本都是G60k型号、G17dk型号、G70k型号和GQ70型号，前三种车型罐车占到库罐车数量的70%左右，其罐体为圆筒型，罐底为圆柱体侧面设计，扫仓管不能伸到罐底两端，会导致有20～30升油品收集不到，虽然G70k型号罐车底部有个积油槽，但是容量太小，收集油品太慢，不利于余油的回收。因此，晟德油库设计一种防静电棕毛刷子，再固定到 5 米左右的竹竿上，做成类似耙子的工具，从人孔伸到罐内两端往中间耙油，配合扫仓管，就能把罐底油品彻底扫净。这样操作，每批次火车能回收 1000 多升油品。因为柴油具有一定黏度，容易挂壁，卸柴油时，在潜泵停止后，不要急于扫仓，而是要关闭罐口，等待罐壁挂油基本集于罐底后，再扫仓，尽最大可能回收油品。卸油过程中，还要把人孔用灭火毯覆盖，既是安全措施，也防止油气挥发；在地付卸油过程中，还要选择具有一定坡度的停车场地或设置具有立体斜坡式爬梯进行扫仓，根据车型罐体的不同，采取不同的扫仓方式，特殊车型甚至还要采用“运动式收集法”，即车辆在场地上进行加速和急停，把罐车内部余油收集到出油口，再人工进行回收。

▶ 严把储存关，努力减少呼吸损耗

在油品储存环节中，合理安排油罐使用率，拱顶式油罐采用“高液位法”，即尽量高液位储存，以减少气体空间体积，减少不必要的输转作业，控制大呼吸损耗；浮顶油罐采用“低位漂浮盘法”，液位保持在浮盘最低位置之上；收发油作业采用“速度控制法”，即油罐发油操作时，作业应进行得慢些，这样可使罐内气体浓度下降较为缓慢，以避免或减少发油结束后出现回逆呼出损耗，从而减少油面蒸发。在油罐进油时应尽量加大泵的排量，使油品在进油过程中来不及大量蒸发，从而减少损耗，油罐进油时，应优先安排刚排空的储罐。在清晨或傍晚，温差小、压差小的情况下进行大罐计量。

▶ 严把出库关，努力减少装车损耗

为了使出库油品数量更加符合实际，油库计量员每 3 小时测

量一次付油密度，同时晟德油库还特别规定，在温差较大时段，或者长时间没有付油作业情况下，要根据实际温度再加测一次密度，既保障了付油换算系数的准确性，减少灌装损耗，又减少了出库纠纷，提高了客户满意度。库计量员定期检查计量器具技术状况，每日多次核对流量计泵码数，对产生误差的流量计，要停止使用，查找原因，确保流量计稳定可靠。

▶ 严把设备关，努力减少滴漏损耗

严格执行巡回检查制度，按照操作规程作业，杜绝一切跑冒滴漏现象。在接卸和输转作业中，计量人员进行巡回检查，防止油罐冒油、混油，防止管线及其附件泄漏。日常巡检中，不动转油罐也要巡检到，发现问题立即采取措施，组织整改，防止跑冒滴漏现象发生。

▶ 严把计算关，努力减少人为损耗

分析原因实施改进。先从一次运输、卸车入库、储存、输转、付出等环节建立损耗登记台账，对每次作业进行损耗分析，编写《油库月度损耗分析报告》，每笔油品超耗都查找原因，用数据进行分析，并制定相应的预防措施，避免同类问题重复发生。例如，某次输转作业后，发现收油罐实收量少于输出罐输出量，输转损耗率大于0.01%，可从以下几个方面查找损耗原因：换人进行计量操作，排除计量器具误差和人工操作误差问题；检查罐容表容积准确性，并确定计算方法正确；检查输出入油罐，在操作之前液位是否在浮盘以下；检查流程是否正确合理，管线及各罐阀门是否渗漏。

以上五项措施，使油品损耗的各个薄弱点得到了控制，堵住了漏洞，有效地控制了油品损耗。2014年，晟德油库油品综合损耗

率 -0.03%，较预算指标减少 0.03%，直接经济效益（107.955 吨）75 万元。保管损耗率 -0.13%，直接经济效益（440.199 吨）330 万元。

◎ 案例撰写人：冯艳龙

对症下药治损耗

■ 陕西销售公司

油品损耗管理是成品油零售工作中一项重要的管理内容，也是成品油长效管理中不可缺少的一个重要环节。一般来说，造成成品油损耗的因素是多方面的，陕西渭南销售分公司工作人员经过多次深入库、站考察，将造成油品损耗的成因归结为以下几个方面，并制定了有针对性的防控措施。

▶ 油库管输购进环节

高田油库是陕西省境内唯一一座可以管输接卸的配套油库，2009 年年底建成并投入使用，管道投用后累计输油 41.9 万吨。管道运输投运，给油田提供了便捷的输油方式，但是管输损耗超标却一直是困扰油库库存管理的一个难点。2013 年，通过管输数据对比发现，高田油库损耗总量达到 1448.624 吨（损耗率 18.1‰），致使当年承担油品损失 868 万元，渭南公司因管输损耗背上了沉重的包袱。从 2013 年下半年开始，公司组织人员对出现的差量分析进行汇总（见图 1），并向管道公司发送告知函及相关证据资料。同时向省公司主管部门上交分析报告，对管输流量计检定结果提出异议，提交 13 个批次输油数据的分析后，向管输公司提出复检要求，并邀请西北销售公司负责人到场全程参与复检。通过复检，最终查找到管输损耗超标的原因是该流量计计量超规定额度误差。确认了损耗的成因以后，公司于2014年1月13日成功向管道公司索赔0# 柴油473.859吨，共计375万元。目前，高田油库管输损耗率控制在4.1‰～5.6‰，较2013年大幅下降，但仍超过协议标准，管输损耗治理仍将是公司以后长期的一项重点工作。通过开展此项治理，2014年1—8月份，抵消管输损耗（541.455吨）影响后，高田油库共计收溢油品200.767吨，冲减管理费用138.18万元，较上年同期节约费用1037.42万元。

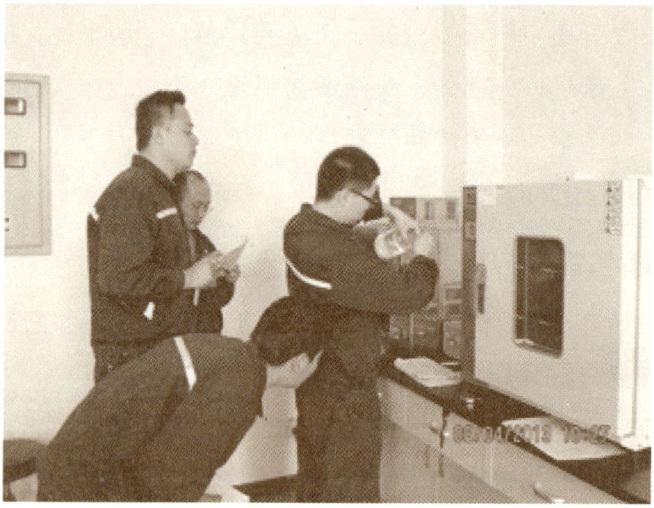

图1　高田油库管理员在化验油品

▶ 油库损耗管理环节

为了降低油库油品损耗，主要通过以下措施进行防控：储安部每周五下午与油库进行安全检查，对油库所有油罐、管道、阀门和鹤管等连接部位、运行部位，做到连接牢固，不渗漏，不跑冒；油罐上所有附件，灵活严密不漏气，量油孔，人孔用后及时盖严，呼吸阀压力合理，做到定期检查，液压安全呼吸阀密封，油高合适，不足添油，脏了及时更换油品；所有承装油品容器包括汽车罐车和铁路槽车，设备技术状态完好，没有渗漏，发现问题及时处理；接卸油品必须卸净、刮净和控净。尽量避免容器内的油品黏附；油品收油做到不超高、不超量、不超压和不跑冒漏；增强计量员责任心，不断提高业务操作技能。以标准密度为依据，按照测试密度时间，每天 4 次准确测量密度，加强流量计自检自校，每季度公司业务、储安、油库和车队共同对 10 块流量表进行自检。从根本上解决出库原发量有时候出现的误差问题，确保加油站油品购进环节数量准确。

▹ 运输环节损耗管理

多年来，运输环节中的人为损耗因素是困扰着油库的一个难题。为了堵塞漏洞，公司业务和储安部门联合成立稽查组，通过对油罐车从油库到加油站的运输过程不定期跟踪监控，及时发现和制止各种违法作弊行为；发动广大群众对运输过程中发现的问题进行举报，一经核查属实，举报有功奖励，违法作弊严惩；日常管理中，不定时地在车队停车场对油罐车进行集中检查，对罐车加装的放水电磁阀等作弊工具进行拆除，对存放于罐车内的疑似作弊工具及时进行清理。

▹ 加油站储销环节

为了加强加油站储存销售环节中的损耗管理，主要开展了以下工作：全年培训站经理和计量员 193 名，以提高加油站经理和计量员的操作水平，培养责任意识，严格按照地罐交接操作规范，验收油品入库；每周做好手工计量，监测油罐是否渗漏，水高是否增高，液位仪高度是否准确，将以上工作要求纳入常态化管理；制定了《渭南公司加油机自检和回罐油执行规范流程作业的规定》，每月加强加油机自检自校，对于超标加油枪立即停用，及时邀请当地技术监督部门进行鉴定；坚持每班对油罐库存盘点，发现油品损耗差异，及时分析并查找原因；要求片区经营部每月对加油站商品账和实物账进行两次核对，做到账实相符，账账相符；建立考核机制，由公司领导带队，逐站、逐罐进行盘点，对加油站和油库实行月度损耗排名。对管理较好的前3名进行奖励，全年共发放奖金9200元。超耗加油站按当日零售价格进行赔付，全年收回赔付油款10.85万元，并对损耗管理排名靠后的10名加油站经理由片区进行岗位调整或离岗轮训。

2014年陕西渭南销售分公司铁路综合损耗控制在0.11%，同比减少0.12%；公路损耗控制在0.04%，同比减少0.11%；地罐交接运行率达到100%；超耗综合差异率0.34%，同比下降0.33%，公司此项收益同比翻了一番。

◎ 案例撰写人：宋华

给力的网络转账 POS 机

■ 宁夏销售公司

宁夏销售公司吴忠分公司银兴加油站是一个年销量 2 万吨、加油卡日充值金额达 20 万元的加油站。2014 年 11 月下旬，吴忠分公司为银兴加油站更换了网络转账 POS 机，电话费用由以往平均每月 500 元降低为 38 元，取得明显的降本效果。

当得知更换新的网络转账 POS 机可以大幅度降低加油站电话费的消息时，吴忠分公司立即行动，积极与工行联系，由加管科协助，为已安装了转账 POS 机的 48 座加油站免费更换新的网络转账 POS 机。截至 2014 年 12 月底，已陆续为 38 座加油站进行了更换，在不到 6 个月的时间里，分公司共节约电话费 5 万余元。

更换新的网络转账 POS 机可以降低员工劳动强度，员工不用再手工录入每一笔充值信息。在更换网络 POS 机前，银兴加油站每日约充值 60 笔，充值金额 20 万元，综合员做每笔充值时，都需要在加油卡系统里录入卡号、充值时间、终端编号、充值金额，平均每录入一笔充值信息要花费 1 分钟，每天仅录入充值信息就要 1 小时。而更换了网络 POS 机后，综合员只对充值金额进行确认，其他信息均在充值过程中自动导入系统，相当于加油站充值人员每天可以减少 1 小时工作量，而这 1 小时，又可以用来做便利店促销（见图 1）。

图 1　员工在操作网络 POS 机

俗话说，省下的，就是挣下的。安装新的网络 POS 机后，按年度计算，不仅每年为分公司挣回 10 万元利润，而且可以为 1 名员工每天减少 30 分钟的劳动时间。目前，公司正在积极与工行协调联系，在全区普遍推广更换安装网络 POS 机，争取实现更大的效益。

案例撰写人：薛建晖

加油站经营管理优化

■ 青海销售公司

2014年青海销售公司以管理提升为抓手，贯彻落实加油站全流程诊断和优化，实施双低站治理，培育高销站扩销，开展油卡非一体化促销，不断提升单站日销量。

湟源分公司汇源站是青海销售公司销量最大的站点，日销量110吨左右，因加油机的间距短，造成大型车辆排长队加油，制约了柴油增量。为解决车辆排队加油的难题，全流程诊断的优化措施是将加油站雨棚改建为通过式，加宽了车道，延伸了加油机间距，加长了加油胶管，多项措施解决了车辆排队加油难题，为客户提供快捷方便加油服务。

西宁分公司五四站是一座纯汽油站，地处市中心每天车辆加油都需排队，等候时间为5分钟以上，日均销售为37吨，为提升客户进站通过率，全流程的优化措施是将加油站的进口拓宽8米，加长了加油机胶管，提高现场服务能力，目前日均销售已达43吨。

为整体破解公司加油站增量瓶颈问题，在辖区30座站开展全流程诊断与优化措施，重点对销量大、库存油品周转快、提枪率高、车辆拥堵排队等站点，由分公司全流程诊断小组进驻站点，共采集数据22313个，诊断发现问题151项，根据发现的问题进行销项整改，实现扩销上量。

一是在加油站实施拓宽进出口、场地画线和亮化工程，尤其是五四加油站将进口拓宽 8 米后，车辆进站通畅，加之安装 LED 屏指示牌，提高了车辆的通过率，使单站日销提升 5 吨左右。站点按照一站一策实施优化，车辆在规范的停车位加油，提升了加油站的提枪率，整体提升了单站日销，达到了优化的效果。

二是在加油站开展消高峰措施，实施员工优化排班，根据“三个匹配”制定灵活措施，解决员工劳效不均，合理安排员工劳动强度，同时制定了沿线加油站错时交接班以及错峰卸油制度，对销量大的站点执行卸油不停枪措施，从根本上解决了快捷服务客户的需求，提升了服务质量。

三是为进一步提升加油站销售潜在能力，针对加油站账表单共计 66 项的实际情况，公司通过研究和整合，强化培训站级员工使用 BW 系统，账表单精简到 20 项，手工填制 14 项，系统电子报表 6 项，减轻了站经理和员工的工作量，使站经理有更多时间开发客户，促进了销量提升。

为全面实现加油站整体增量，对双低站进行治理以增加销量，根据板块公司的指导意见，在加油站实施个人承包、合伙承包、夫妻承包等多种方式。对高销站实施培育增量，制定培育方案措施，两手兼顾挖潜扩销增量提效。

一是公司对 49 座站开展治理，通过不同的承包方式给加油站经理下放五项权力，提高员工承包的积极性，省公司、分公司则按月度分析销量变化，效益和费用同比增降，使单站日销量同比增加 0.9 吨，为公司经营管理创效发挥积极作用。

二是培育公司高销站 130 座，重点治理 30 座万吨站、50 座七千吨站、50 座五千吨站，结合站点地域和消费结构，以不同的策略侧重培育汽油和柴油，实现培育目标 83%，为完成年度指标打牢基础。

积极贯彻落实板块油卡非一体化营销策略，开展以油带非和以非促油的油非互动活动，整合优化促销资源，根据四个季度制定不同主题的促销活动方案，并创新营销手段开展“六位一体”合作营销，联手通信业、保险业、银行业实施跨界营销，互为客户，渠道互通，资源共享，促销优惠，实现了以卡为媒、以加油站为平台共同发展的目的；合作营销稳固了战略合作伙伴关系，加深了客户的忠诚度，全年实现沉淀资金 4.19 亿元，同比增长 27%，为完成销售任务发挥了积极的作用。

2014 年青海销售公司实现纯枪销售 103.3 万吨，汽油销售 39.9 万吨，同比增长 3.4 万吨，增幅达 9.3%；97# 高标号汽油销售 4.4 万吨，同比增幅达 29%；双低站员工数量同比减少 23 人，实现税前利润 747 万元。加油站的经营管理优化进一步增强了市场竞争能力，提高了市场份额并树立了良好的品牌形象。

◎ 案例撰写人：裴海红　高强

权威点评

青海销售公司共有加油站 227 座，半数以上在海拔 3500 米以上，销售量 170 万吨。青海省由于地域限制，经济欠发达，加上竞争激烈，石油销售空间难以扩展。加油站员工开动脑筋、集思广益，在细微处想办法、找出路。通过“全流程诊断”，引导员工现场发现问题、解决问题、提升销量。醒目油站引导标识、优化员工排班、借助社会资源跨界营销等等有效措施，就是基层员工智慧的结晶。

——青海销售公司总经理　刘星国

成品油错峰优化配送

■ 四川销售公司

为进一步提高成品油二次配送效率，促进加油站提高终端销售，同时严守成品油销售的“三条红线”，四川销售德阳分公司针对配送中存在的涨库、脱销风险等主要问题，利用信息化手段，实行错峰配送，降低配送的“背反效应”，实现成品油二次配送效益最大化。

▷ 确定站间配送优先级

根据 ABC 分类管理思想，制定加油站分类评价表，将营运站进行分类，确定配送优先级。分类评价表主要包含加油站日均销售量、加油站竞争程度、加油站社会影响力和地理位置 4 项重要指标。加油站作为销售公司的窗口，是销售公司经济效益直接体现环节，因此把日均销量作为重要指标，权重 40%，考虑配送的目的是服务于销售，如果加油站处在竞争激烈的环境中，那么配送方案必须考虑这个指标，因为配送不及时影响销售就等同于直接把客户推给竞争对手；社会影响力指标是指该加油站服务的主要客户群体，如果配送不及时或不合理，造成断档脱销可能引起的负面效应大小。

▷ 确定品种配送次优级

在配送环节考虑级次有两级：一级是按加油站评价表确定配送

站的优先级，二级是按加油站品种结构、油罐数量、单品种销售量确定品种次优级。根据加油站的油罐数量、销售品种、日销售量、距主配库运距4项指标进行判断加油站优先配送的品种。因加油站已经进行分类，故配送计划重点确定A类站中优先配送的品种。17座A类站中，4座站93# 为单罐配置，8座站为0# 柴油单罐配置，因此在制定配送计划时单罐单品种的站优先计划。

运用加油站管理信息系统数据和经验修正确定加油站、单品销售高峰和低谷期。通过加油站管理信息系统，对AA1、2、3……*n*加油站品种销售高峰、低谷进行分析，具体做法：通过远程到目标加油站，利用该加油站经理的账号进入该站加油站管理系统中的后台（BOS）系统，在“查询与报表”中进入油品报表选择油品销售明细表，并选择查询一个月及这个月中比较有代表性两天（周一、周五）的销售明细。导出销售明细，按品种绘制出月、日3个加油高峰曲线图，将绘制出的3个加油高峰曲线图进行分析，确定该站的加油高峰、低谷和正常时期。以此类推，确定优先级配送目标的高峰与低谷。根据上述方法，同理对A类所有加油站的所有品种进行销售高峰、低谷分析。

德阳公司实行错峰配送后，实现“一增两满意”的良好结果。一是销量明显增加，尤其是汽油销售增长幅度大。自2012年6月德阳公司率先在天元加油站实施错峰配送以来，该站销售增量明显。2012年8月公司93# 汽油销售1.03万吨，环比增长5.7%，而天元站单罐储存的93# 落实错峰配送后，销售高峰期配送率从79%下降到4.7%，较好地促进了该站销售，7、8月该站93# 销售分别为184吨、186吨，环比6月增长7.6%和8.7%，比公司平均增长5.7%高3个百分点。随后在公司各站实行错峰配送，2014年公司纯枪销售32.1万吨，其中汽油15.7万吨，同比增长10.3%。二是实现“两满意”——客户满意，客户减少等待时间，高峰期加油比较顺利，客户满意度提高，销量的增加就是最好的印证；员工满意，错峰配送缓解了高峰期销售与油品接卸的矛盾，减少客户的流失率，员工现场解释说明的频次减少，负面影响降低，满意度提高。

◎ 案例撰写人：杨莉　廖涛　陈薇

知识链接

背反效应：物流系统中的某一个功能要素的优化和利益发生的同时，必然会存在系统中的另一个或另几个功能要素的利益损失，这是一种此涨彼消、此盈彼亏的现象，往往导致整个物流系统效率的低下，最终会损害物流系统的功能要素的利益。

权威点评

成品油配送是成品油销售业务链的重要组成部分，是支撑销售业务的关键环节，成品油错峰配送通过加油站分级分类和对加油站销售规律的研究，主动运用销售规律指导配送运行，“错”出了配送运行的轻重缓急，“错”出了配送和销售的优化衔接，充分挖掘了加油站的销售能力，达到了增销量、增效益、提效率的目标。

——集团公司管理专家　蒋胡民

网格式客户开发

■ 天津销售公司

作为区外销售企业，网络终端的数量和质量成为了制约公司成品油销售质量的瓶颈。因此，在现阶段，如何做好成品油直销和批发业务，也就成为公司量效双增的关键。以往，成品油批发业务主要依靠拥有大量终端客户的中间商，由中间商进行二次分销。但由于成品油市场的持续低迷、成品油价格的持续走低以及华北地区各种低价资源的不断涌入，必须改变以往依靠中间商进行大批量销售的模式，直接面对终端客户，在降低终端客户用油成本的同时，提高自身的成品油销售质量。鉴于这种考虑，静海分公司以网格式客户开发为抓手，突出挖掘区域内终端客户，注重科室之间的统筹协调，强化成品油售后服务职能，为适应和引领成品油市场的新常态做出了积极的探索，也提供了宝贵的经验。

▸ 划分区域，信息共享

静海分公司下属站点分布在该区域下辖的10个乡镇。为此，该分公司用“井”字网格（见图1）将静海县划分为9个区域，根据区域特点进行分工：加油站密集的核心区域，由分公司机关加管科依托加油站进行客户开发；对尚无加油站或加油站较少的区域，则由营销科负责市场开发。为了提高客户开发针对性，静海分公司充分利用其投资科在网建开发过程中的市场调研资料，对划分的9个区域进行了客观分析，把存在用油需求可能的单位和组织机构列出清单，按照归属地分发给每个区域的负责人，使每个区域客户开发更具针对性。

图 1　网格化市场开发有效提升了客户开发成功率

强化反馈，注重执行

为了进一步做好客户开发统筹，每个区域负责人按照清单上所列出来的潜在客户逐一拜访。分公司还建立了客户开发工作反馈机制，每个区域负责人在拜访完清单上的指定客户后，必须对拜访情况进行反馈。成功开发的，要建立客户档案，纳入机构用户统筹管理；未开发成功的，相关负责人必须以书面形式说明其购油来源及未成功原因。对

岗位感受

以往的批发和直销业务往往贪大求多，这也造成了我们对于中间商的依赖。但要想适应甚至引领成品油市场的新常态，就必须摆脱“中间商”这根拐棍，把成品油卖到终端客户手里，把石油情送到终端客户心里。

于有特殊需求的客户，静海分公司会再设计进一步开发策略。对那些与其他供油商存在购油合同的客户，静海分公司会标注合同到期日，提前一个月进行二次开发。通过强化网格式客户开发的反馈，一方面起到了督促作用，另一方面，也使静海分公司对本地区成品油市场格局有了更为清晰的认识。与此同时，静海分公司还设定了奖励机制，除了营销人员外，其他员工每卖出一吨柴油或汽油都有相应奖励。而“推动＋引导”的机制，促进了网格式客户开发的有效执行。

珍惜成果，做好维系

静海分公司网格式客户开发让每一名员工都看到了客户的来之不易，这也大大提高了干部员工的客户维系意识。为了维护好开发成果，静海分公司建立了客户分级管理制度，对每个区域负责人开发的客户都建立了档案并分门别类管理。销量低一些的客户，由客户经理进行维护；销量高一些的客户，则由营销科维护；一些大型机构客户或有特殊需求的客户，就由分公司主要领导直接维护。由于均是终端客户，每个客户的用油都有一定的规律性，为此静海分公司还建立了客户用油跟踪机制，一旦发现某个客户长时间不购油，该分公司便会责成相关负责人主动联系，了解其用油需求变化，并作出及时处理。此外，对重点机构客户进行定期拜访，一方面使其保持较高“出镜率”，让客户时刻都有被关注的感受；另一方面，通过长期互惠互利、相互了解，进而促使老客户给静海分公司带来新客户，发挥出以点带面的辐射开发作用。

通过网格式客户开发，天津销售静海分公司在成品油市场持续低迷、自有资源价格相对较高的情况下，2014 年依然实现了成品油批发量 5.4 万吨，较 2013 年同期增长 30.03%，开发终端客户

92 个，成品油批发质量和应对成品油市场风险能力都获得了显著提高。

◎ 案例撰写人：郑延鹏

权威点评

静海分公司根据地域特点，用“井”字网格将静海县十个乡镇划分为 9 个区域进行市场开发，不仅实现了对客户开发的区域全覆盖，同时有效提高了责任区域内客户的开发成功率，在市场持续低迷的情况下，依然实现了销量的稳步增长和良好的经济效益。

——天津销售公司党委书记　朱喜龙

主动配送赚得“盆满钵满”

■ 新疆销售公司

新疆销售公司过去采取加油站要货式的“被动配送”模式，精细化程度不高，中间环节过多，市场反应速度滞后，导致加油站需求信息“牛鞭效应”明显，同时信息失真、加油站待卸等问题，极大限制了配送效率的提高。业务人员专业化水平不高，收、发、存、运、销各环节利益取向不一致，导致出现工作推进不积极、管油的人对市场保供重视不足、油库付油数质量管控困难等问题。资源无法实现统筹管理，资源紧张时期，往往出现货源地“盆满钵满”，无油库公司高效市场都无法保证，不能实现油往高处走、多处走、快处走的目标，应对涨跌价预期、油品换季、资源供需形势逆转等因素导致的需求急剧变化能力不足，容易出现脱销断档。

▸ 组织机构一体化，推进集约管理

成立仓储公司和物流调控中心两个物流专业化管理部门，按照“省公司一级管理、各油库具体执行、资产站主动配送”的模式，合并各油库与仓储调运处两级管理机构的重叠职能，实现全疆“资源统一配置、配送统一组织、车辆统一调度、库存统一控制、运费统一结算”的五统一运行模式，形成以销售为龙头，管运（管理、运行）一体、权责共担，融收、发、存、运、销，纵向上一竿到底、指令畅通无阻，横向上界限分明、工作无可推托，全力保障终端销售的扁平化、集约化、专业化物流管理体系。

▸库存运作一体化，降低库存成本

过去的管理体系下，零售公司“谁拥有库存、谁承担库存成本”，往往具有根据油品涨跌价预期来调整加油站库存的冲动，跌价前停止要货、压低库存，造成库存资源无法应对跌价后的销售高峰、脱销断档。这一做法，对公司的整体库存成本毫无影响，但却损失了销量，得不偿失。库存运作一体化后，将油库和加油站的库存管理权和成本核算均划归专业物流管理部门集中管理，零售公司以销定进（加油站销出多少，结算多少），并根据销售预期合理调控加油站库存，库存成本的考核全部落在专业管理部门头上，使各环节集中优势资源做好自己擅长的业务，以市场需求为导向，满足销售为目标，把准销售脉搏，精细资源流向，提高市场竞争力。

▸物流管理考核一体化，发挥整体合力

为了提高“管阀门”的人对市场营销的重视度，使整体物流线全力服务销售，公司将物流调控中心和各油库运行班长、计量员、资源调配员和配送计划调度员等关键岗位单列考核，薪酬与配送片区零售公司的销量挂钩，形成“服务谁，工资就与谁挂钩”的考核

岗位感受

加油站配送方式从“被动配送”模式到“主动配送”的转变，打破了部门间的信息壁垒，使物流管理高度一体化，企业物流的不同环节拧成一股绳，同下一盘棋，发挥整体优势保障物流顺畅，企业物流管理能够更好地适应市场变化，服务一线站点，满足客户需求。

激励机制，指标设置方面，将定性考核和定量考核结合起来，防止基层打人情票，从考核机制层面激发物流系统对保销售、促销量、创效益的整体活力。承运商运费作价办法市场化，配送计划兑现情况与承运商运费结算深度挂钩，改变过去单一运价考核的管理模式，新指标包括服务期望、运输时间、运输频率、运输可靠性和责任、市场供求状况和运力紧张程度等因素，制定一套综合的运费结算体系，通过运费杠杆调动承运商的积极性，确保承运商与销售公司努力方向一致。

▷ 油库作业标准一体化，提高运行效率

长期以来，公司各油库作业执行标准不一，各油库对车辆入库的检查要求和把握尺度以及出现损溢纠纷后的处理方式均不相同，往往造成一辆车在甲库顺畅运行，到了乙库却连门也进不去，管理内耗严重。推行油库作业标准的一体化后，统一油库的管理标准和尺度，依据现行的油库管理相关规范、标准，结合自身油库管理中好的经验和做法，根据实际工作情况对标准进行完善，提高油库管理标准适用性，形成适用性较强油库管理标准，按科学作业标准规范行为，杜绝人为因素影响发油效率，形成全疆油库标准库库相同，配送车辆一库认可、库库可进的标准化管理环境。

公司实现“主动配送”后，全疆调度人员从 81 人优化到 8 人，取消所有分公司专职运费结算岗，运费结算完全依托信息系统自动核算运费，减员增效效果明显；建立加油站库存模型，有效应对销售波动对配送的影响，确保低库存条件下的市场平稳有序供应。2014 年物流调控中心发布配送订单 24.71 万笔，客户订单 3.04 万笔，配送油品 501 万吨，车辆运行效率提升 14%，加油站配送计划完成率同比提高 2.88%，直销客户配送计划完成率同比提高 3.6%，

全年脱销率控制在0.47%，更新运距811条，直销客户运费同比减少1007万元，规避跌价损失1.2亿元。

◎ 案例撰写人：马涛

权威点评

物流管理被称为销售企业“第三利润源”，物流优化是挖潜增效的重要渠道，随着我国成品油市场日趋成熟，行业利润空间逐渐压缩，有效控制物流成本已成为企业保持市场竞争力和盈利能力的核心措施之一，通过信息化、集约化、专业化运作，打造大物流，实现大优化，创造大效益。

——新疆销售公司副总经理　王文彦

为资金管控开一剂良方

■ 山东销售公司

资金是企业的“血液”和“生命线”，作为区外成品油销售企业，山东销售公司面临着营业网点散、资产总量大、资金成本高等不利局面，资金管控难度大。2012年以来，山东销售公司积极采取有效措施加强资金管控，提高风险识别防范能力、深入开展精细管理，加快机制体制创新，实现了资金安全、节流降本和开源增收。

提高资金风险防范能力，确保资金安全

加强风险识别，组织编写资金管理案例、风险防范手册，提高风险应对能力。公司900余座加油站，100%实现了银行上门收款和110报警装置联网，油库营业室实现“零现金”销售，实施过夜资金现金投保，在库站安装高清视频监控，建立库站、地市、省公司三级视频监控体系。加强加油站经理、油库主任届中、离任责任审计，建立违规违纪有奖举报和第三方资金稽查机制，有效杜绝违规违纪行为。组织加油站经理、关键岗位人员签订《资金安全管理责任书》，建立应收账款管理制度和定期结算信用评价机制，在库站显要位置粘贴、悬挂《客户告知书》，在各地市广播、电台、报纸等公众媒体发布免责声明，按季度组织客户往来余额签认，加强翼支付、一卡通等新金融工具风险识别，有效规避表见代理、虚开发票、变相集资、非法融资、套现套利等违法行为。加强银行账户管

理，加快资金回笼速度，减少资金沉淀。建设资金对账系统，依托信息化手段实现自动化对账和资金日监控。

▶ 加强精细管理业财融合，实现资金节流降本

加强资金计划与预算衔接管理，实现费用、资金、预算三级联动，不断提高资金计划执行准确率。认真研究比对，引入银联5元封顶等低费率商务POS机，细化刷卡交易操作规范，年降低刷卡佣金700余万元。坚持销售“先款后货”，对定期结算客户严格执行定期结算协议，超期结算严格考核。坚持采购“先货后款”，外采油品账期平均控制在1.5个月，2014年外采平均占用资金4.86亿元，节约财务费用1200余万元。依托集团公司商业信用优势，努力提高外采“商信通”付款比率，2014年开具承兑汇票7.9亿元。严格管控预付账款，对基建投资款项支出严格按照协议约定付款，杜绝超进度付款，减少资金占用。公司超前研判市场态势，采取控直炼、增外采、调结构、优流向等措施，实施低库存常态化运行策略，2012年以来先后退租、关停油库十余座，充分发挥山东地域资源优势，提高外采直接入站比率，2014年公司月均库存同比下降4.74万吨，库存占用资金减少4.96亿元，节约财务费用2500万元。非油品业务实现统采统配统结，库存商品实施铺货制，月均非油库存9650万元，资金占用仅5300万元，年节约财务费用约220万元。

▶ 加强机制体制研究创新，实现资金开源增收

公司规范加油卡业务运行，建立旧卡回收再利用奖励机制，通过客户分级管理，实施油卡非润组合营销，以卡为媒做精、做优客户服务，搭建微信营销服务平台，实现加油卡业务快速发展，累计发卡300余万张，卡沉淀资金突破12亿元，比2011年增长

226.7%，年节约财务费用6000余万元。公司全面推进“财务一体化”管理体系建设，搭建集中核算中心和财务管理中心，率先实现资金集中支付，原来由20个支付主体60人分散操作的重复性工作，调整至1个支付主体4个人集中完成，实现业务管理集中、支付标准统一、效率有效提升和资金风险受控，为下一步扩大共享服务范围奠定了基础。组织召开银企座谈会，对“互联网+”时代下如何充分利用现有的加油站网络和客户资源，共同寻求银企合作新的结合点，努力实现开源增收和共赢发展。

山东销售公司通过加强资金管控，确保了资金安全，十多年来未发生一起重大资金安全事故，连续12年应收账款余额为零，2014年公司总资产比2011年增加了32.6%、纯枪销量增加了19.8%，而财务费用同比减少8400多万元，降幅达到了96.6%，降本增效取得了较好成效，极大推动和促进了企业良性健康发展。

◎ 案例撰写人：孟得省

权威点评

近年来，山东销售公司加快机制体制改革创新，围绕资金安全、降费、增效一体化管控，建立完善制度体系，优化规范业务流程，依托信息化、精细化手段，加强业务财务融合，在降本增效方面取得了较好的成效。

——山东销售公司总会计师　王桂娟

靠“六定”向标杆看齐

■ 江苏销售公司

为改变以往加油站只注重销售量忽视效益，盲目进行价格促销，同时机关权限集中的现象，江苏销售南京分公司实行了“六定”管理，即把加油站作为一个经营实体，通过模拟核算，考核“销量、油品利润、油品损耗率、站内费用、非油收入、毛利”六项指标，将机关权力下放等方式，促使加油站员工树立效益管理的理念，强化量效统一的概念，促进员工从关注“销量”的指标向关注“量效”指标的转变。

▶ 确定指标

每年年初，由分公司领导、相关部门人员组成“六定”商谈小组，与片区、加油站采取指标商谈的方式落实新年度可行指标，通过年初商定、每月下发来确认全年的目标。具体做法是把所有加油站的基本情况、主要经营业绩指标等资料整理成册，标号挂牌，发给有关人员。加油站经理、前庭主管、核算员都有资格竞标站经理。谁想当站经理，谁就摘牌；谁摘牌谁就跟分公司“商谈”。在商谈中，一年完成多少经营业绩指标，不是盲目压指标，而是“谈”指标。领导与摘牌者面对面，开诚布公地谈销量、谈利润、谈费用、谈困难、谈帮扶，核心就是如何实现量效齐增，如何提高零售量、纯枪量。一次不成谈两次，两次不成谈多次，直到达成一致。

▶ 权力下移

南京分公司与“六定”指标相配套的是放权。分公司将权力下移，实行吨油工资、单站核算的“油站经理人制”。站经理集责、权、利于一身。分公司只对油站经理进行“六定”指标考核。这六项指标直接决定了站经理业绩工资。每月挣多少钱，甚至每天挣多少钱，只要输入公司单站核算模块，工资就一清二楚。站经理拥有员工业绩工资二次分配权、用人建议权、油价建议权、非油商品价格建议权、油品促销奖分配权和非油效益资金分配权。

▶ 考核兑现

“六定”指标考核兑现的主旨在于提高加油站员工销售热情，提升员工自我管理意识，而不是为了考核而考核，南京分公司通过年初业绩谈判与预计当月的销售实际能力相结合，在月初下发月度考核指标，次月根据“六定”指标完成情况，南京分公司实施考核奖励。

2014 年实现销售 39.78 万吨，同比增加 0.52 万吨，汽油价格到位率上升了 0.05%。扣除柴油置换为国 V 的影响，柴油价格到位率也有所提升，实现了由“多卖油”向“卖好油”的转变。2015 年，南京分公司在退租 4 座加油站的情况下，经营业绩仍呈良性上升趋势。

加油站内部管理水平提升。采取科学的营销方法和控制措施，提高加油站内部费用控制能力，培养节约意识和降本增效意识，南京分公司加油站费用下降 5%。

油站主动算账意识加强。促使加油站员工树立主动算账的意识，树立量效统一的概念，实现员工从关注“销量”的指标向关注

“量效”指标的转变。通过“六定”模型测算折价后的效益情况，从而定量分析降价销售是否带来效益的增长，进而提高价格掌控能力和竞争能力。南京分公司8座加油站通过模拟算账，减小了价格促销力度，通过现场服务的提升，平均每站日均销量增加了1.3吨，毛利增加3万元，实现了量效的齐增长。

◎ 案例撰写人：万能

权威点评

意识影响执行，要通过正确的考核制度对加油站经理进行引导，改变其只关注销量、忽略效益的错误意识，才能促进加油站由“成本中心”向“利润中心”转变。权力的过于集中，不利于加油站形成自我管理的意识。通过权力下放，优化了加油站人员的结构，挖掘了员工的潜力，打造了强大现场。

——江苏销售公司总会计师　李军

加油站纵向停车加油法

■ 浙江销售公司

在棋局中有“一子活，全盘赢”的说法，浙江销售温州新城加油站从2014年开始筹划改变司空见惯的加油停车法，一步好棋带活了整个加油现场，依靠创新实现了油站效率、效益双赢。

温州新城加油站位于温州大道上田段，占地面积3472平方米。温州大道是温州市重要的交通干线，每天下午15:30—17:30是加油的高峰期，这个时段正是出租车交接加油的时间，也是私家车主急着回家的时间，因此司机都希望加油时间越短越好，这种较高的心理预期如果与现实有落差，而且不清楚精确的等待时间，他们很快就会变得焦虑急躁。2014年之前，新城加油站采用传统的横向停车加油法，高峰期排队等候加油的车辆从站内绵延到了公路边。司机急得按喇叭，甚至争夺加油车位，加油员也忙得焦头烂额，场面嘈杂而混乱。尴尬的现实逼迫加油站必须想办法改变这种服务滞后的现状。2014年，经过反复的考虑和讨论，他们提出了一个新的加油方式，改变进场加油车辆的停靠方位，在空间不变的条件下，提高服务质量和效率最现实最有效也是最简单的办法——“纵向停车加油法”。

所谓“纵向停车加油法”就是改变传统的横向停车加油法，在加油高峰期引导车辆与加油机以垂直方向停靠（见图1），这样做的好处是在相同的空间内可以容纳比原来横向停车加油多出近一倍的

图 1　加油站高峰期出租车纵向式停靠

车辆，为增加加油枪、提高加油效率和企业经济效益创造了条件。

采用“纵向停车加油法”后，效果立竿见影。首先节约了空间，外侧一个加油岛可以停靠 3 ~ 5 辆车。2014 年 3 月，该站将原来的一机双枪，改成现在一机 4 枪的卡机连接加油机，一台加油机可以同时为 4 辆车加油，加油员从提枪到收枪复位再到为下一辆车加油，平均用时不到 2 分钟。过去，加油 3 分钟才走 16 辆车，如今 22 辆车加满油离开，另外 22 辆车同时进场。过去，高峰期排队等候的车辆在 20 辆左右，如今基本看不到车辆排队，即便排队也在预排队的位置。虽然加油站的实际空间没有变，但吞吐量却得到了最大限度的利用，司机尽管还排队，但因为感觉进场就是接受了企业的服务，心理预期会很快轮到自己，心情便淡定了，也会自觉遵守秩序。过去那种排队在末端的车辆和路过准备加油的车辆掉头而去的现象如今已经看不到了，加油秩序和服务质量都得到了保证，加油站的创新措施赢得了客户的普遍好评。

由于采用了“纵向停车加油法”，仅需 7 名加油员就能应付自如，有效解放了生产力。高峰期加油的出租车、私家车从过去的每天 420 辆增加到了 550 多辆，既带来了良好的社会效益，也产生了可观的经济效益。2014 年 1—12 月，加油站总油品销售量为 21084 吨，同比增加 4490 吨。由于客户量增加了，带动了便利店的商品销量，2014 年非油品销售达 254.55 万元，同比增加 88.03 万元。企业效益的增长也拉动了员工的经济收入，该站的员工平均每月收入在 3300 元左右，2014 年达到 4136 元，实现了企业和员工效益共赢。

◎ 案例撰写人：王仁友

“四连五省”服务系统开发

■ 云南销售公司

云南销售公司按照以效益为中心、以零售为核心的发展思路，为实现加油站由数量规模向质量规模转变，实现高质量、高效率和低成本的科学发展，发挥点多、面广、战线长的优势，利用GIS系统，将加油站分布、服务项目、销售价格、促销信息、收费站点、旅游景点、酒店和特色餐饮等8类信息与地图相叠加，提出最短距离、最短时间、最省费用三条路径供客户选择，通过对时间、油费和过路费的对比分析，指导客户选择最佳路径，把每条线路上的形象站、特色站推荐给客户，有意识地引导客户消费，实现扩销增量，研究制定了“四连五省”服务系统。

建立“四连五省”服务营销模式

“四连”是指加油站连线、连片、连客、连站服务营销，就是将一条线路或一个区域上的加油站连接起来，连站成线、连站成片、统筹考虑、合理部署，从而弥补劣势、强化优势、形成合力、整体竞争，提升竞争能力和市场掌控能力；“五省”是指为客户省力、省时、省油、省事、省心，以客户为中心，简化流程、增加项目、提升效率、提高质量，为顾客提供贴心、周到、全方位的服务，减少客户时间、效率、精力三个方面投入，保证客户满意度持续提高，最终实现“全国宝石花都是客户的家”的服务承诺。

▸ 健全服务措施

按照《加油站管理规范》等相关规定要求，统一服务标准，营造温馨、舒适、整洁的消费环境。结合加油站实际情况，从免费擦车、便民药箱、道路指引、微波炉加热等项目开展增值服务。根据加油站场地大小，设置停车休息区，并增加遮阳伞、桌椅等供顾客休息，为顾客提供安全、舒适的停车环境。和保险公司联合服务，设置保险服务点，介绍车辆保险购买常识、快处快赔、事故处理程序等，让顾客省心。对出省车辆提供加油指南，介绍贵州线路中国石油加油站分布和服务功能，并与贵州公司对接协调顾客在消费过程中遇到的困难，解决顾客的后顾之忧。对用量大、长期固定的客户，在达到一定用量或满足充值金额的条件下，可以给予一定的加油卡折扣政策，折扣政策在线路内统一有效，积极争取跨省消费顾客在同一线路享受同样的折扣政策。丰富便利店内商品种类，增加货车、私家车出行配备的简易维修工具、地图、适用品类润滑油等商品，并增加当地特色商品销售，便于客户购买。对在本线路上的任一座加油站购买的便利店商品，因质量问题需要退换货的，在规定的时间内，可凭借销售小票，在线路内任一加油站进行退换货。

▸ 针对四类客户提供针对服务

为满足不同客户需求，公司对私家车、公务车、客运车、货运车四类客户制定了针对性服务措施。一是丰富便利店商品种类，开展导购服务，减少顾客进店选择商品花费的精力；二是优化操作流程、设备设施、服务手段，减少服务时间，提高现场效率；三是在办理加油卡时，设置办卡流程和网上充值流程等服务介绍小卡片，便于客户了解，减少顾客询问等待时间；四是在站内设置拉卡拉、手机充电等设备，便于客户使用，为进站客户发放汽车保险知识手册，便于顾客了解保险业务相关知识；五是制作《客户服务手册》，介绍车辆用油选择、出行道路优选、车辆正确驾驶方法、油箱安全容积、加油频次、上下坡车辆驾驶要领、雨天行车要领等相关知识，增加顾客驾驶知识，减少油耗；六是在加油站增设一站式服务平台，客户进入加油站后，可利用手机下载客户终端，提供道路指引、周边景点介绍、就餐地点推荐、路线选择及收费情况，近期公司活动等相关内容，方便顾客进行选择。

在实施“四连五省”营销模式以来，公司已经实现 17 条主要线路道路信息、油站信息和综合服务信息的共享。经过一年多的运行，昆明至曲靖、昆明至昭通等 4 条线路上的加油站销量环比增长 5.5%，市场份额提高了 2%。最为典型的是弥勒服务区加油站，固定客户由原来的 21 家增加到现在的 38 家，日均销量由 30.6 吨提高到 43.3 吨，增长 41.5%。2014 年，新开发物流车队客户 234 家，服务创新对量效齐增的带动作用正逐步显现。

◎ 案例撰写人：刘国栋

移动营销促供需双赢

■ 安徽销售公司

目前，成品油销售企业仅通过加油站这种传统的销售模式已经不能完全满足客户需求，如何创新发展业务，已成为企业迫在眉睫的首要问题。而以阿里巴巴、腾讯为代表的互联网风潮已经开始深刻影响社会各个领域，移动营销带来的创新业务和巨大便利也引发商家们高度关注并积极试行。目前学习和借鉴互联网企业开创网络营销是今后改变成品油销售企业销售结构的重要途径。只有通过销售结构的调整，才能改变和引导客户的消费习惯，建立用户与企业双赢的良性循环。如何充分利用互联网便捷、安全的销售平台，创新发展销售业务，提升服务与品牌知名度，这既是机遇，又是挑战。

2014年6月初，“中国石油安徽销售”微信公众账号正式上线运行，该平台秉持“打造安徽地区最大的车友服务平台”的理念，积极向社会各界普及油品、安全知识，展示基层员工风采，告知地市油品促销优惠信息。同时该平台开设预约办理加油卡、油站导航、加油周刊、违章处理等特色专栏，多方面多维度为消费者提供便利。安徽公司以微信为载体，以电信翼支付为渠道，以二维码为记账凭证，搭建成当时行业唯一一个成品油营销网络平台。

开展多项促销活动，主要包括：

▸ 电子加油卡

公司和中国电信安徽公司联合开发电子小面额加油卡，微信平台上专设销售页面，双方联合补贴优惠高达面值9.2折。电子加油卡的发售开辟了客户足不出户购卡的新时代，满足了客户对小面额加油卡的新需求。截至2015年2月底，共计发售3.5万张，销售收入700万元。

▶ 微信营销

新加关注用户只需登录微信平台即可免费领取5元电子加油券一张，用户凭此券验证通过后即可抵扣5元加油款。开展“贺岁迎春，浪漫情人节”“贺岁迎春，中油红包大派送”活动。2015年2月14日中国石油持卡客户在微信平台参与抽奖，奖品为进口巧克力（绵羊造型）一份，奖品总计8000份。活动上线3小时，所有奖品抢兑一空。2015年2月19日至21日（新年初一至初三），安徽销售公司通过微信平台向消费者发放新年红包每天发放888个红包，分别为188元1个，88元18个，18元88个，8元781个。使用二维码记账凭证，在指定加油站消费满200元及以上可抵扣使用。2015年春节期间成品油纯枪销量同比增幅21.7%。

开展评先评优活动，主要包括：

▶“最美加油员”评选

2014年11月10日至12月20日，安徽销售通过微信平台开展了第一次最美加油员评选活动，旨在深入挖掘公司扎根一线、奉献基层的优秀员工，弘扬正气，传递爱岗敬业正能量。公司安排记者、通讯员深入基层一线实地采访19位候选人，采编典型经验、先进事迹，并拍摄视频作品。与公司传统评优评先不同的是，此次评选不仅局限于公司内部，更是将广大客户和社会公众纳入评审范围，使得评选更加公开透明。19名“最美加油员”候选人事迹视频在微信平台展示，向所有关注用户推送活动信息。投票阶段，邀请广大客户和公司员工通过微信投票方式，评选出公司年度十大“最美加油员”。

➤“感动安徽销售十大人物”评选

入选人物都是扎根基层、服务基层的一线员工，将自己的青春献给了安徽销售，用坚守和奉献诠释着自己的人生观、价值观；他们在平凡的岗位上用点点滴滴的细节打动人心，用兢兢业业的工作带动他人，用无怨无悔的付出，伴随着安徽销售走过十二年风雨历程；他们肩负着企业的责任、树立着企业的形象，代表着企业奋进的力量。

以上活动在平台关注用户中引起热议。活动不仅在企业内部形成学习先进、赶超先进的浓厚氛围，更是向社会充分展示了中国石油员工健康积极的精神面貌，传递了企业奉献社会、诚信经营的服务理念，最大限度引发社会关注，扩大品牌影响力，树立品牌形象。活动期间有超过 60 万人次参与观看视频、点击选票，活动结束后安徽销售微信公众号增加了数万粉丝。

安徽公司积极探索移动营销在成品油领域的应用，通过对种种不同的移动营销模式和应用平台的分析选择，初步建立起以微信平台为载体的移动营销体系。截至 2015 年 2 月，安徽销售通过一系列主题活动，大大提高了客户参与度，提升了客户感知度和美誉度。安徽销售利用微信营销平台整合资源，联合不同

岗位感受

利用互联网，极大地方便了与客户的沟通交流，客户的需求可以被油站迅速感知，不仅激发了客户消费欲望，而且大大提升了消费体验，最终客户满意度远远高出传统的营销模式。

行业进行整合营销，为零售工作打下了基础、丰富了手段、开拓了思路，同时还进一步扩大了中国石油安徽公司品牌影响力。安徽销售公司微信平台凭借遍布各地市乡镇的营业站点，借助广大客户的支持，截至目前关注量突破 15 万人，成功跻身于安徽本土微信公众账号活跃度前三名的行列。

◎ 案例撰写人：郭南楠

小小面值卡带来大效益

■ 湖南销售公司

随着加油卡业务的飞速发展，各类不记名卡发行量也越来越大，成为客户开发、加油站促销的有力武器。但与此同时，不记名卡使用率低、成本高的弊端也越来越突出。一张不记名卡的发卡成本为 5.6 元，与记名卡完全一样，但一般只能使用一次、储值一般低于 100 元，成本较高。为此，湖南公司经过深入研究，果断开发了定额面值卡系统，替代不记名卡功能，同时发卡成本大幅降低，客户开发更加有力，促销手段更加灵活。2014 年 7 月份正式推出面值卡系统上线运行，半年时间累积发卡 15 万张，年节约卡片成本 100 多万元，增加卡片沉淀资金 650 多万元。

▶ 单卡成本降低

定额面值卡使用的是磁条卡，不记名，不挂失，不重复充值，用完即作废或回收，其功能与不记名卡基本一致。但卡片制作成本很低，大批量采购时仅 0.4 元 / 张。湖南公司面值卡系统开发、维护和硬件设备等整个前期投入为 75 万元，按使用年限 10 年、每年发卡 20 万张计算，摊到每张面值卡开发费用约 0.375 元，加上面值卡卡片单张成本 0.4 元，合计每张成本为 0.775 元，比不记名加油卡每张成本降低 4.825 元，成本降低幅度 86.16%。

▸ 大客户开发更加有力

定额面值卡成本低，非常适用于集团客户的促销（礼品）卡等。以前受限于不记名卡成本高、其他卡券防伪性能差，很多小额充值的业务无法开展。面值卡发行后，这一问题迎刃而解。公司上下全体动员，重点开发移动、联通、保险、银行、汽车俱乐部等大客户促销（礼品）卡，效果十分明显。仅中国移动、中国联通公司半年来就采购面值卡 9 万张，充值 800 多万元，集团客户采购面值卡的比例占 75%。

▸ 促销手段更为灵活

面值卡制作简单，额度可任意设置，使用便捷，易于购买、转让，有利于基层零售单位灵活开展营销和促销，如促销用代金券、小面额赠券、体验券等。面值卡可以针对集团客户开展形式多样的促销活动，根据客户需求在面值卡面上印制客户宣传图案联合发卡。面值卡发行以来，与中国移动、中华联合保险等多家单位开展了五次联合发卡活动。

面值卡系统上线半年多来，运作平稳，在大幅降低卡片成本的同时，有效拓展了零售营销渠道，丰富了促销策略，增长了加油卡的沉淀资金。2015 年湖南公司预计发行面值卡 50 万张，年节约发卡成本 235 万元。

◎ 案例撰写人：张斌

节约在“路”上

■ 润滑油公司

如何加强生产、销售环节的损耗管理，促进企业快速发展，提高企业市场竞争力，始终是润滑油公司重点关注的一个主题。2014年，润滑油公司经过积极探索，优化统筹，牢固坚持五个“抓手”理念，精益求精，使公司降耗工作取得突破性进展。

▶ 抓多措并举，降低接油过程损耗

抚顺润滑油厂与上游石化沟通，将质量流量计安装在双方产权分界处，避免了因地势落差产生的油品回流现象，有效降低了计量损耗；同时为了防止质量流量计后的管线油品回流，在表后管线增加了两道单向截止阀，确保收到的基础油“颗粒归仓”不损耗。另外针对基础油储罐接收油品后管线吹扫不净的问题，制定了在储罐罐根处控制阀门来达到管线吹扫最佳效果，有效降低了管线存油量。辽河润滑油厂建立了“基础油入厂、存储、外运出口”三个计量监控点，对这三个点实施不间断监控。基础油入厂后，要求计量和化验人员马上对来油进行更比计量，第一时间将罐量与石化计量交接表对量，同时再和厂流量计核对，三个数据在误差范围内，方可结量，否则立即上报质量安全环保部，启动差量巡查机制，查找出差量原因，保证基础油接收不亏量。

▶ 抓完善管理，降低生产过程损耗

第一，克拉玛依润滑油厂车间操作人员在运行工艺上采用最简单流程，以减少因站内盲管、支管带来死油管段。第二，在使用的阀门、过滤器等附件尽可能靠近干线，以减少因流程的切换带来混油的增加。第三，合理安排输油次序和输油批次，尽量将同一种油品集中到一起输送，增大输油批量，减少输油中油料品种的改变次数；尽量把黏度和密度较接近的两种油品安排在一起，先后输送，减少混油产生；对部分油品输转做到专线专用，避免产生顶线油。第四，在确保油品质量的前提下，将小包装灌装 CD30、CD40、CD50 大桶时的顶头油进行回调，减少顶线油数量。大连润滑油厂从 2014 年开始派专人到现场亲自督办油品接卸全过程，对车站及车站人员提出要求，规范操作行为，发现违规及时制止。全年共接卸 13 个棚车，平均每车漏损不到 1 桶，严重变形不到 5 桶，大幅降低了残损数量，提高了经济效益。

▶ 抓明确责任，降低运输过程损耗

中南润滑油分公司在油品运输过程中，首先要求自备车或铁路箱罐到站后，油库人员检查车体、铅封是否完好。如果是能计量的自备车，先进行检尺计量，并与厂发货量比较得出铁路运输损耗量，损耗超合理范围的车辆，立即与发出厂进行书面确认并共同查找原因，经发出厂确认同意后再卸车，并在站台进行过磅。其次是自备车（船）到下元站经过中南分公司油库人员确认后卸到汽车里，在站台（码头）过地磅后交付给承运方，运到油库后再复磅一次，对超损耗部分由承运方赔付。最后是在送货前通过油库过磅后交付给承运方并确认，承运方负责配送到客户，客户收货过磅后过磅单返回给油库人员，超损耗部分由承运方赔付。另外，对物流公司车辆进行打分评价，对经常发生较大损耗的车辆停运一定时间进行整改，对整改后评价仍不合格的，取消其配送油品承运资格，以

此来箍住运输损耗的管理漏洞，提高配送车辆服务质量。

▸ 抓精细工作，降低卸车过程损耗

抚顺润滑油厂针对每次火槽卸车后槽车底部依然有油品卸不净的问题，克服作业难度大、劳动强度大等困难，用一个个中桶从槽车底部通过下卸口回收槽车底部油品。大连润滑油厂经一线员工仔细观察，发现槽车卸车后车内会有少量余油，而挂在槽车内壁的油品在重力作用下还会不断沉积，静置3小时左右，可产生余油约50千克的情况，安排专业人员收集槽车内残油，全力保障转运任务的同时减少油品损耗。

▸ 抓技术改造，降低动力使用过程损耗

抚顺润滑油厂用HQS–250汽水混合加热器替换HMNIP变声速增压节能装置，并对加热系统工艺管线进行改造，设置两台公称直径80毫米和公称直径50毫米蒸汽加热阀门。10月份针对公称直径50毫米蒸汽阀门，又增加一台HQS–125汽水混合加热器，做到正常气候条件下使用公称直径50毫米蒸汽阀门，气温低于–25℃时改用公称直径80毫米蒸汽阀门。控制加热储罐的数量，并对闲置15台储罐加热管断开停止加热，这些措施大幅降低了蒸汽消耗。另外，通过员工浴池搬迁、换热站改造以及从抚顺石化公司热电厂铺设一条脱离子水线引至调合装置，减少脱离子水装置开工次数等措施，有效降低用水消耗。

2014年，在润滑油公司各级单位及员工共同努力下，强化内部管理，严格损耗控制，在油品接收、生产、运输各个环节精打细算，取得了良好的效果，各项损耗同比降低2000余万元，降幅52%，为公司的健康快速发展创造了显著的经济效益。

◎ 案例撰写人：徐文

让输油管线“吃饱”

■ 管道公司

过去，企业的决策往往依靠管理经验，如今，单纯的定性决策已经不足以满足公司效益最大化要求。管道公司利用量化计算、动态规划等现代科学手段，让辖内管道实现精准化决策。以辖内兰郑长管道为例，在2014年油品销售持续低迷前提下，公司成品油输量实现跨越式增长，兰郑长管道输油514万吨，同比2013年上涨102.4%。兰郑长管道是我国目前投资额最大、长度最长、系统最复杂的输油管道，上下游产量与销量的匹配度存在矛盾，大批量小批次与小批量多批次存在矛盾，继而带来油品种类数量与油罐数量的矛盾，混油处理能力与实际发生量的矛盾。管道公司组织相关领域专家，利用现代动态规划技术，完善成品油批次计划及管输系统优化计算模型，以总体利益最大化为计算目标，以量化计算结果为决策依据，确定技术改造侧重方案，在市场需求持续走软的大环境下，2014年顺利实现扭亏为盈，创造了良好的经济效益。

量化分析确定技术改造方案，动态优化协调多方利益。量化技术一般基于影响因素多的复杂系统，动态规划技术适用于系统状态随时根据时间点改变的计算系统。兰郑长管道上游多个注入口的油品各不相同，中间站分输批次数量各异，管输量不仅受制于上游炼厂产能，又受限于下游库存及市场销售，批次增大会导致市场反应周期变长，影响下游周转，减小批次会导致界面跟踪能力、混油处理能力压力变大，各方利益都需权衡，是一个参数众多、计算方法复杂的大系统，也是一个需要结合多种数学方法、工程模型、成本核算的复杂计算过程。为做好最佳优化计算模型，公司集中工艺、设备、炼化、规划等专业领域专家，根据上下游实际产销匹配数据，考虑多种输送状态下的企业成本、投入产出比等因素，反复推演、量化计算管道经济效益，最终确定了科学、合理的适应性技术改造方案。

精细管理提升上下游整体效益，局部投入提升综合目标。根据本次优化计算结果，公司集中资金力量，对管道进行适应性改造，扩大了管道管输介质范围。与此同时，再次利用前期计算方案，通过增大储罐周转频次，利用有限储罐实现输送品种多样化、输送批次密集化，在成本可控前提下，缓解了注入支线陆续投运后咸阳、郑州中转油罐不足的矛盾，适应了目前市场疲软状态下的上下游产销匹配度，加快了市场反应能力。不仅大大降低管道企业周转成本，也大大降低了炼化和销售企业库存压力，最终实现了上下游整体效益提升。

混油深度处理，解决后续衍生问题。本次技术改进后，直接引发的最大问题是多批次带来的多介质间混油增加。本次优化计算充分考虑了多个方案下的混油生产量，在综合成本最小前提下，适度增加混油深度处理设备投资。本次改造后，顺利控制了批次增多后混油处理问题，达到了投入产出比的优化，寻找到了合适的优化点。按照本次技术改造和优化运行方案，另一条成品油管道——港枣成品油管道实现了盈利转变。2014 年港枣线输油 168 万吨，同比 2013 年上涨 26.5%，为公司的效益提升作出了突出贡献。

◎ 案例撰写人：董红军

量化管理降本增效

■ 长城钻探工程公司

长城钻探国际钻井公司 GW80 队在泰国市场 10 年来，至今已创造出连续 6 年进尺超 10 万米的优良业绩。为加快转变发展方式，提高现场作业效率，长城钻探国际钻井公司在境外作业现场管理方面，大胆探讨和创新，以 GW80 队为标杆，创建了“钻井现场作业量化管理技术”。通过近 3 年的现场试验和运用，取得显著效果，在建设国际钻井工程服务承包商方面进行了有益尝试。

钻井作业量化管理技术，主要是运用计算机管理软件工具，充分利用信息实时性、自动化处理和网络化特性，对单井作业项实行时间管理，形成单井作业时间数据库，使作业队能够对正在作业井的作业效率、正作业井与先前完成井的作业效率、正作业井与其他同类井队的作业效率进行对比和分析。通过精确分析，可以迅速、直观地发现作业队在作业效率方面的成功做法和不足之处，及时做出作业调整，提高作业效率，达到持续改进、不断降本增效的效果，为需要远程管理、实时监控的国际化钻井工程项目管理提供了信息化管理工具。

钻井作业量化管理技术将 PDCA 管理循环运用到现场生产作业中，转变了传统的“从上至下”管理方式，实现了“自下至上”的自律式管理方式。突出职能管理部门在“服务和支持”方面的特性，促进管理部门与基层作业队界定管理权限、突出各自优势，向着效益提高方向转变。对于使用这个管理技术的井队而言，实际上，就是一个“自己作业、自己对标分析、自己查找原因、自己制订计划、自己改进”持续提高过程。

一是填写《单井作业量化管理表》。它是量化管理技术中的核心部分，由两部分组成。第一部分是管理软件固有的表格标题部分，是按照常用的主要钻机类型，把单井作业内容分成 10 ~ 20 个作业单元，再把单元细分成 80 ~ 160 个作业项目，实现对单井各个作业项目以分钟为单位的精细化管理，相比之前以天为单位的单井作业时间管理有了根本性的转变。第二部分是作业时间数据空格填写部分，使用者按照填表要求，在空格中对应地填上完成作业的时间数据。

二是生成管理柱状图、井深－时间曲线。单井作业量化管理表具有自动生成“钻机搬迁安装进度－时间柱状图”“井深－时间曲线图”“年度钻井进尺－时间萌图”的功能。这些生成的柱状图和曲线成为对作业效率分析的主要依据和手段。

三是观察与分析。通过直观观察“搬迁进度－时间柱状图”或“井深－时间曲线图”形状，非常容易找

岗位感受

GW52 队平台经理齐红军：量化管理工具简单易懂，便于操作、易于分析。我队到伊拉克作业的第一口井井不顺利，超出设计周期 28 天，利用量化管理工具，我们认真分析原因，并在第二口井中改进和提高，对生产中影响时效的因素进行分析，找出原因所在，钻完井周期相比第一口井足足提前了 39.46 天，比设计周期提前 15 天完井，创造了本区块同类井施工的最快纪录，受到了甲方的肯定和表扬。

出作业时间较长的作业项目，即效率低下的工作内容部分。再查找对应部分的作业时间数据，进一步分析原因，立即调整作业方式，或在下口井作业中制订整改计划，以便改进和提高。

四是作业改进。提出改进效率的技术方案或计划，对其进行风险识别，完善方案或计划措施，确保提高效率方式安全受控。

自 2013 年 3 月开始，长城钻探将钻井量化管理技术应用到美洲、中亚、中东、非洲四个作业区、11 个海外项目部中的 25 支钻井队，完成了 291 口井、68 万米进尺的钻井作业量。相比 2012 年，平均单井钻井周期同比分别减少了 6.71%、5.1%，建井周期同比分别减少了 15.67%、2.02%（见图 1），施工井成本分别下降 1250 万元、1772 万元。在钻井日费项目中，作业周期的缩短为甲方节约了大量的单井成本，其中的钻机搬家和安装包干项目，由于节省搬家安装作业周期，提高了收入。近两年来，阿曼 GW19 队由于搬迁安装周期的缩短，搬迁额外创造日费收入累计 74.01 万美元。在长城钻探承担的伊拉克格拉芙大包项目中，GW51 和 GW52 队应用量化管理技术，单井作业周期较设计周期累计缩短 18.22 天，额外创造收入 185.06 万美元。

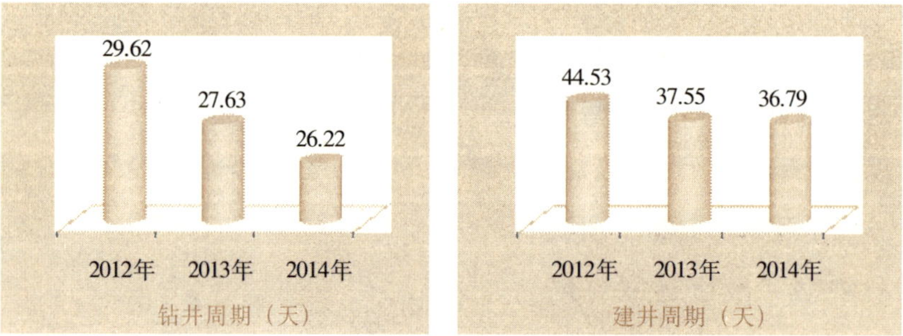

图 1　应用量化管理工具作业周期对比

◎ 案例撰写人：王文勇　苌新平　罗伟强

向科学生产组织要效益

■ 渤海钻探工程公司

渤海钻探井下技服公司主要从事油气水井试油、压裂、测试等综合性工程技术服务，业务范围几乎涵盖了所有井下作业项目。伴随近年来的快速发展，市场分布越来越呈现点多线长面广的特点，有限的装备、人力资源与快节奏、高负荷的生产需求之间的矛盾也日渐突出。为破解这一难题，井下技服公司以“一切围着井眼转”为宗旨，以转型升级生产组织模式为突破口，实施了周生产运行计划等系列举措，由“事后救急”向“前瞻协调”转变，实现了生产组织的提质增效。

编好“五线谱”，见缝就插针

为了最大价值发挥有限的生产资源力量，让生产运行更加高效顺畅，2014 年年初以来，井下技服公司淘汰了以往按部就班的生产组织模式，在大港油区市场试推行了周计划生产运行方法，每周将《施工井生产运行表》挂在井下技服公司门户网站上供有关人员参考。

施工井生产运行表具体操作流程如下：首先，井下技服公司要与建设方积极沟通落实工作量，紧盯钻井动态，提前勘探井位。其次，当新井施工设计到位后，由负责施工的试油一线队上报施工计划到生产调度。为了提高上报计划的准确性，井下技服公司试油队按照施工设计要求，以小时为单位，精确制订出作业用车、入井工具、辅助设备等相关服务单位的上井或离井计划表。最后，由生产协调科汇总生产计划，按照“均衡”的原则，统筹协调内外部水泥车、压裂队等人员装备资源，确保生产运行有序高效，不扎堆、不等停、不“大马拉小车”。2014年前9月，井下技服公司因生产信息不准确导致设备跑空和作业设备安排不到位造成施工延期的现象为零。

日查月“会诊”，精雕又细刻

周计划保底，局部作微调。井下技服公司通过每日生产例会、晚间技术沟通会、周六大生产会来及时调整作业安排，努力打好运动战和配合战，将空隙时间“榨干吃净”。9月份，该公司试油S10602队和S10624队分别利用施工井等下步方案、关井测压力恢复的时间，组织队员快速搬上新井施工，呈现了每队3套机组人员同时施工4口井的高效生产景象。据统计，该计划实施以来，井下技服公司在大港油区试油平均单井生产时效高达94.5%。

与此同时，井下技服公司在基层队下大力气推行了《单井成本统计表》与生产时效、过程控制分析工作，一线队伍每日填写分析成本消耗、作业时效情况，基层单位每月进行总结联评。此举为持续优化生产组织模式、降低作业周期提速增效提供了可靠依据。

岗位感受

生产协调科刘松：《施工井生产运行表》表格上有红有黄，标记出了施工井将要压裂和搬上的施工工序。一眼看去，运行表活脱脱一个色彩斑斓的五线谱。有了它，各作业井一周施工预期进度一览无余，各井下一周每日重点工况也心中有数了！

通过两个月的运行分析，井下技服公司发现试油搬安环节减负增效仍有潜力可挖。完善了《试油现场配套标准》，精简了现场野营房和储液罐，分别提高了“入住率”和使用率。每个生产井机组搬家较年初可少用两台卡车，不仅提高了搬家速度，同时单机组月节约运费近 1.4 万元。井下技服公司还强化了二线单位的配合，将运输车辆的报到时间提前了 10 ~ 30 分钟。一、二线齐给力，实现了搬家各环节的无缝衔接。

在压裂队开展此项工作时，井下技服公司将单井压裂的生产过程分解成连接管线、循环试压、泵注、等停等若干时间段，准确记录每个阶段的用时，从而精准查出影响生产时效的薄弱环节。7 月 19 日至 25 日，井下技服公司大港压裂队仅用 7 天的时间就优质完成了歧 683、官 32—62、港深 24—28 等井压裂施工，创下了周压裂 13 井次的大港油区提速新纪录。

◎ 案例撰写人：丁宁

混拌水泥“送快递”

■ 川庆钻探工程公司

2014年，固井市场受川渝地区工作量急速萎缩、壳牌项目投资放缓、威远页岩气低成本战略等因素的影响，经营形势异常复杂。以前，每井次的固井施工水泥，往往是通过水泥生产厂家将所需水泥运往干混站混拌后，再转运至施工现场。其流程较复杂，且运输成本也相对增高，同时也拉长了生产周期。由于路程远，路况复杂，驾驶员的交通安全风险增大。通过合理利用社会资源，积极与生产厂家协商，采取厂家直接将生产水泥混拌后运往施工现场的办法，有效降低了单位运输成本，缩短了生产周期，提高了生产效率，同时也缓解了交通安全压力，降低了行车风险。

固井公司根据实际情况，从厂家直接将混拌好后的散灰水泥运送至井场的办法，有效节约了混灰成本。成本对比：嘉华厂水泥干混费用80元/吨，比2003（定额）120元/吨节约费用40元/吨。2014年威远区块油层固井水泥混拌844吨。嘉华厂：80元×844吨=67520元，定额：120元×844吨=101280元，节约水泥干混费用：33760元。由此，采用厂家直接将混拌好后的散灰水泥运送至井场的办法，降低了生产运行成本及运输交通安全风险，提高了生产运行效率，保障了水泥混拌质量。

以威远区块页岩气项目单井施工为例，进行单井成本分析。以往单井次施工一次所需费用为8765元/车次，通过改进后，现在单井次施工一次所需费用为3266元/车次，其节约运输费用高达5499元/车次；在生产周期上，以往一口井的单井施工，从要料到材料到达现场，按照正常流程计算，往往至少所需5天以上，现在只需3天左右，大大缩短了生产周期，提高了工作效率；在运输路程方面，按以往厂家运输至遂宁灰库混拌后，再转运至威远施工现场为例，其路程为515公里，现在改为厂家混拌后直接运往施工现场，其路程为142公里，节约运距373公里，从而有效减小了驾驶员交通安全风险，缩短设备运转周期，控制了设备油材料消耗以及过路过桥费用的支出。

2014年，固井公司在威远地区使用水泥7199.81吨，其节约运费就高达182.1万元。2015年固井公司预计在威远地区施工将近40井次，按每井次固井390吨水泥计算，预计使用水泥15600吨，可节约运费高达394.5万元。

传统运输模式：

沙湾 —袋装水泥→ 遂宁 —散灰→ 威远

项目	单价（元/吨公里）	运距（公里）	水泥量（吨）	运费（元）
袋装	0.6	沙湾—遂宁	20	3360
		280		
散灰	1.15	遂宁—威远	20	5405
		235		
合计		515		8765

新模式：

沙湾 —散灰→ 威远

项目	单价（元／吨公里）	运距（公里）	水泥量（吨）	运费（元）
散灰	1.15	沙湾—威远	20	3266
		142		
合计		235		3266

◎ 案例撰写人：廖万君

快与慢的省钱哲学

■ 海洋工程公司

俗话说："欲速则不达"。对于以燃油为主要成本的海洋工程公司船舶事业部来讲，控制好船舶航速的"快"与"慢"，直接关系着企业的成本总量与经济效益。

海洋工程公司船舶事业部以提高船舶燃油经济性为出发点，经过几年的探索，总结形成了一套行之有效的船舶燃油消耗管理制度——船舶经济航速，实现了良好的经济效益。

以 2014 年 1—12 月和 2013 年同期数据为例，2014 年 1—12 月经济航速状态下的小时燃油消耗率为 0.59 立方米，同期为 0.61 立方米，下降 0.02 米^3/ 小时，即节约燃油 706.8 立方米，合 607.8 吨。按照 2014 年 0# 柴油平均价格 8155.33 元 / 吨计算，推行经济航速运行为业主和本单位节约成本约 495.7 万元。

▸ 推行船舶经济航速的理论基础

营运船舶常用的经济航速概念有三种：最低燃油消耗率航速、最低燃油费用航速、最高盈利航速。海洋工程公司推行的经济航速是最低燃油消耗率航速。

从船舶柴油机实际运行工况考虑，当功率与转速变化时，其燃油消耗率受到喷油量、换气质量、转速等影响，不是一个定值，一般在 70% ~ 80% 负荷时燃油消耗率值最小。此时，所对应的航速为经济航速。经济航速也不是一个定值，根据单位船舶所处的实际海况确定。为便于船舶运行操作，海洋工程公司根据长期研究，制定了忽略海况、船况的经济航速。

全面推进经济航速的制度保证

为保证经济航速顺利实施，海洋工程公司编发了《推行船舶经济航速规定》，具体如下：

1．船长是船舶经济航速实施的具体负责人。轮机长和大副负责经济航速的具体实施，每日监督经济航速具体执行情况并分别记录于轮机日志和航海日志。

2．船舶正常航行或往来海上生产平台期间，根据外部阻力可控情况，应将主机工作负荷控制在70%～80%，保持经济航速航行，特殊情况，船长根据海况调整航速。

3．船舶在平台附近巡航守护时，可采取单车维持舵效的巡航方式，若海况情况良好，可采取停车漂航形式进行守护作业。

4．恶劣海况巡航过程中，采取保持维持舵效的最低航速巡航，减少燃油消耗。

5．船舶解缆离泊时，机舱提前暖车，适时备车，减少主机空转造成的燃油消耗以及低速运行对主机的损伤。

6．船舶靠泊码头一律接岸电。

7．船舶在进行拖航、机动靠泊平台、起抛锚、提油等特殊作业期间，船长视现场情况，确定航速。

8．对于业主负担燃油的船舶，在满足服务前提下应

岗位感受

船舶经济航速的有效实施，一方面培养了船员的成本控制意识，另一方面有效控制了船舶燃料消耗，降低了船舶运行成本，增强了船舶的市场竞争力。

积极推进经济航速实施。

▶ 保障经济航速推行的其他因素

为保证船舶全面推行经济航速，编制了《船舶航速监控表》，以便于现场操船人员参考；组织对所有船舶的高级船员共计 143 人进行宣贯培训，宣传节能减排的理念，以及实施经济航速的具体措施。船舶生产主管部门通过 AIS（船舶自动识别系统）对船舶航速进行监控，船舶执行情况纳入单位绩效考核体系。

◎ 案例撰写人：孙永生

巧施工突破控本瓶颈

■ 管道局

港清三线途经地段经济发达，征地成本较高，管线累计需穿越高速、国道、省道、河流、沟渠和铁路等90余处，穿越施工难免带来施工临时用地的超占，从而造成土地占用费超支。为解决这一问题，第四项目部工程部、协调部和焊接机组紧密配合、精心筹划，多次到穿越地段现场进行详细勘测，反复研讨了一版又一版的施工方案，目的就是尽量避免和减少超占地，严格控制超占地成本的发生。在煎台路顶管穿越施工中，他们原计划采取沟上预制穿越管段穿越的方法，但经反复测量后，很难控制施工作业带的范围，就改为单根穿越、沟下焊接的方法，虽然增加了施工的难度和强度，但有效控制了施工占地面积，大幅降低了超占地成本。

由于受到征地制约，工程综合进度较为缓慢，第四项目部果断决策，及时清退原防腐施工机组，将焊接机组部分闲置人员就地培训取证，不仅降低了项目整体成本，更提高了焊接机组综合功效，拓展了焊接机组的业务领域，实现了项目、机组的共赢。

在港清三线的施工现场，看不到传统的满焊盲板临时封堵管口，取而代之的是由废弃的边角余料等废料研制而成的“易捷封”。“易捷封”不仅可以反复使用，更便于安装和拆卸，极大提高了施工效率。经粗略测算，使用“易捷封”临时封堵管口，每次可比传统方法节约费用近2000元，而随着“易捷封”的反复利用，节约的费用更为可观。

港清三线沿线地下水较为丰富，加之高达13处的穿越施工，着实给项目部带来不小的麻烦。如果采用传统顶管施工的方式，不仅要采取有效的措施抽水，而且工效低、投入大。对此，项目部创造性地采用“漂管法”施工，巧妙、便捷，用最短的时间、最少的投入完成了112国道、S272省道、G18高速和津保铁路等顶管穿越施工任务（见图1），每条路节约近6个机组日，累计节约近30个机组日。

图1 港清三线穿越“泥泞”

管道一公司第四项目部在港清三线肩负着57公里管线的施工任务，工程量不大，合同额也不是很高。面对这样的任务，项目部牢固树立员工“节约的，就是赚到的”思想，处处从细节入手，事事从控本抓起。

项目部对人员、设备采取动态管理，根据现场施工需要，及时对资源动态调配。项目部利用雨季、施工用地不足等时期，合理安排队伍轮休，大幅度降低人工成本；先后将空闲设备及时退租、退场，共清退吊管机、吊车、炮车、挖掘机、弯管机、中巴车、吉普车等设备11台（套），单月节约设备租赁费用40余万元；随着工程渐进尾声，项目部及时将办公场所由县城城区搬迁至郊外，不断压缩办公成本。

◎ 案例撰写人：王宽龙

权威点评

成本控于思而成于行。节支降耗，需要的是思考，更是行动，把思想转化为行动，本身就是一个艰难而漫长的过程，管道一公司第四项目部有思想、有措施、有行动，并且有成效，难能可贵。希望他们能将这些行动日积月累，逐步形成文化。

——集团公司技术专家　史航

打造海外财务税收新亮点

■ 工程设计公司

工程设计公司（简称 CPE）与技术开发公司组成联合体承揽了坦桑尼亚天然气处理厂项目（以下简称“坦桑项目”）。坦桑项目是坦桑尼亚政府通过中国进出口银行贷款，由中国政府援助的项目。根据坦桑尼亚政府政策，该项目可以免除增值税。但坦桑尼亚税务局从监管的角度考虑，认为增值税的豁免并不能因为该项目是免税项目而给予所有的分包商免税资格。坦桑尼亚分公司在该项目中一开始被税务局认定为分包商而非承包商，依照税法规定，坦桑尼亚分公司不具备享受免税的资格，而只有承包商 TPDC 享有免税资格。这将造成坦桑尼亚分公司支付当地分包商款项为含增值税进项税金额，无形中增加了巨额的税收成本。根据坦桑尼亚当地国情，这部分增值税进项税款在实际操作中想从税务局申请退还也存在很大的困难和风险。即使该部分税款能退回，也要在开票后的 6 个月以后，对分公司现金流影响也会很大。因此，自坦桑项目启动以来，坦桑尼亚分公司以财务精细化管理为主线，重点做好项目免税资格认证工作，为坦桑项目节约税收成本 3000 多万元，有效控制了项目成本，切实保证了项目利润的最大化。

▸ 充分调研，寻找突破口

派遣具有良好语言能力和丰富专业知识的财务人员参与此项

目，通过翻阅大量该国税务书籍，对比国内外税收政策，查找相似案例，并在当地多家知名会计师事务所，如毕马威（KPMG）、德勤、基腾等的专业人士的协助下，吃透该国税务政策，寻找申请免税资格的突破口。最终，采取通过业主 TPDC 向能矿部提交免税申请和说明，经能矿部向财政部申请，争取享受增值税免税政策的方式。

▶ 积极沟通，群策群力

现场财务人员将调研的情况及时向上级领导汇报，并阐述申请免税资格存在的难度和不及时解决产生的严重后果，各方在听取汇报后，群策群力，探讨从商务、公共外交等途径出发，共同协商应对解决方案，为更好地推进申请免税资格、实现降本增效提供了强有力的支持。

▶ 多方协调，巧妙布局

首先，寻求业主方的理解支持。分公司在对坦桑税法研究的基础上，积极与业主方沟通，阐述分公司在未办理免税的情况下向当地施工分包商付款，而付款（包括预付款）中不包含增值税是不符合当地税法规定的。为了不影响项目按时完工，支付施工分包商预付款已迫在眉睫，现场财务人员曾多次请求业主从基于项目施工进度的考虑能给予协助，出面协调申请分公司为该项目免税主体。业主一开始态度并不积极，认为分公司即使现在无法豁免增值税，将来可以向税务局申请退税。但是，分公司通过对当地中资企业和会计师事务所的咨询了解，坦桑尼亚当地的退税办理时间长且手续繁琐，而且当地政府财政资金紧张，退回税款的可能性极小。即使最后能全额退回，对公司的现金流周转影响也会很大。业主所认可的退税方式不能被分公司所采纳。于是，在多次与业主方沟通无果的情况下，分公司积极与中技开沟通协调，由财务人员牵头，项目的商务团队出面，多次召开协调会议并以书面信函阐述该项目免税的重要性。一方面从税法角度出发，向中技开当地财务人员分析当地税法条款，并对免税办理的重要性进行阐述；另一方面积极牵头组织召开联合体三方协调会议，使联合体成员单位之间达成共识，以联合体的名义向业主方施压。在分公司多渠道的沟通协调下，业主方终于同意给予协助，为项目免税奠定了良好的基础。

▶ 历尽艰辛，终获硕果

分公司现场财务人员在业主的积极协助下，奔波于能矿部与财政部之间为申请获得免税主体提供其要求的支持文件。通过能矿部的推动，财政部把分公司纳为该项目免税主体的信函最终下达给税务总局。但由于坦桑尼亚政府属于英联邦体制国家，所有的制度都按照英国体系执行，即使有财政部已下达免税批文，税务总局仍然对分公司免税提出质疑。因为从合同形式上分公司属于分包商，而税法上严格规定不能为分包商直接豁免增值税，因此税务总局对财政部下达的信函不予执行。针对这一情况，分公司在业主方的支持配合下，多次组织协调会，请业主方、财政部和税务总局主管官员参与，就免税具体操作方案进行讨论，最终达成分公司及其他两家联合体单位享受增值税免税政策。

历经长达 6 月的协调，2013 年 10 月 1 日，分公司终于啃下了免税办理这块“硬骨头”，成功办理了第一笔增值税免税。截至 2014 年年底，在当地已办理增值税—进项税免税 67 笔，免税总额高达

3000 多万元；预计 2015 年还可实现免税约 1800 万元，显著降低了项目税收成本，提高了项目经济效益。

◎ 案例撰写人：王圣澜　金红红

权威点评

工程设计公司西南分公司作为中国石油三级单位，多年来通过中国石油海外大庆产能建设平台，乘中国石油的巨轮出海，在发展中国家深耕细作，取得了不俗成绩，在坦桑尼亚气田项目更是深度参与，成为 EPC 联合体成员。在成本控制、税收筹划及外汇风险控制等积累了丰富的实战经验，先进管理理念和方法对于其他境外企业或开拓海外市场在财务运作具有很大的参考价值。另外，从政治角度看这个工程是建设中非友谊的又一个丰碑，担负了政治使命。

——四川大学商学院教授、博士生导师　干胜道

为存货占用资金“瘦身”

■ 济柴动力总厂

大件二分厂是柴油机核心零部件的加工分厂，主要产品曲轴、连杆、凸轮轴，有着品种多、工序多、加工周期长的生产特点，不但包括分厂内部的机械加工、部件组装，加工过程中还包含分厂之外的热处理工序。生产组织如果采用简单地按计划、按品种、按工序罗列累加的方式，存货资金将是一个庞大的数字。为此，分厂在生产组织过程中高度重视合理控制存货资金占用，不断探索创新管理手段，形成了一套“源头控制、分层管理、灵活处置、全程监控”的生产组织模式，既满足了生产需求，又有效地控制了存货占用资金。

▸ 源头控制

存货资金控制，源头是关键。分厂从存货控制的源头上，重点抓了两方面工作：一是建立在制品数据模型。分厂汇总分析了近几年的装机需求情况，并预测了未来一段时间的销售趋势，同时考虑了不同品种零件的生产周期、加工工序间的衔接、热处理工序的开炉周期和装炉量，制定了分厂加工的各种零件在制品数据模型，即每个品种从毛坯到完工在分厂的总量。通过数据模型，分厂实现了对产品转入、转出、零件数量的有效控制，即实现了对存货总量的控制。二是合理进行投料。分厂根据在制品数据模型、当月的转出数量、次月的装机需求计划等相关数据，合理制订次月的投料计划，原则是在需求没有大的起伏的情况下，补齐在制品数据模型中各种零件的总存量。

▶ 分层管理

分厂按照零件类别设立了三个工段，即曲轴工段、连杆工段、凸轮轴工段，每个工段下设 2 ~ 4 个生产班组。生产业务方面，三个工段没有交叉，每个工段的生产班组属于前后工序，关系紧密。分厂的曲轴、连杆、凸轮轴生产加工属于流水作业，若某一环节脱节，没有按计划完成，将对前后工序都造成重大影响，打乱分厂对存货总量的控制。要实现对存货总量的有效控制，除了源头计划要科学，还需要生产过程能实现源头的计划，因此，分厂采取了“分厂、工段、班组”三层管理模式。分厂层面，如上所述，负责制定在制品数据模型，合理进行投料；工段层面，主要负责制订“经热计划”（曲轴、凸轮轴）、协调班组之间（即工序）的生产衔接。曲轴和凸轮轴在加工过程中，分别需要穿插分厂外的 3 ~ 4 次热处理工序，经热计划就是周全考虑热处理的时间、装炉批量以及工段内部的生产衔接，制定的转到热处理工序的时间和数量；班组层面，主要负责根据经热计划、分厂转出计划，制订班组计划，科学组织人员、班次、品种的日常加工任务。班组普遍采用了生产岗位定额派工制度，班组长按日或按批次对操作人员派工，使生产组织细化到岗位、细化到每天。分厂通过分层管理，保证了生产业务各负其责、有序进行，也就为存货总量控制提供了保障。

▶ 灵活处置

任何工作在实际操作中都不能生搬硬套、机械地运行，尤其是机械加工，必须针对不同情况增加灵活处置的成分。分厂在存货控制方面，主要抓了两个卓有成效的因素：一是扩大毛坯、原材料的通用性。例如某两个品种凸轮轴，成品总长相近，只是凸轮形状不同或两端加工不同，投料时就同时考虑了这两个品种，使其共用一种原材料，有效地应对了需求总量和加工中的变化因素，大大降低了投料总量。二是及时处置流动性低的在制品。分厂在生产过程中，偶尔会出现因多种原因产生的暂停加工的半成品、暂停转交的产品，形成了生产过程中的“呆滞件”。对于这些“呆滞件”，分厂定期进行统计分析，制定了不同的流转方案，达到了盘活的目的；柴油机装机过程中，有时会出现因整机整修、更改设计造成部分已使用过的零件退回分厂不再装机或暂不装机，如果不及时处理，日积月累也是不小的存量。分厂一直坚持及时进行判定和修复，或重新使用，或报废处理；柴油机改进设计后，会产生不能用于各类装机的长期无动态零件，分厂通过对比判定进行分类，能借用改制的借用改制，不能改制的，执行规定流程处理后，用于设备维修或自制工装使用。

▷ 全程监控

存货控制工作中，分厂还高度重视过程和效果的监控，而不是指令下达后当“甩手掌柜”。监控工作包括了两个方面：一是建立健全了分厂、工段、班组三级在制品台账，工序流转、委外加工情况一目了然，月末存货的品种、数量也一目了然。二是建立了在制品实物定期清点制度。曲轴、连杆、凸轮轴从机械加工到部件组装，有不同的特点，分厂分别建立了不同的清点周期，定期对自制件、领用件进行数量、状态上的清点，并与在制品台账、ERP 系统对比符合性。

通过实施以上措施，分厂零件数量一直保持着合理的储备，每月的存货资金占用一直处于可控状态，既保持了生产组织相对平稳有序，满足了装机需求，同时也没有形成长期或过量积压，实现了为存货占用资金“瘦身”的目的。

◎ 案例撰写人：刘民

权威点评

大件二分厂采用的“源头控制、分层管理、灵活处置、全程监控”的生产组织模式，比较全面地考虑了存货资金控制的各项因素，重点针对品种多、工序多、生产周期长的生产特点，牢牢把握了存货资金控制环节和重点，管理思路清晰，措施到位，取得了实实在在的效果。

——济柴动力总厂厂长　吴根柱

物资有了“身份证”

■ 物资公司

作为油田物资保障的后勤部门，中国石油物资沧州分公司在石油专用管验收、发放时，需人工逐件抄录管号（包装号）、重量、长度、生产日期等信息用于编制验收清单、发运清单。抄录管号工作量繁重、效率低、错误率高，在现场通常是一人读挂签，另一人做记录，手工生成记录需逐个敲入电脑与现场石油专用管进行“配对”，电子化传递难以实现，“配对”的过程经常“阴差阳错”，使现场保管员叫苦不迭。渤海装备两家机械制造企业的成品库面临同样的问题，一支石油管从生产车间到成品库再到物流库，至少需要人工抄录四次物资信息。

如何解决这个难题，让抄录管号更快速、精准、不重复，真正给物资配备一张可以实时跟踪的“身份证”，成了摆在中国石油物资沧州公司储运业务科全体员工面前的一个棘手问题。一次在超市排队结账时，收银员使用的条码枪引起了他们的注意，看着收银员拿着条码枪对着商品“滴滴滴”几下，商品的信息就清晰地出现在电脑上。他们心里琢磨：我们能不能为石油专用管配备条码信息挂签？用采集器扫描收集物资信息，这样就可以彻底解决“抄包号”问题了！

说干就干，经过调研，他们发现市场上没有能满足此类需求的产品，因此只能下定决心自己开发，公司成立“实行条形码管理，提高物资数据处理能力”QC 活动小组攻克难题。

首先从源头给每根石油专用管配备“身份证”。“身份证”的制作需要与上游石油专用管生产厂联合开发，共同制定条码规则，将传统石油专用管卡片式挂签，更换为包含管号（包装号）、重量、长度、数量等信息的防水性条码挂签。这张新的“身份证”可以在生产车间、成品库、物流库、油田等各个环节验收、调拨、收集、跟踪自如。

物资具备了“身份证”就需要与之配套的信息采集软件。小组成员边学习边开发 WinCE 条码手持机采集软件，根据实际需要编写采集软件信息。该软件具备批次采集、重码判断、实时解码、实时统计等功能。保管员只需使用条码手持机快速采集条码挂签信息，并导入计算机即可生成准确无误的物资清单（见图 1）。这使现场保管彻底抛弃了手工抄写模式，实现了石油物资基础数据的电子化，确保了数据资料的完整性、实时性、准确性及可追溯性。

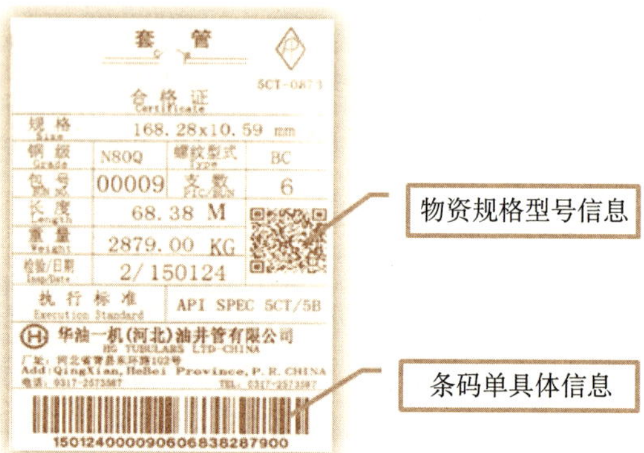

图 1　条码标识牌

物资公司有了这套量体裁衣的“身份识别系统”使石油专用管现场信息抄录和物资清单制作工作，由原 30 分钟缩短为 5 分钟，提高工作效率 6 倍，由原每天两人 3 小时工作变为单人半小时，手工记录错误率降至零，大幅降低工作强度（见表 1）。

表 1　工作效率对比

序号	工作项目	原操作耗时（分钟）	现操作耗时（分钟）
1	套管清单（码单）	30	5
2	油管清单（码单）	20	4
3	出入库处理	4	3
4	物资标示牌填写	4	1

应用条码技术极大地提高了工作效率（见图 2），在工作量不变的情况下，保管员由 6 人减少为 2 人。按每人每月 5000 元薪金核算，每年降低人工成本 24 万元。

图 2　保管员扫描图片

通过对策实施，不但有效提高了工作效率，确保了客户数据的准确性，同时上游生产厂采用石油专用管条码挂签替代原激光雕刻卡片式挂牌后，降低材料成本 16.7%。高效、高质的服务质量得到用户好评，提高了企业竞争力。

截至 2013 年 7 月，渤海装备两家机械制造企业已全部启用条码挂签。成品库验收、出库和物流库（沧州公司）验收、出库四道工序完全摒弃手工抄录模式，实现了物资基础数据的电子传输。如能够统一这张“身份证”上的条码规则和条码手持机，则可延伸至下游油田库房、检测、钻采等多个环节中，这张小小的物资“身份证”，将为集团公司推行物资全生命周期信息化跟踪提供参考样本。

◎ 案例撰写人：黄强

紧跟“车轮”挖潜力

■ 运输公司

中国石油天然气运输公司塔里木运输公司（以下简称“塔运司”）共有车辆1201台，车型多达8种，分布在塔里木油田各探区，点多、线长、面广，车辆油材料消耗约占全年总成本的28%，道路、环境、驾驶技术、运行效率的优劣和车辆新旧系数等因素，增加了油、材料消耗的管控难度。塔运司紧紧围绕车辆运行的全过程开展挖潜增效活动，以提高成本管控水平和盈利能力。

跟上“车轮”测油耗

塔运司在参照公司油耗定额范围和有关技术标准基础上，跟车测定了7大类车型、11条常规路线的油料消耗定额，根据季节、特殊路段合理调整，动态管理。根据现行运输价格和目标利润，采用成本倒逼核定百元收入油料费用指标，并分解到单车，使定额指标更加科学、合理。2014年，塔运司常规车吨公里油耗低于公司定额0.049元，30吨德龙卡车百公里油耗同比下降了1.7升。同时，在以往数质量管理做法上，通过派驻油料监督员对原油罐车实施油箱上锁管理，实行单车、路单、油票“三对口”加油，按派车单里程、行驶里程和百公里耗油量“三对口”考核，有效杜绝了油料的非正常消耗。

掰着指头细算账

在生产组织中，塔运司以就近原则组织运力执行井迁任务，现场生产指挥人员以提高车辆吨位利用率为重点，根据车型、车辆载重标准以及货物大小情况合理装运货物，降低整体搬迁运输车次。同时，根据不同区域、不同井型的要求和特点，优化井迁运行方案，实行“一区域一模式、一口井一方案、一环节一对策”的优质快速运行法，采取“区块合搬、组合套搬、往返带回收”等一系列高效搬迁方式，以实现车辆运力最大化。2014年在井队搬迁中节约运力520车次，有效减少油材料消耗。在内部公务用车管理上，变“利润中心”为“成本控制中心”，按照人员、办事地点优化组合，做到“一趟车”办理业务，全年节约费用573万元。

▸紧扣“要素”降成本

司机的驾驶技巧、车辆的技术性能，是安全行车的重要保障，也是影响油料消耗的关键要素。塔运司在各车队持续开展互动培训活动，实施技师上讲台、进车场，组织多层面技术培训，普及节油知识，对经验不足和亏油较多的司机“开小灶”。结合整车爱车活动，严格执行车辆整修技术标准和规范上井保养标准，全年完成车辆设备一级维护与检修实施率达到96%以上、二级维护与检修实施率达到100%，确保设备完好率、出勤率、保养率“三达标”。同时，塔运司通过推行技术节能减排、修旧利废、QC管理等活动，实施了“加装燃油系统智能控制装置”“电喷车共轨系统喷油器修复再利用”等4项重大节能降耗项目，累计降本增效百万余元。

通过以上措施，使得塔运司2014年单车油料和材料吨公里消耗量分别同比下降1.82%、4.47%。

◎ 案例撰写人：余炜皓

快速收回“投资”的诀窍

■ 拉美公司

陆湖项目始于1997年，2006年转为合资公司，包括陆上油田和湖上油田两部分，两个油田都是20世纪50年代投产的老油田，以气举采油为主。其主要特点是油井多，含水高，油田设备老旧，而且与周边的PDVSA油田共属同一生产系统，受周边气举环境影响大。因此，一直以来，陆湖项目始终以保持油田稳产、保障经济效益为主要工作目标。

▶ 树立“效益产量”观念，优选稳产措施

2009—2010年以来，陆湖项目的生产经营形势面临了重大变化。以湖上油田为例，由于委内瑞拉严重缺乏对老油田的维护资金，PDVSA气举系统持续恶化。因压气站设备老化、气源不足等原因，湖上油田气举井的生产时率一度下降到50%，油田产量稳产遇到了难以解决的瓶颈问题。同时，国有化后PDVSA的生产效率下滑，加上汇率变化的原因，使得生产成本大幅上升。例如湖上常规的钻井周期从22天上升到了45天，钻井费用从2008年的240万美元上涨到2013年的600万美元，常规的重完井、防砂等作业费用从2008年的100万美元上涨到300万美元。这样，原有的以钻修井为代表、以新增产能为主的发展思路和生产规划等都已经不再适合形势的发展，必须加以改变。鉴于此，陆湖项目以经济效益为中心，从2010年起逐步建立了“效益产量”的概念，即将经济评价应用到日常的每项

生产措施上，根据措施效果的产量效费比来决定这些增产或稳产措施是否实施，如何优化。例如，湖上油田 B2X 深穿透重射孔措施，实施后单井日增油 80 桶，有效期内累计增油 5.6 万桶，所需费用 21 万美元，单位投入的增油效费比为 0.27 桶 / 美元；气举井下电泵措施，通过提高生产时率累计增油 16.5 万桶，费用 110 万美元，单位投入的增油效费比 0.15 桶 / 美元；油井重防砂措施作业日增油 200 桶，增油效费比 0.04 桶 / 美元；水平井钻井单井增产 300 桶，增油效费比 0.03 桶 / 美元。经过对比摸索，陆湖项目在操作中放弃了通过钻修井作业、二次采油等常规的弥补油田递减方式，改为采用电泵、重射孔、油井加药、换层等费用低、增产稳定、经济效果好的稳产措施，进而通过加强油田生产管理实现稳产。

2012—2013 年，湖上油田实施电泵井 14 口，有效降低了对 PDVSA 气举系统的依赖，扭转了生产被动的局面。根据统计，2012—2013 年，实施 14 口电泵累计投入 1692 万美元，平均单井 120 万美元，初期日增油 3330 桶，累计增油 247 万桶，内部收益率 85.9%，实现净利润 2930 万美元。2013—2014 年，陆湖项目提出在 B2X 油藏生产井的原压裂井段实施深穿透加密补孔和重射孔，以改善 B2X 油藏渗流能力，提高单井产量。为降低成本，陆湖项目简化了作业程序，不动用作业船，采取钢丝作业方式实施深穿透补孔和重射孔，从而使作业费用大幅降低。2013—2014 年，湖上油田实施深穿透补孔和重射孔措施 4 口井，共投入作业费用 84 万美元，累计增油 29 万桶，实现内部收益率 113%，净利润 350 万美元，相当于用十分之一的价格取得了常规作业的效果。通过电泵、重射孔、油井加药、气举优化、间开管理等维护性稳产措施，陆湖项目在连续 5 年基本没有钻修井的情况下，保持了项目稳产，同时累计控减投资 1.2 亿美元，保证了合资公司及中方的净利润和现金流。

▸ 采取新工艺、新材料，降低生产成本

鉴于近年来，在湖区气举系统供气量减少，气举压力低的现实，陆湖项目积极探索低压条件下注气优化研究，以提高低压条件下的气举气使用效率和生产时率，实现油田挖潜的目的。在低压气举优化研究的基础上，2013—2014 年，陆湖项目通过简单的钢丝绳作业，根据气举系统压力、注气阀组压力、地层压力的情况，更换了 14 口井的气举气控制阀，将气举启动压力由 1000 ~ 1050 磅 / 平方英寸降为 900 ~ 950 磅 / 平方英寸，使低压条件下的气举生产时率提高了 40%，平均日增产 700 桶，而单井措施费用仅 1 万美元，气举阀优化实现净利润 460 万美元，取得了较好的经济效益。湖上油田有部分井因油气管线腐蚀渗漏而关井，传统的维修方式是铺设预防腐油管。2011—2013 年，出于增强防腐和降低工程造价的需要，陆湖项目采用了新型的复合材料管线 FLEXSTELL 替代传统的预防腐输油管线，不但防腐性能优于原设计材料，而且连接工艺简单，大大降低了人工费用，因新的复合管线铺设时间只有原来的 80%，平均单井费用降低 8 万美元，2011—2013 年，通过铺设新型的复合材料管线实施了 21 口井，节省费用 168 万美元。

拉美公司陆湖项目通过建立“效益产量”观念，大力实施效费比高、经济效益好的措施，采取新工艺、新材料，降低生产成本，在没有钻修井的情况下，保持了油田稳产，将单位操作成本控制在 15 美元 / 桶以内，2013 年实现了项目转制后投资完全回收。而且，自 2010 年起，陆湖项目按照中方份额可支配净利润有计划、有步骤地实现分红，在 2013—2014 年向中油勘探母公司汇回分红 4142 万美元。

◎ 案例撰写人：王海钊　萧庆华　赵新华　安利

“五项小举措”真省钱

■ 尼罗河公司

苏丹124项目是中国石油海外第一个海外千万吨级油田开发项目，成立于1997年，目前拥有8台钻机，主要从事石油勘探开发生产和管道运输业务。项目公司提高钻井作业管理水平，在五个方面开源节流、降本增效，取得了显著效果。

▷ 实行钻修机作业队伍月度考核评比，提高队伍作业效率

项目公司制定了钻、修井机作业队伍责任的非生产时间NPT月度统计评比，每个季度进行一次评比结果颁奖活动，调动了各乙方队伍的积极性，钻机设备方面的非生产时间不断降低，多台钻机呈现数月零非生产时间的可喜纪录，提高了钻井效率，降低了钻井成本。

▷ 实行最短钻井周期评比

项目公司还根据不同的油区和井深进行钻井周期对比，每个季度进行评比颁奖活动，并在全公司范围公布评比结果。在这种竞争下，钻机队伍全力以赴提高钻井效率，缩短钻井周期，全年不同的油田区块皆出现了刷新最短钻井周期的纪录。

▷ 优化作业工艺措施，进行防漏难点攻关

Neem地区的AG地层砂质含量高，岩性疏松，液体渗透性强，经常出现钻井液漏失现象，处理不当将导致卡钻甚至井眼报废事故。前些年该地区因地层漏失并卡钻而报废的井时有发生。为

此，苏丹 124 区项目作业部提前采取相应对策：在进入漏失层前，调整钻井液性能，采用高黏度大分子颗粒抗漏失钻井液，并保持钻压、排量以及起下钻具平稳运行；备足堵漏剂，出现钻井液漏失，快速起钻头至套管鞋内，泵入堵漏剂；堵住漏后继续钻进时，采用低钻压、较低排量以控制钻进速度，近两年 Neem 区块钻井合格率 100%。

▸ 优选钻头，提高钻速，并实施钻头效果评比

作业部根据地层岩性和历史钻井资料数据，优选适合区域的钻头，并进行钻头进尺对比和评比，大大提高了钻进速度，钻头平均进尺比往年增加 15%，并创造了单只钻头最长 2443 米进尺纪录。这一措施同时也提高了钻进效率。

▸ 优化作业技术，优选作业材料

为了节约钻井作业成本，项目公司开展作业技术优化，采用经济可行的技术替代高端技术。比如从 2004 年年初开始，引进了大庆和当地 NUS 定向井服务，替代了斯伦贝谢昂贵的定向钻井技术；在材料方面也优选了经济匹配的材料，如引进了国产套管头替代了昂贵的加拿大套管头。以上技术和材料的优化都取得了较好的效果，未出现作业质量问题。

苏丹 124 项目以“管理提升”工作为抓手，多渠道进行开源节流，控本增效，提高了油田现场作业效率。2014 年共节约作业成本 800 万美元，其中节约中方作业成本 320 万美元。

◎ 案例撰写人：俞金保

左手节流右手开源

■ 哈萨克斯坦公司

哈萨克斯坦曼格什套油气股份公司（下称MMG项目）位于哈萨克斯坦曼格什套州阿克套市，是从事油气勘探开发的股份制公司。公司注重节流与开源并重，严格预算管理，拓展“第三利润源”，达到了降本增效的目的。

▶ 节流——严格预算管理

油价下跌直接导致经济效益下降，为尽可能抵消此影响，MMG贯彻低成本发展战略，进一步明确计划预算在控制公司经营环节方面的核心地位，坚持“经营向生产渗透，生产向经营延伸”的方针，将所有支出纳入计划预算，实行全面预算管理，提升经济效益。

一是认真做好低油价下的预算计划方案。MMG以低油价下盈亏平衡点、现金流平衡点评价为依据，优化削减预算计划。MMG分别编制了70、60、50美元／桶油价下的三套工作计划和预算，合理优化工作量和支出，确保在较低的油价下，现金流和利润均为正，并尽可能地实现较高的经济效益。低油价预算计划方案在原方案的基础上，进行了大幅优化，如：减少相对低产的新井钻井、优化修井和措施工作量、减少无效作业、削减非生产性项目维修计划、削减福利、培训和差旅费等。2015年在50美元／桶油价下，与上年相比，费用支出压缩32.3%，投资压缩62%。MMG将按月根据油价变化，动态实施这套计划预算，要求所有服务及物资采购合同，全部加入业主可根据需要随时解除合同条款，实现自身运营现金流保公司发展，不从外部融资借款，不从总部追要投入。

二是在年度工作计划和预算编制时，坚持除产能建设之外的工作量和材料用量一律保持不增，服务价格和材料价格也维持上年水平，不得增长。五年来，生产操作成本中最主要的大小修井、地面设施大小修、运输用车等工作量均保持在同一水平，大宗材料像抽油杆、油管、抽油泵、螺杆泵等的消耗量也维持不变。

三是以经济评价为依据，优化调整工作部署。对低油价下各类作业措施进行动态经济评价跟踪分析，按照低油价下测算的原油门限产量，优化工作量，进行实时调整，没有效益的措施坚决予以中止，杜绝增油不增效的作业，节省生产性支出。

开源——拓展“第三利润源”

在低油价条件下，除了优化削减成本投资支出，MMG努力提高油气销售收入，并提升采办管理，拓展“第三利润源”。

一是努力实现销售增效。在低油价下，项目需要更加重视优化销售方向、降低国内销售配额、推升油气销售价格。目前，四个主要原油出口方向上，效益稍低方向的销售量仅占总出口量的5%。项目积极频繁与哈萨克斯坦政府部门沟通，进一步争取往净回价好的方向多出口。反复努力争取尽可能少的哈萨克斯坦内销售配额，坚持与购买方持续力争，推高销售价格，实现更好的出口净回价。通过优化销售方向，在提高净回价的同时，减少销售费用和出口税费。天然气销售价格增长7%，供给卡拉让巴斯油田的天然气销售价格达到107美元/$米^3$。同国际买家进行谈判，力争进一步减少出口贴水。及时同哈萨克斯坦政府相关机构进行谈判，力争在较低的国际油价下，尽可能维持较高的内销油价。

二是优化采购成本。应用中国石油先进的采办管理理念与经验，结合哈萨克斯坦《萨姆鲁克采办规定》，创新采办管理机制，通过公开招投标和电子采办，充分引入供应商（服务商）市场竞争，提高采办质量。通过将物流、商流与信息流有机结合，优化采购资金使用，优化库存，降低采办和库存成本，提高利润。

◎ 案例撰写人：刘安铖

经营策略的“双轮驱动”

■ 伊拉克公司

鲁迈拉项目是中国石油天然气股份有限公司与BP公司、伊拉克南方石油公司组成联合体共同运作的项目，也是中国石油第一次在国际大石油公司的主导下，以合同者身份参与作业的巨型项目。在伊拉克服务合同下，能否及时提油将对中方效益产生重大影响。为防止出现政府违约（拖延提油甚至拖欠提油的情况），公司密切关注伊拉克政府批复提油的态度和进展，根据政府提油批准情况及成本回收情况来掌控投资节奏，确保回收工作及时、足额，保证中方利益不受损失。

▶ 通过商务运作提升项目投资价值

自从2010年7月BP和中方正式接管鲁迈拉项目后，由于各种不可控因素，导致TSC合同执行过程中影响伙伴利益，同时其他因素也导致项目运行未能按照预定计划完成各项工作。为了维护和保障伙伴的利益不受损害，自2012年5月份开始，中方与BP背靠背地开展经济模型的构建及ERP方案的经济评价工作，深入分析不同条款的经济性，对合同期、递减率、R因子等十余项可提出诉求的因子进行深入研究和方案论证，为关键条款谈判预留谈判空间，以便能快速模拟不同条款下的经济性。伙伴双方共同协商并就伙伴双方经济利益诉求的底限和上限达成一致，据此确定了多套条款修改组合谈判预案，制定了一揽子谈判策略，并且成功在2014年9月4日与政府签订技术服务合同修订条款。鲁迈拉TSC关键合同条款的修改大幅度降低了鲁迈拉项目的经营风险，项目的盈利能力和效益水平有了大幅度提高。与合同修订前相比，中方的净现值和累计现金流等指标均实现了翻番。

削减与油气产量不直接关联的投资

针对目前国际油价低位运行和提油速度大幅延迟放缓的情况，2014年年底，鲁迈拉项目主动开展低油价下的经营策略研究，充分研究分析，做出不同预案。2015年1月份伊拉克政府没有按时批复成本回收所需要的提油之后，公司立即和BP协商，做出了对2015年预算的优化调整，大幅削减与油气产量不直接关联的支出。

同时，建立了以联合公司的计划预算管理为依托的中方计划预算管理模式。坚持以联合公司的计划预算编制为主线，强化中方的监督、审查职能，形成了项目公司、地区公司、海外板块三位一体的计划预算审查模式，初步建立了技术交流会确定工作目标和框架计划、预算审查会确定详细工作计划和预算的两段工作流程。以联合公司的计划预算为依托，形成了联合公司计划预算及中方计划预算两条线并行管理模式。

◎ 案例撰写人：王正安

第2章
科技创新，舞动增收创效之翼

务实创新，锐意进取，以科技创新为主导，培育经济新增长点，提升核心竞争力。组织实施科技项目攻关，研究推广新技术新工艺，一个个专利，一项项成果，为企业发展插上了科技的翅膀，提高了工作效率，降低了生产成本，实现了高附加值，增强了抵御风险、战胜困难的能力，有力支撑了企业稳健发展。

白三增无人值守站

■ 长庆油田公司

随着油田开发规模的不断扩大，油田增产与用工紧缺的矛盾日益突出，应用信息化、自动化技术实现传统的增压站全自动运行无人值守成为发展趋势。2014 年，长庆油田采油七厂数字化与科技信息中心通过借鉴数字化橇的设计理念、成熟技术，以安全运行为基础，配合新型自控设备的使用，利用白豹作业区白三增原有设备，进行了低成本的无人值守站点改造实验，实现了传统增压站“无人值守、定时巡护”的目标。

增压站实现无人值守，关键运用三项技术：

一是半自动加热炉控制技术。长庆油田采油七厂天然气气体杂质较多、纯度不够，导致在用的各类自动点火装置故障频发，无法在无人值守站点配备使用。因此，本次改造仍采用人工点火，在加热炉进气管线处加装电动阀，在风门处加装紫外线火焰探测器，关联加热炉外输温度与电动阀开度。当人工点火后，自动调节电动阀开度，控制火焰大小，使温度恒定在预设值，实现半自动加热炉控制。

二是机械自动排凝技术。无人值守，凝析油必须实现自动排放。本次改造采用的自动排凝装置，利用杠杆平衡原理操作排空阀来控制液位。一个可在杠杆上移动的配重块通过旋转填料箱连接到偏心轴上，使阀杆及阀座紧紧压在阀口上。当容器及支管内液位上升达到设定点时，液柱压力向上推起主薄膜，打开阀口排液。当液位低于设定点，利用配重块自身重量关闭阀口，实现凝析油自动排放。

三是多种流程一键式切换技术。通过对站点的外输流程合理优化改造，在输油泵前端、缓冲罐进出口等多个关键位置增加电动阀等自动控制设备，实现多种流程间的自动切换和远程控制。

在此基础上，制定实施《无人值守站点操作手册》《无人值守站点相关设备操作培训》等规章制度，并按照无人值守站点的改造内容，配合作业区完成了《无人值守站点日常工作内容明细》等工作要求和管理制度。此外，通过大量的书面培训和实际操作讲解，巡检员工已经完全可以自行操控设备（见图 1），熟练操作系统中的各项功能，确保无人值守站正常高效运行。

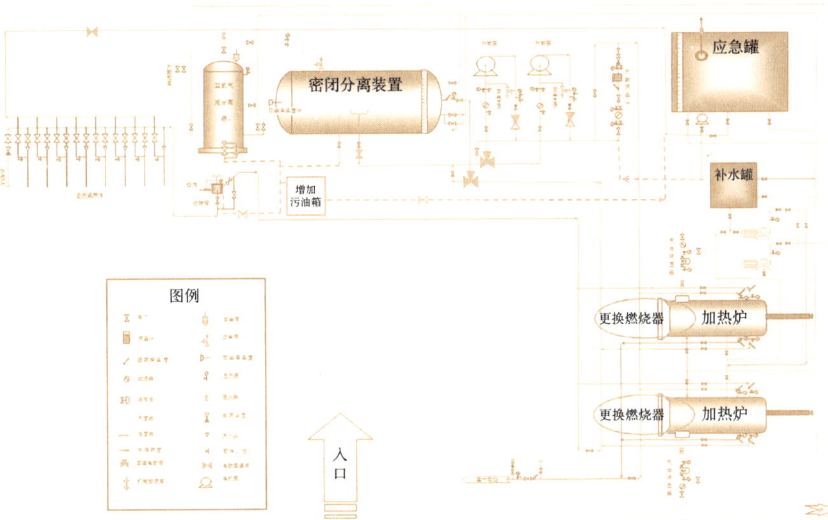

图 1　白三增无人值守站改造后工艺流程图

白三增无人值守站正常运行以来，无任何事故发生，基本实现了“无人值守、定时巡护”的预期目标（见图 2），使巡检人员劳动强度、安全风险得到有效降低，同时取得了多项管理工作的突破：实现了连续不间断输油模式，并且尽可能保证来液量与外输量的动态平衡；实现了外输流程一键切换，避免了频繁开关阀门、切换流程的工

图 2　采油七厂白三增改造后

作量；杜绝了人工调整温度、观测火焰时的安全隐患，智能预警方便了员工及时发现问题；减少员工巡检内容，设备运行状态自动监测、远程控制，极大降低了员工劳作强度；优化监控方式，实现了多级多点的监控模式，站内生产情况及时了解，强化了安全监控手段，杜绝了多项危险源操作，减少了与有毒有害物质的接触，提升了站点和人员的安全保障。

白三增无人值守站改造费用合计 40 万元，其中工艺流程改造 19 万元，数字化改造 21 万元。改造前站点常驻员工 5 人，改造后驻站员工全部撤离，新设巡检岗 2 人，节约用工 3 人，人员费用按照每年 10 万元计算，一年可节约 30 万元，一年半后即可收回成本。

岗位感受

应用信息化、自动化技术实现了白三增全自动运行、无人值守，岗位员工足不出户便可对站内运行情况实时监控，传统的人工操作如开关阀门、排放凝析油、启停输油泵、调节火焰大小等，均被机械自动化取代，极大降低了员工的劳动强度和安全风险，达到了减员增效的目的，证明了常规增压站向无人值守站升级改造的可行性，也落实了公司安全环保前提下的“低成本战略”。

◎ 案例撰写人：武登峰

打造升级版 DHT

■ 大连西太平洋公司

大连西太平洋石油化工有限公司（以下简称 WEPEC）目前有两套高压加氢装置，分别是 2 兆吨 / 年渣油加氢装置（以下简称 ARDS）和 1.5 兆吨 / 年加氢裂化装置（以下简称 SSRS）。ARDS 装置设置四台补充新氢压缩机（一大三小），为了降低能耗，一般保持一大一小两台新氢压缩机运行，两台备用，满负荷供氢量在 56000 米 ^{3}/ 小时左右，实际生产满负荷新氢耗量平均在 45000 米 ^{3}/ 小时左右；SSRS 装置设置三台补充新氢压缩机（三台），其中两台运行一台备用，满负荷供氢量在 72000 米 ^{3}/ 小时左右，实际生产满负荷新氢耗量平均在 60000 米 ^{3}/ 小时左右。两套装置为了保证装置催化剂的运行寿命及产品质量，必须保证有一定量的排放氢保证反应系统的氢纯度。这部分氢气排放至燃料系统不是加热炉很好的燃料，最主要是造成资源浪费。

合理利用高压驰放氢排放到中压加氢精制装置，作为中压加氢装置的补充氢，降低中压加氢装置的新氢压缩机的负荷或停运补充新氢压缩机，是节能降耗一个最佳选择。WEPEC 柴油加氢装置（以下简称 DHT）设计公称规模为 2 兆吨 / 年，采用中压单段单剂的技术路线。装置由反应、产品汽提两部分组成，通过使用高压驰放氢作补充氢停运新氢压缩机降低装置的电耗，装置的总能耗平均降低 2 个单位，节能降耗效果显著。

DHT 装置原设计补充氢压缩机为电动往复式新氢压缩机，正常生产一开一备操作，每台机负荷 100%。由于新氢机原设计负荷较大（排量在 19000 米^3/ 小时），特别是装置自开工以来绝大多数时间在 75%负荷（进料 180 吨 / 小时）及炼制国内普通柴油工况操作，导致补充氢耗量下降，新氢压缩机出口返氢量长期在 30% ~ 60%，由于新氢机电动机功率较高（1550 千瓦），特别是长时间处于低负荷下运行，导致装置电耗、水耗消耗白白增加，直接导致装置加工费、能耗提高。

初期装置的补充氢一部分由 ARDS 装置高压驰放氢提供，最低引入量在 5000 米^3/ 小时左右，最大量在 12000 米^3/ 小时左右，余下不足由新氢机提供。WEPEC “十一五” 新上加氢裂化装置新氢压缩机原设计正常生产两开一备，单台新氢压缩机的负荷设计也较大（单台压缩机排量在 36000 米^3/ 小时），自开工以来加工负荷一直保持在 70%负荷左右，两台新氢压缩机运行白白产生电耗、水耗，故改造从 SSRS 装置循环氢压缩机入口分液罐压控接出一条公称直径 50 毫米的高压驰放氢管线至 DHT 装置循环氢压缩机出口作为装置的一部分补充氢，从而停掉 DHT 装置的新氢压缩机。

自 DHT 装置投用两套高压加氢装置的驰放氢以来，装置停运新氢机的运行，每月降低电耗在 100 万千瓦时左右，装置能耗下降约 2 个单位，月降低加工费用 50 余万元（1 千瓦时电按 0.5 元计算），年降低加工费用 600 余万元。

◎ 案例撰写人：鞠延波

知识链接

新氢压缩机是加氢装置的核心设备，一般为电动往复式压缩机，它的主要目的是为加氢装置提供反应所需的氢气，并将新氢压缩到规定的操作压力（根据加工原料的不同操作压力不同）。一般的加氢装置新氢机为2级或3级压缩的，它的出入口压差较高。考虑到高压、大功率及准确控制的要求，系统进气流量一般采用旁通调节，即将富余的被压缩的气体通过旁通阀节流到进气总管。

给抽油机找个好“司机”

■ 大庆油田公司

游梁式抽油机在油田司空见惯，已有百年历史了，优点是性能可靠、耐用，是油田首选举升方式。但是，它也有不足，由于受其工作原理及结构特点限制，抽油机系统承受交变载荷且载荷波动幅度较大、振动大，导致系统运行效率低，甚至部分零部件寿命不长。

如何使游梁式抽油机运行更平稳，冲击更小，效率更高，能耗更低？这一直困扰着大庆油田采油工程研究院的科研人员。

说来也巧，一次山区之行给他们带来了灵感。在崎岖的道路上，汽车行进时慢时快，大家开始议论，“在这样的道路上开汽车如何才能更平稳，且减少损耗？”

“上坡吃力，要慢一点；下坡省力，可以快一点”，没想到司机师傅随口说出一句话来。这时，有个年轻同志提出了疑问：“不是说速度越稳定越好？”

“那得看啥路况，开车要根据路况控制速度，平路当然是越稳越好，在山路上，上上下下的，那就得快慢结合，利于车辆维护，又能省油。”司机说到这儿，年轻人若有所思，“抽油机不就是定速旋转吗？要是也能像开车一样，是不是就更平稳了？”他这句话引起大家的思考，以前都没有考虑过电动机可以根据载荷变速转，连教科书都是按照定速运转来计算相关参数，可事实上，周期性的载荷变化完全可以利用速度变化的惯性来降低载荷波动。带着这样的灵感，科研人员开始尝试理论推导。他们发现合理变速驱动可以降低抽油机的交变载荷。给抽油机找个“好司机”的研究思路就这么确定下来了，取名“游梁式抽油机柔性动态控制技术”。

岗位感受

游梁式抽油机是个传统采油设备，应用已有百年历史。但是，随着对科学技术认识的加深，解放思想，打开思路，对传统的抽油机运行方式进行改变和创新，打破了固有束缚，就能找到使抽油机更高效、更节能途径。

方向确定了，但如何让“司机”看见“路”？他们给电动机装上速度传感器，给曲柄装上位置传感器（见图1），这样“司机”有了“眼睛”，就知道“走到哪里”，再通过电能监测就知道踩多大“油门”，这就将原来一个冲程内“不管道路多么崎岖，我始终定速”的不合理运行模式，改变成“载荷大减速、载荷小提速”的变速运行，实现功率平稳输出，大幅降低功率峰值及波动幅度。“减速释放惯性能量、加速积蓄惯性能量”，减速削峰，加速填谷使光杆扭矩与平衡扭矩匹配更合理，有效降低扭矩峰值及波动幅度（见图2、图3）。

图1　游梁式抽油机装上了“眼睛”

电动机由“司机”控制，将原来“有多大劲，使多大劲”

变成“需要多大劲，出多大劲”，功率峰值降幅42.2%～71.9%，电动机运行效率平均提高4.9%，基本消除了负功。曲柄轴扭矩波动幅度降12.6%～41.3%，负扭矩明显减小，振动降低，最大振幅降低76.1%，减轻了对设备的冲击。大庆油田应用了1003口井表明：该项技术有效降低电动机功率、负载扭矩及其波动幅度，利于抽油机系统平稳运行，功率峰值平均降低43.5%，系统效率提高4.9%，节电率17.0%。良好的节能效果，对提产受限、电动机超载等特殊工况能够提高举升能力和运行时率，实现了提产增效。在不改变传统抽油机和原有电动机基础上实施，可实现载荷、扭矩和电参数字化，具备远传控制、能耗计算、示功图采集等功能，实现抽油机由“电器一代”到“数控一代”的升级，取得重大技术突破。

这个抽油机的“司机”还真是个节能的“好司机”！

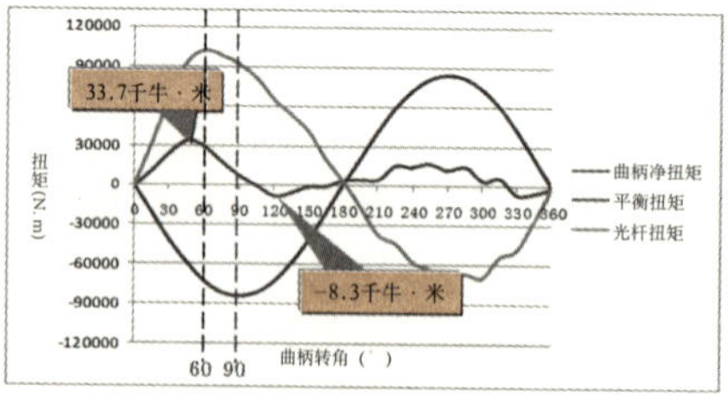

图2　常规减速箱扭矩

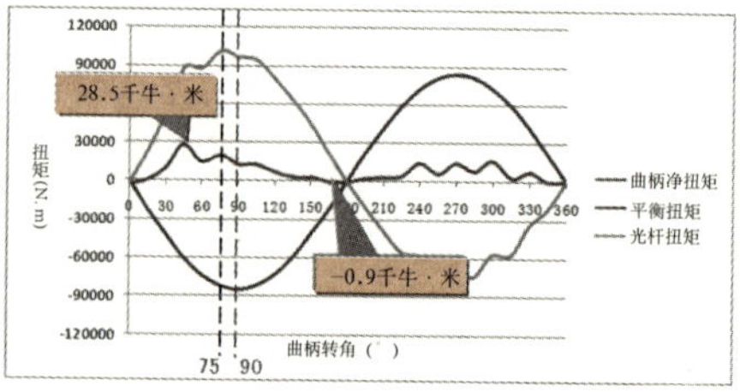

图3　动态控制减速箱扭矩

◎ 案例撰写人：项洪亮

知识链接

游梁式抽油机是油田目前主要使用的抽油机类型之一，主要由驴头—游梁—连杆—曲柄机构、减速箱、动力设备和辅助装备等四大部分组成。工作时，电动机的传动经变速箱、曲柄连杆机构变成驴头的上下运动，驴头经光杆、抽油杆带动井下抽油泵的柱塞作上下运动，从而不断地把井中的原油抽出井筒。

“绿色锅炉”带来经济环保大效益

■ 宁夏石化公司

1989 年宁夏石化公司以年产 30 万吨合成氨、54 万吨尿素的设计总量建成投产，扎根在贺兰山下的美丽凤城，成为当时宁夏最大的化工企业，全国最大的化肥企业之一。配套建设的三台高压锅炉，为化肥装置提供设计负荷为 200 吨 / 小时的蒸汽，其中两台为煤粉炉，可专烧煤或油，也可二者混烧。从 1988 年点火运行至今，这三个“老伙计”已经运行长达 27 年，相当于 70 岁的老年人。近几年来频繁的检修和环保不达标，导致锅炉不断投烧渣油和天然气，让三个“老伙计”的“生活成本”居高不下。

如何让“老伙计”既能保持年轻时的状态，又能最少的消耗成本，成了摆在大家面前的一个难题。跨过去了，“老伙计”又能青春焕发、枯木逢春；跨不过去，则会影响公司整个的运行成本。2014 年，公司面对化肥装置非计划停车次数多的困境，成立了“化肥装置长周期运行”攻关小组，开展长周期攻关。以此为契机，锅炉所属单位水汽部也成立了“锅炉装置长周期运行”攻关小组。小组成员从专家到技师，从技术员到操作人员，大家群策群力，只为尽快降低锅炉运行成本。

如何维护好制粉系统和捞渣机的长周期运行，如何减少锅炉烧油、烧天然气的量，如何减少尾气排放和节约原煤消耗，如何减少锅炉助燃烧油烧气，等等，一系列问题摆在了小组成员面前。小组成员通过对以往锅炉停运原因进行分析，发现制粉系统和捞渣机设备老化严重，是造成锅炉烧油和烧气频繁的主要原因。维护这两个设备的长周期，无异于让一个70岁的老人不得病，并且拥有30岁的肺和肾，难度可想而知，攻关组陷入了困境。就在大家踌躇不前时，一个偶然的机会，负责设备的技术员在给老父亲开药时，大夫告诉他人老了，毒垢沉积体内较多，保养要从排毒开始，治病要治未病。一句话点醒梦中人，技术员向攻关组提出了自己的见解：设备老化严重，保养大于治疗。他山之石，可以攻玉。经过攻关小组对设备的分析，查阅大量的设备资料，总结了上万字的经验，于是《半年检修计划》应运而生。每半年对老化设备进行体检，定期检查更换铠装、磨棍棍套、磨盘衬板等关键部件，消除磨振动。这个想法给技术人员以很大的灵感，通过对检修过程的监控，组织检修人员消除设备内部的异物，减少了设备磨损；定期调整好磨棍间隙，消除磨漏风漏煤粉；通过技改配置氮气管线消除磨煤机大盖温度高隐患，延长了制粉系统的运行周期，降低了检修频率。

如何让这三个“老伙计”既可投烧尾气，又要环保达标，从而进一步降低运行成本，保证煤质达标，成为关系到设备稳定、环保达标的关键因素。要给吃惯了粗粮的“老伙计”换细粮。2014年公司与神华宁煤集团强强联合，签订了《煤炭购销战略合作协议》，随时掌握原煤信息，采购低含硫、高灰熔点、高热值原煤。同时，运用GPS系统、入库煤炭分析检测等手段，加强煤炭运输过程中监控，并及时与神华宁煤集团沟通质量情况，双方共同监管，避免煤炭质量出现波动。储运部还通过加强上煤管理，杜绝铁块进入磨内；做好煤炭分区储存，根据MES系统锅炉烟气硫含量、吨蒸汽耗煤实时监控数据，动态调整原煤掺混，及时调整供煤，保证锅炉安全稳定、环保清洁、低成本运行。

经过一系列的措施，“老伙计”们的“肠胃”——制粉系统长周期200天稳定连续运行，创造了最好的制粉运行成绩。锅炉因制粉和捞渣机系统故障检修烧油、烧气较2013年减少1000吨和21万立方米，节约了锅炉运行成本426万元。通过原煤采购、运输、储存、掺烧配煤和锅炉运行优化措施的落实，实现了锅炉煤专烧运行240天，锅炉助燃烧油烧气和环保达标烧油烧气较2013年少烧气2375万立方米、少烧油120吨。投烧化肥装置尾气250天，节约原煤消耗4000吨，全年减少尾气排放约2160万立方米，消除了含氨尾气排放，减轻公司环保压力，取得了较好的环保效益和经济效益。2014年锅炉燃运成本较2013年降低3891.5万元，吨蒸汽耗煤降低14千克（见图1），吨蒸汽成本降低13.55元。

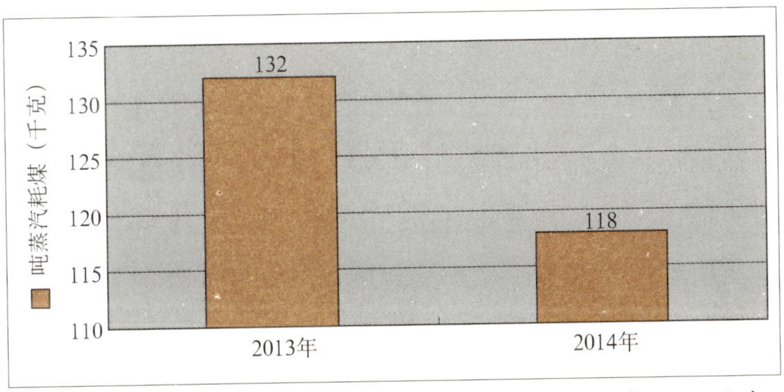

图1　2014年锅炉燃运成本较2013年吨蒸汽成本降低14千克

◎ 案例撰写人：张彦宁

权威点评

水汽部通过细化工艺指标考核，严格现场管理，使高压锅炉运行保持良好状态，不但取得了明显的经济效益，而且保证了环保指标、稳定排放。

——宁夏石化公司副总经理 刘玉民

叫响丁腈橡胶环保牌

■ 兰州石化公司

丁腈橡胶广泛应用于石油化工、航空航天、汽车、建材、纺织、印刷及电缆等领域，兰州石化公司的环保丁腈橡胶主要用于生产出口欧美市场的橡塑制品。这些制品是健身器材、瑜伽垫、童车护套及坐垫等的主要原料，与人们的日常生活密切相关。随着全球丁腈橡胶产品不断升级换代，常规即污染型丁腈橡胶已远远不能满足国内外市场和用户的需求。特别是近年来，随着环保产品走进人们的生活，国内外橡胶加工企业尤其欧盟市场对环保型丁腈橡胶的需求日益迫切。产品同质化、非环保化的现状制约着企业产品市场竞争力的提高。尽快开发具有兰州石化自有技术特色的环保丁腈橡胶技术及研制工业产品，生产满足欧盟市场用户需求的环保丁腈橡胶产品，对于推动公司环保丁腈橡胶进军欧盟，提升中国石油丁腈橡胶产品的市场竞争力，显得尤为迫切。

依靠科技，攻克产品环保性能控制难题。科研人员从普查壬基酚入手，反复诊断非环保化物质壬基酚产生的节点和根源，掌握了污染型丁腈橡胶转化为环保型丁腈橡胶过程中丁二烯、丙烯腈及20多种主要助剂的物化特性。经过5个多月的研究论证，最终选定性能最优、不含壬基酚的助剂。环保丁腈橡胶生产技术中的关键环节——防老剂等各种助剂的环保性能被一举攻克，从源头上把住了环保性能的稳定关，解决了环保丁腈橡胶关键技术。

解决了环保性能达标难题后，紧接着在工业化大装置上进行试生产，为控制物化性能，采取成龙配套的严格控制措施：严控原料质量，使丁二烯与丙烯腈的配比符合工艺浓度；严控助剂质量，增加25项分析指标，加大分析频次，建立了质检、工艺、化工“三追溯”制度；严控聚合过程，对聚合三铝等关键物化指标加大工序监管和巡检质量追踪，保证了聚合过程最优化；严控凝聚过程，通过后系统工艺、设备、设施优化改进，提高了胶块外观质量。通过四个方面的严控，确保了环保丁腈橡胶物化性能始终保持在优级品等级值，首次工业化生产出的56吨NBR3305E优级品（见图1），样品分别送上海SGS检测中心和莱茵商检公司检测，壬基酚含量均满足出口欧盟环保制品指标要求，产品加工性能与制品耐老化性能均优于非环保产品NBR3305。

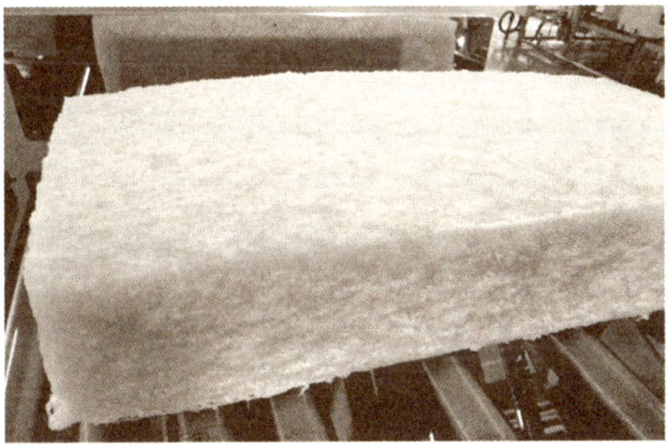

图1 兰州石化NBR3305E环保丁腈橡胶成品胶块

2014年，兰州石化加快了环保丁腈橡胶系列产品的研制步伐，先后开发试生产了环保型NBR2907E、NBR3308E和N41E，经检测全部符合欧盟标准要求，增加了国际国内市场占有份额，填补了国内空白。环保丁腈橡胶较原牌号产品初期市场推广

岗位感受

丁腈车间班长吕世东：与常规丁腈橡胶相比，环保型丁腈橡胶的生产现场，气味很小，有利于员工的身体健康；成品完全无异味，外观更白，更能满足用户的环保需求。

价高出 100 元 / 吨，通过将防老剂等助剂环保化，成本降低 70 元 / 吨，按已经生产的 7000 余吨产品算，可降本增效 120 万元；若按全年产量计算，将产生非常可观的经济效益。

◎ 案例撰写人：胡健　李威

知识链接

丁腈橡胶：是丙烯腈与丁二烯的共聚物，是七大通用合成橡胶品种的特殊胶种。其显著特征是分子链带有腈基，具有极好的耐油性、卓越的耐磨性、耐溶剂性和耐热性，主要用于制作耐油橡胶制品、改性剂、黏合剂等。

权威点评

近两年来，兰州石化公司成功开发出了丁腈橡胶 NBR2907E、NBR3305E、NBR3308E 和 N41E 四个牌号的新产品，经国内权威部门——上海 SGS、莱茵商检检测，产品中壬基酚聚氧乙烯醚（NEPO）含量符合发泡剂材料成人制品标准要求。丁腈橡胶环保化技术及新产品的成功开发，对于丁腈橡胶产品质量升级、加工领域产业环保化、生产技术、绿色清洁及环境友好化发展具有巨大的推动作用和重要的意义。

——集团公司技术专家 张守汉

让"虚拟"走进现实

■ 大庆油田公司

很多人都观看过大型设备吊装场景，重达数百吨的大型塔类容器经过吊车司机的一系列操作，配合着现场指挥人员的手势，准确吊装到指定位置，这是多么让人感到震撼的场景。

可对于设计吊装施工方案的技术人员来说，整个过程却并不像现场看到的那样轻松，实施吊装作业之前，设计人员要考虑很多问题。众所周知，吊装作业是不允许出现任何差错的，否则就会造成灾难性的后果。

近年来，随着油田产能建设不断"走出去"，大庆油田安装公司遇到了越来越多的吊装问题：吊装构件体积越来越大、重量越来越大，吊装方案制订的困难也就随之增多。尤其是对于大型塔类容器吊装技术方案，编制起来更是困难重重。他一直有着这样的想法，如果掌握一套专业吊装系统的核心技术，就等于拿到了大庆油田工程建设外拓市场的一把"金钥匙"！

有一天，技术人员看到儿子玩网络游戏，突然来了灵感——既然3D虚拟仿真游戏可以让人有身临其境的感觉，那么为什么不能在电脑上模拟一个吊装作业的场景呢？

为了确保电脑模拟客观真实性，采集吊装设备的基础数据变得十分关键。2012年夏天，公司技术团队顶着烈日，测量公司大型履带吊车现场数据参数。随后，又远赴吉林、葫芦岛、钦州等工地，

图 1　750 吨履带吊车模型

完成了其他常用系列履带吊车的实体测量工作，在电脑上一共装配模拟了 6 台吊车 120 种工况的三维模型，组织录入了 23 万多条数据库信息，为后续三维吊装模拟工作做好了充分的数据信息准备。

有了吊车的模型基础（见图 1)，被吊设备模型库和环境模型库也随之建立起来。他们根据吊装方案要求将所有模型装配成吊装施工虚拟场景，以达到模拟推演的条件。

进行模拟吊装的过程还有一个环节，极其困难，但又十分重要——校核被吊设备挠度和强度指标！

通过合作开发设计了大型吊装模拟分析平台。其结构重心惯性矩计算模块和强度稳定性计算模块的应用，一举解决了由于局部应力集中而无法运用材料力学和理论力学公式计算的这个难题。研究过程中运用这种校核分析方法，对实际现场的吊装作业方案提出了修改意见、强度复核，同时还在“庆葡锅炉房工程”的烟囱吊装过程中得到了充分应用。实际效果看，计算模块应用非常可靠，已经完全不需要依赖手工计算，而且能够很方便地计算出结构的整体应力分布、位移、应变等，计算报告非常

岗位感受

大型吊装分析模拟技术通过将大型吊装场景再现，经过我们在现场的实际应用，取得了非常好效果，不但降低了工程成本，而且这项技术还为施工人员提供了安全保障，使我们在施工中感到非常踏实。

直观，更易于理解分析。

经过研究小组的努力，现实中的吊装作业就转化成了电脑模拟的动态演示（见图2），不但极大地增强了吊装方案的针对性和可操作性，同时也提高了大型吊装的安全性和稳定性。

图2 吸收塔吊装模拟图片

从面对大型塔类吊装作业施工难度的迷茫，到如今一个又一个实际施工难题的解决，技术团队经过努力，终于换来了丰硕的成果。2013年以来，大型塔类容器吊装技术模拟分析系统，已成功应用到以火炬塔架、烟囱和加热提升管为代表的高柔结构、大型压缩机组以及5000立方米常压立式储罐整体搬迁等吊装工程中，已在15项工程的50个吊装施工中得到了证明（见图3），累计创造产值2351万元，实现经济效益314万元。

图3 吉林长岭天然气处理厂再生塔吊装

◎ 案例撰写人：张宏志

盘活"洋设备"

■ 塔里木油田公司

塔里木油田牙哈作业区凝析气田采用"循环注气、保压开采"模式开发，是保持牙哈作业区长期稳产高产的关键。注气站共有7台从美国库伯公司进口的注气压缩机组，已运行14年，伴随机组老化，故障率也相应升高，其中气缸注油系统流量低导致停机问题已困扰油田多年。自投运以来，压缩机组1# 注油系统流量低停机约占总故障停机次数的50%。该压缩机组气缸注油系统流程复杂，单元节点较多，任何一个单元出问题均导致注油系统工作异常。由于无任何经验可借鉴，解决流量低停机最简单易行的方案就是调大注油量，但注油量过大又会加剧压缩缸积炭，降低气阀工作效率，增加运行成本。如何合理调节注油量，降低故障停机次数，提高机组运行时率，成为现场技术人员急需解决的问题。

岗位感受

通过创新改造注油系统，解决了机组无油流故障停机的难题，机组停机次数明显减少，减少了我们现场操作人员的工作量，工作效率大大提高，再也不用为机组停机放空高高燃烧的火炬闹心了。

站内技术人员通过大量实验论证，反复讨论推敲注油系统每个单元节点，结合现场故障处理经验，分析查找故障原因。经过百余次流量低停机故障处理，并通过多次互换对比、更换单泵型号等方法，发现因注油单泵选型及流程设计不合理，机组填料漏气串入油道，导致气缸 1# 注油单泵泵压偏低、注油泵配油量不足，造成流量低停机。技术人员结合现场检维修经验及数据统计分析，决定调整更换各系统单泵型号，并对相应流程进行改造。具体做法是：2# 注油系统和 4# 注油系统保持不变，将 1# 注油系统由原来的 1 个直径为 3/8 英寸单泵改为 2 个直径为 1/4 英寸单泵并联，而 3# 注油系统由原来的 2 个直径为 1/4 英寸的单泵改为 1 个直径为 3/8 英寸的单泵。改造后，1# 系统单个注油周期由一次注油变为两次注油，泵压及注油连续性有效提升，使得在注油量基本不变的情况下大大降低了流量低停机次数。同时，3# 系统改造后注油量变化不大，该系统润滑部位不存在气阻现象，因此能够保证其注油系统正常运行。实践证明，调整后能够满足各润滑系统要求，流量低停机次数大大降低。改造前后流程如图 1、图 2 所示。

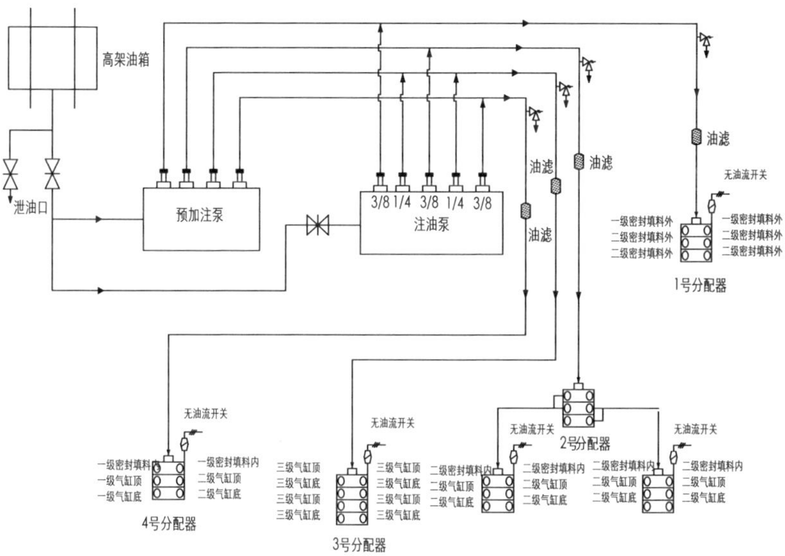

图 1　改造前气缸注油系统流程

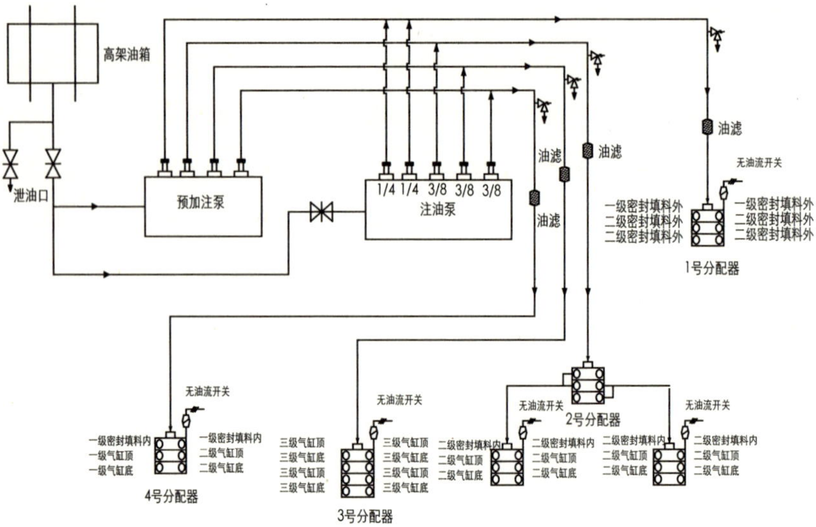

图 2　改造后气缸注油系统流程

通过 2004—2014 年注油系统流量低停机次数分析对比发现，技术改造前，7 台注气机组每年注油系统流量低停机次数约为 65 次，改造后年平均停机次数约为 10 次。每次因故障停机放空天然气约 3000 立方米，每年减少天然气放空量为 300 米 ^{3}/ 次 ×55 次 / 年 =16.5 万米 ^{3}/ 年。按每立方米天然气 1 元计算，折合成人民币为 16.5 万元。技术改造后减少注油量，经统计每年节约润滑油成本约 28.4 万元，节约运行成本约 44.9 万元。改造后，机组故障率降低，减少了检维修配件费用及人员工作量，机组运行时率上升，也提高了凝析油及液化气产量。

◎ 案例撰写人：王子辉　常记佳 张勇　郭宗轲　鄢运德

知识链接

往复式压缩机：依靠活塞和气缸往复运动对气体进行压缩增压，活塞与气缸间需进行强制润滑，压缩机需配备注润滑油系统进行强制注油并监控注油效果，确保运动部件润滑正常避免发生机械事故。注油系统一般由注油泵、滤芯、安全阀、分配器、单向阀、无油流报警开关等组成，实现润滑油强制注入到设备润滑点。

权威点评

牙哈作业区注气站使用的往复式压缩机组，在目前世界范围内，属于使用时间较长的压缩机组之一。注气站的甲乙方员工和工程技术人员，围着七台机组的安全平稳运行，确保塔里木油田凝析气田的保压开采作出了巨大贡献。

——集团公司技术专家 李循迹

消除“驼峰”增效益

■ 大庆石化公司

大庆石化公司化肥厂尿素装置为20世纪70年代从荷兰STAMICARBAN公司引进的气提法尿素生产工艺技术，造粒部分采用塔式喷淋造粒技术。由于工艺运行及喷头本身原因，同时受塔内气相流状态和温度变化等诸多因素的影响，亲水特性极强的尿素在遇到潮湿空气或水蒸气时很容易凝结成粉饼或结晶物质黏附在设备表面。随着粉尘的长期累积，会在刮料机刮臂的某个特定部位生成类似驼峰状的坚硬的堆积塔峰（见图1）。当这种现象严重时，会造成刮料臂两端受力变形或断裂，这将给生产带来严重安全隐患。在对其进行处理时，上下游装置必需停车配合，同时产生板结尿素块也将以协议价处理，造成较大的经济损失。尿素装置造粒塔刮料机的“驼峰”问题，就是制约长周期生产的一个难题，而且是世界性的难题。

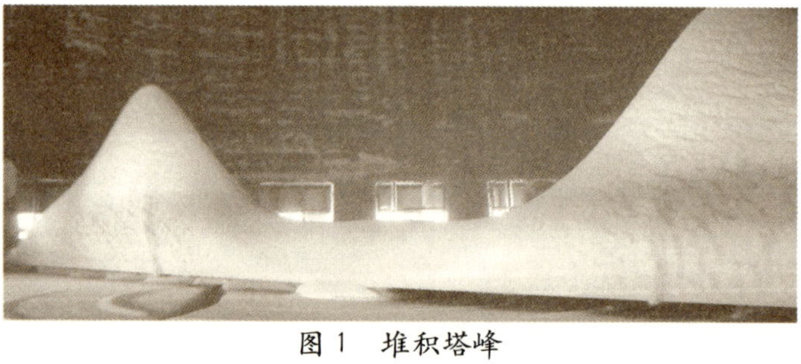

图1　堆积塔峰

针对“驼峰”问题，国内一些化肥企业也曾尝试采用压缩空气反吹、脉冲震打、钢丝绳切割等方法进行驼峰的预防处理，但效果不明显，未能从本质上解决这个难题。化肥厂专门成立攻关项目组，矢志解决这一难题。项目组成立初始，就将目光瞄准科技前沿。在公司相关部门的协调下，本着“合作共赢”的原则，他们与某企业合作，利用超声波在固体介质中传播时引起介质质点振动位移振幅和极大的瞬时加速度这一特点，针对尿素粉尘黏附结块的特性，开发一种让堆积物与刮料臂剥离的超声波装置。经半年试运行后，他们发现液状粉体尿素颗粒剥离速度仍然不够快，并且当刮臂表面尿素黏结物形成足够厚度（0.5 米）时，还会整块剥离并振落到塔底，阻挡刮臂无法运转，形成新的安全隐患。因此项目组在对超声波结构和工艺等方面做了调整和改动的同时，又与中科院上海生命科学研究院合作，在纳米材料领域进行了研究与开发，设计出新型高分子纳米不黏材料，利用超声波技术和不黏涂层相结合方式，使刮料臂表面无尿素黏结物或加快其脱落，进一步抑制驼峰的生成。

2013 年 6 月，在化肥厂进行停工检修之际，刮料机防止驼峰形成治理项目正式投入实际应用。投运以来，刮料臂安装超声波装置及喷涂高分子纳米涂层部位未形成尿素结块，表面光滑，无尿素黏结物（图 2）。企业每年可节省因驼峰问题造成生产停车而损失的 821 万元检维修、物料损失费用。“驼峰”消失后，消除了员工在造粒塔内清理“驼峰”而带来的坠落、中毒、高空坠物等安全隐患。

岗位感受

尿素车间巡员田涛：这个项目取得成功，我们一线操作员工最高兴。以前，刮料机“驼峰”大了，我们就得停装置，用凿子和钎棍把“驼峰”凿碎撬开，再把这些碎块装进袋子背出去。这个活累不说，尿素粉尘经常把皮肤都腐蚀红肿。现在好了，再也不用受这苦了。

图 2 “驼峰”消失

事实表明，该项目取得显著成功，不仅解决多年来困扰化肥厂长周期生产的瓶颈问题，同时也破解了国内化肥系统造粒塔驼峰形成原因及处理难题。专家认为，该项目的解决技术不仅具有自主知识产权，同时也填补了国内空白。

◎ 案例撰写人：徐亚欧　徐鑫金

知识链接

超声波：是一种频率高于 20000 赫兹的声波，它的方向性好，穿透能力强，易于获得较集中的声能，在水中传播距离远，可用于测距、测速、清洗、焊接、碎石、杀菌消毒等，在医学、军事、工业、农业上有很多的应用。超声波因其频率下限大于人的听觉上限而得名。

纳米材料：指在三维空间中至少有一维处于纳米尺度范围（1 ~ 100 纳米）或由它们作为基本单元构成的材料，这大约相当于 10 ~ 100 个原子紧密排列在一起的尺度。

权威点评

项目组提供的资料齐全，数据翔实可靠，符合验收要求。项目的调研、设计研发、加工制造、实验室试验、现场使用各阶段都从实现设备本质安全出发，符合 API 标准，装置严格按照 ISO 9001 国际质量管理体系进行设计、制造、试验等工作。

——上海交通大学机械与动力工程专业副教授 马春翔

网电钻井助力节能减排

■ 冀东油田公司

目前，国内大部分油田使用的钻机是机械钻机和电动钻机，主要用柴油发电机给钻井系统提供动力，需要消耗大量的柴油。柴油发电机具有噪声大、耗油量大、维护工作量大等特点，在使用中成本较高。此外，以柴油为动力的钻井施工存在一定的环境污染风险，特别是冀东油田所处的沿海地区和海上人工岛，安全环保风险尤为大。因此，为降低柴油消耗，消除安全环保风险，冀东油田决定推广应用网电钻井技术，实现钻井节能减排的目的。

网电钻井技术是一项节能减排、绿色环保的技术。近年来，随着油田电网的完善、节能减排意识的提高，该技术在国内油田得到了长足发展。但各油田电网情况不同、各井队钻井设备、工艺流程不同，所以探索和制订一套合理的网电钻井方案和运行管理制度，是网电钻井工程成功的关键。冀东油田通过对钻机的运行工况进行跟踪分析，结合电力行业滤波、无功补偿、电压稳定等先进技术，在油田电网实际运行的基础上，设计出了合理的网电供电方案和运行管理制度，并在实际运行过程中加以完善，取得了良好的经济效益和社会效益。

为使方案适合生产现场，冀东油田组织技术人员到兄弟油田对网电钻井配电设备及使用情况进行了深入调研，并和现场运行人员就相关技术细节进行了探讨，为方案的编制奠定了良好的基础。

在充分调研的基础上，根据目前油田现有的直流驱动调速钻机和交流驱动调速钻机的相关技术参数，组织技术人员对网电钻井相关技术进行了深入探讨和研究，分别编制了适合这两种类型钻井的配电设备技术方案，并邀请相关单位的专家对方案进行了审核。按照计划，于 2013 年 9 月购置了 5 台网电钻井配电设备，其中 3 台用于直流驱动的钻机，2 台用于交流驱动的钻机。冀东油区现有的钻机动力部分分为两种：一种是交流电驱动的电动机，其自然功率因数较高，谐波含量较小；一种是直流电驱动的电动机，其自然功率较低，谐波含量较大。根据调研结果，结合钻井公司提供的基础数据，最后制订了适用于直流钻机的配电设备交流钻机的配电设备两种实施方案。

冀东油田网电钻井业务的推广，带来了明显的经济、社会和安全环境效益。自 2013 年网电钻井业务开展以来（截至 2014 年年底），已累计完钻 52 口，其中 2013 年 4 口，2014 年 48 口。累计节省柴油 9199 吨，创造效益 2136 万元。网电钻井配电设备的使用，消除了发电机强大的噪声污染，一定程度上减少了因噪声影响与当地群众发生的纠纷，促进了企地关系的和谐。网电钻井配电设备的使用，大大减少了柴油的消耗，有利于环境保护和节能减排。同时，网电钻井技术降低了钻井队发电工、电气工程师的劳动强度，消解了工作环境的噪声污染，保护了钻井公司员工的身心健康。

◎ 案例撰写人：封衡　张猛　杨军

打造深井泵延迟“退休”的利器

■ 吉林油田公司

吉林油田公司红岗采油厂是1975年投入开发的老油田，井况复杂，2008年深井泵报废率已高达53.6%，更换新泵已成了一项耗资不菲的生产支出。为此，这个厂整合六个作业队准备班的精干力量，组建了一个业务精专、作风硬朗的专业化准备队，把降低深井泵检修报废率当作突破口，展开技术攻关，让技术创新成果变成降本增效最给力的武器。到2014年年底，深井泵检修报废率已下降到26.5%，达到了全油田的领先水平，累计创效1000多万元，为全厂油井免修期突破750天和综合效益的持续稳定作出了突出贡献。

2009年，针对深井泵报废率居高，在收益上拉作业系统后腿，他们从上百个报废泵中选取了十几个样本进行模拟受力分析，发现有近50%的报废泵是因为螺纹损坏，导致深井泵试不住压而被迫报废。

病因找到了，如何解决呢？他们利用一个多月时间先后设计出了4套方案，优中选优，终于推出一项“重量级”的技术创新成果——“深井泵连接器”，改掉了原厂深井泵与双阀连接的锥形扣，采取平扣、平面锁紧、销钉稳固的形式，容易拆卸、又不伤螺纹，打造了深井泵延迟“退休”的利器。之后，他们委托厂家批量生产“深井泵连接器”，并推广应用。2009年以来，已“救活”了700余台螺纹轻微损坏的深井泵，累计节省费用280余万元。直到今天，“深井泵连接器”依然是有效遏制深井泵报废率上升的“杀手锏”。

针对一些深井泵内积垢越来越严重、因为某一段结垢导致整体报废的瓶颈，他们主动攻关，对报废的泵体拆卸分解，深入细致分析结垢原因，很快得出结论：轻微结垢经过处理后可以恢复使用，关键是要研发一套转动的除垢工具。

如何通过转动实现除垢呢？他们利用手电钻原理，制作不同泵型研磨头，增加支架固定转动系统，一套十分理想的“深井泵除垢器”终于面世，又救活了80多部原本报废的泵体，节约成本近32万元。

2014年，队长庞鸿在检修深井泵过程中发现，有一些报废的深井泵是由于运输和操作不当，致使第一节和第二节衬套错位而报废的，若用安位仪修复，需要把深井泵拆卸组装，既费时又费力，于是他和工友们研发“深井泵衬套回位器”，靠复位头与衬套零尺寸配合，丝杠推进复位头前行，强行把乱的衬套复位，极大地提高了工作效率。应用至今已经成功复位50台深井泵，节省费用15万元。

◎ 案例撰写人：刘彪　庞鸿

权威点评

作业准备队在吉林油田深化改革过程中，能够立足实际，解决问题，深入扎实地开展技术革新，要把他们的典型经验和做法全面推广，以点带面，夯实油田改革发展根基。

——吉林油田公司副总经理　刘兴忠

供风系统不再“闹情绪”

■ 辽阳石化公司

动力厂空分一车间是为公司各装置提供氧气、氮气、仪表风和公用风的一个老车间，有5#、6#、7#、8# 四台旧的空压机。日常生产过程中，因7#、8# 空压机干燥器系统没有备台，在一组干燥器出现异常停车检修时，空压机的供风能力就降低了一半，影响供风系统平稳运行。同时，由于干燥器逆止阀板频繁出现磨损严重、卡死、脱落等现象，供风系统经常发生跑风、加热系统损坏等问题。

“原来是头疼医头脚痛医脚，现在要系统解决供风系统生产成本高，干燥器逆止阀板设计缺陷。大家看看能不能在工艺调整方面、设备改造方面以及员工操作上找找出口。”车间主任在生产分析会上提出了解决问题的新思路。方向定了，思路也变得清晰起来。生产主任立即带领工艺工程师对当前供风系统流程及工艺进行仔细研究和计算，将功率较大的7# 空压机停运，投运相对功率较小的6# 空压机替代其产量，一下子使供风系统的电耗大幅度下降。可是运行没几天，6# 空压机出现出力不足、油泵漏油、油冷却器堵塞、换热效果不好等诸多隐患问题。针对这一问题，车间紧急召开班段长和党员骨干会议，动员大家带领身边人员增加巡检频次，精心调整工艺参数，时刻根据生产实际需要，精心调整各级冷却器排凝点开度，减少风量损失，严格控制仪表风、公用风露点合格，并时刻跟踪调整压缩机吸入阀开度，降低主电动机电流。另外还重点强调了岗位监控操作细节，要求员工在保证供风系统平稳运行的前提下，采取具体措施增加供风量，减少放空量。当再生气量减少时，及时更换真空喷射器滤料；定期倒换加热炉，确保露点持续达标；在保证供风质量，即空压机放空量小于额定风量2%，露点不高于 -45℃的前提下，减少供风系统干燥器运行台数，而且备用干燥器要定期强制再生，保证完好备用。

图 1 干燥器系统

与此同时，设备主任带领设备员上网查资料，打电话多方请教研究后，找出了干燥器系统（见图1）跑风问题所在。原干燥器逆止阀密封丁腈橡胶材质胶圈只有在100℃左右可以正常使用，而干燥器系统最高工作温度可达170℃，远远超过了其承受能力。通过多次与生产厂家沟通，车间确定采用在200 ~ 300℃仍可长期稳定工作的氟胶圈作为干燥器逆止阀的密封件。为了进一步保证密封效果，又对逆止阀板及阀杆的加工

岗位感受

厂班工段班长王洪武：用“心”工作是我们唯一正确的操行和态度。面对生产中一些难题，无论我们是在管理岗位还是在操作岗位，我们都应全力以赴去解决。

进行了改进，使其具有更好的灵活性及贴合度。同时，对阀体进行热处理，提高其耐磨性（见图2）。这样一来，早前逆止阀板因频繁运行出现磨损严重，卡死、脱落等现象得到了根本遏制。

图 2 逆止阀体调整前后对比

一年来，通过几方面的摸索实践，车间供风系统运行平稳，能耗降低，干燥器平稳运行，供风系统产量与质量得到了有效保证，年经济效益 3.45 万元。同时可减少一台干燥器再生气量的损失，供风量按 1000 米^3/ 小时计，损失比率按 8% 计算，运行台时按 238 天计算，经济效益 105.1 万元；干燥器系统加温电炉每台功率为 72 千瓦 / 时，电费按 0.61 元 / 千瓦时计算，可节约电费约 12.5 万元，总经济效益约 121 万元。

◎ 案例撰写人：于锋

卸油 4K 关键控制法

■ 四川销售公司

加油站油品接卸工作是油站的重要工作之一，近年来，因油品接卸作业中存在的管控不到位、管理人员责任心不强、操作流程执行不力等问题，出现了安全责任事故、油品卸混及油品质量等事故。在油品接卸中如果一旦发生混油等安全生产责任事故，将严重影响企业形象，进而引发社会舆论，或造成较恶劣的油品数质量纠纷。为此我们从强化卸油过程管控入手，提高加油站油品数质量管理水平，降低油品损耗。

为深入推进地罐交接工作，规范工作业务流程，有效防控地罐交接卸油作业过程中的安全风险，中国石油四川攀枝花销售公司炳草岗加油站率先试点推行地罐交接工作。经过一年多的探索与实践，通过对卸油操作过程的各个环节分析风险，找准关键控制点，从而形成了“卸油 4K 关键控制法”。重点从卸油操作中的卸前安全检查、油品表观验收、卸油复核确认、油品数量核对，利用这 4 个关键控制点，简要概括了卸油作业的各步骤，具有较强的操作性和推广性。

K 点即是关键控制点。卸油作业中的 4 个关键点分别是：

K 点一：卸前安全检查。卸前安全检查重点做好卸前“四部曲”，卸油员检查静电接地夹是否完好有效，将静电接地夹接在罐车专用接地端子板上，不准接在距装卸油口 1.5 米之内；罐车静电接地拖带有效接触地面，静电释放 15 分钟；卸油员在距卸油口 10 米处的上风方向放置 35 千克推车干粉灭火器一具。卸油员检查罐车及卸油现场是否安全，同时设置安全警示带或警示桩；确认油罐计量孔密闭、卸油胶管完好情况。卸油员根据进油罐卸前空容量、成品油配送单油品配送数量计算出卸后空容量，判断能否接卸（见图 1）。

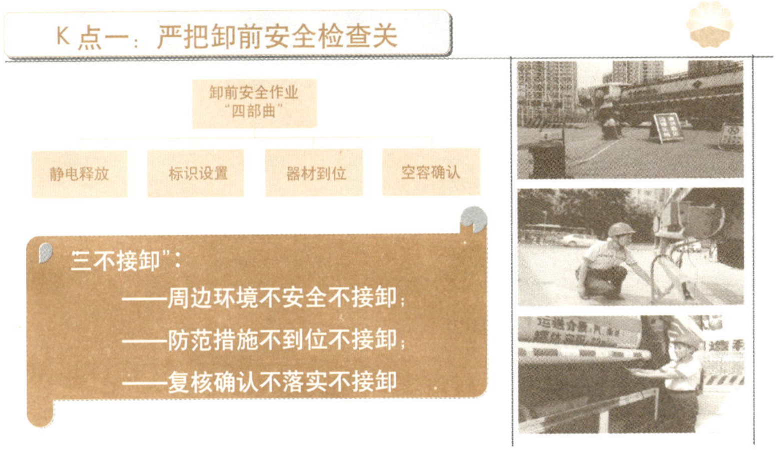

图 1　卸前安全检查

K 点二：油品表观验收。驾驶员开启罐车防护栏，卸油员佩戴安全帽、携带灭火毯、释放人体静电后，登罐车使用改造后的底部采样器取样，采取“看、闻、摸、测”等方式，观看油品颜色是否正常、是否有水杂，闻油品是否有异味，手感油品黏度是否正常，测量密度等指标，确认油品牌号是否相符。使用水溶法对采样油品进行水杂测试，确保油品合格（见图 2）。

K 点三：卸油复核确认。深化“双人双锁管控法”（见图 3），即卸油员保管卸油口钥匙，当班加油站（卸油复核人员）保管卸油口闸阀钥匙，经复核品种、罐号正确后方可各开其锁，有效防止了混油事故的发生。卸油员连接进油罐端卸油胶管接头；驾驶员

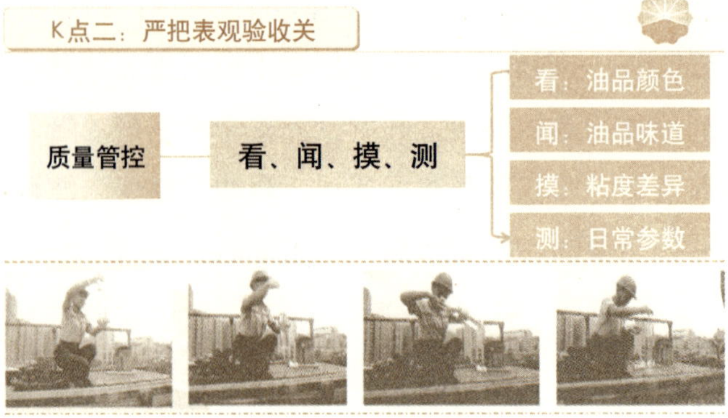

图 2　油品表观验收

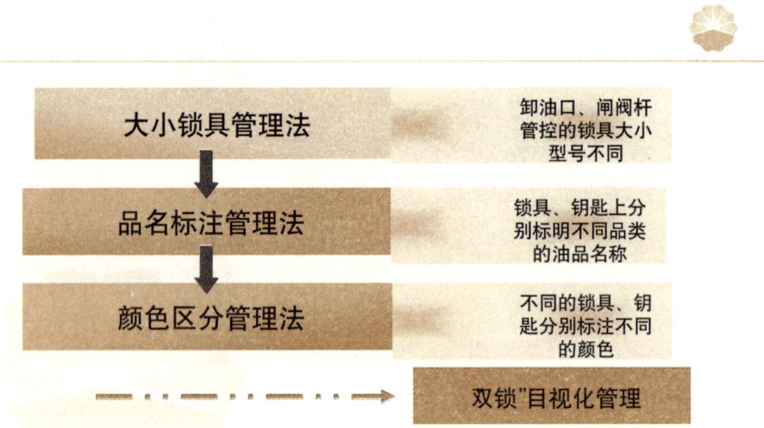

图 3　“双人双锁”管控法

连接罐车端卸油胶管接头；若安装有一次油气回收装置的加油站，驾驶员应连接油气回收胶管；卸油员、驾驶员核对品名、罐号、仓号及确认卸油胶管连接正确，双方签字；卸油员开启进油罐卸油口闸阀。驾驶员缓慢（不少于 3 秒）开启罐车卸油口闸阀；卸油员记录驾驶员开启闸阀时间（见图 4）。

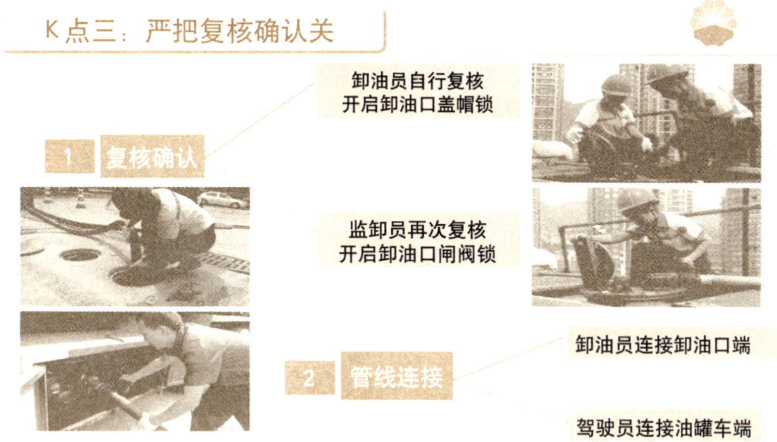

图4 卸油复核确认

K点四：油品数量核对。建立滤油台账，推行油罐车车头、车尾分别上下滤油墩，卸油员、安全员两人分别上下油罐车的“两上两下”滤油流程；滤油后卸油员和监卸员2人必须上罐车开盖检查，确保油料应收尽收。同时使用自己发明的标尺滤油桶，精确测算滤油数量，查看液位仪显示数据与油品计量入库单数据是否一致。借助“一账一表一单”工具核对差异数量，查找差异原因（见图5）。

实施“卸油4K关键控制法”接卸油品以来，炳草岗加油站油品数质量工作取得一定成效，未发生混油事故。2014年升溢油品5253升，折合36000元；员工卸油违章同比下降，操作行为更加规范；员工实现了由强制执行到自觉执行的转变，队伍执行力进一步增强。使用“滤油标尺管理法”后（见图6），2014年全年累计滤油3240升，比2013年多滤油2150升，实现增效15000元。

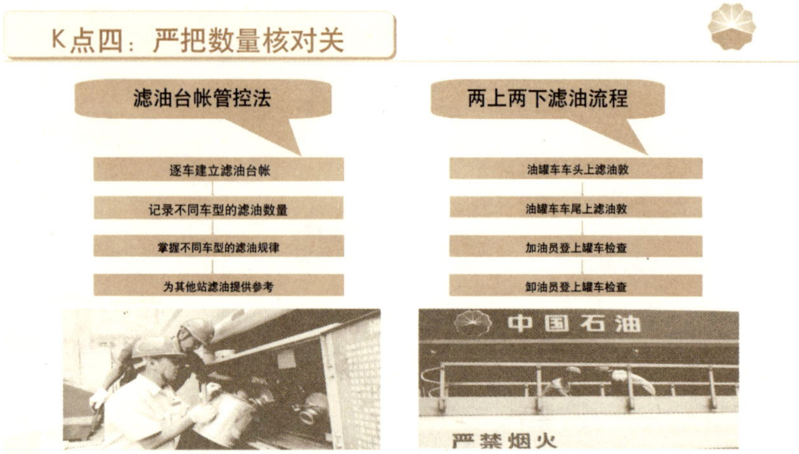

图 5　油品数量核对

图 6　滤油标尺管理法

◎ 案例撰写人：何明

权威点评

“卸油 4K 关键控制法”符合系统控制理论，精确把握了加油站卸油作业的四个关键环节，确保了加油站卸油操作安全受控，油品质量合格，运输损耗受控。

——集团公司管理专家　蒋胡民

科技创效的领航者 BH-WEI

■ 渤海钻探工程公司

创新，是科技的灵魂，更是博弈的资本。在石油行业市场形势日趋严峻的情况下，必须依靠科技创新，才能带动企业持续健康发展，为企业科技创效插上腾飞的翅膀。渤海钻探泥浆公司 BH-WEI 钻井液体系，就是近年来泥浆公司依靠科技创新实现创效领航，该体系在国内外深井、超深井、高难度井、复杂结构井中已成功应用 254 口井，实现市场创收 5.3 亿元，直接创效 9000 万元。

4 年前，面对国内世界级钻井难题，业界对泥浆提出了更高的性能要求。为了找出发展之道，渤海钻探泥浆公司瞄准国内外高端市场目标，抓住机遇，立誓攻克技术瓶颈。成立由硕博士组成的研发团队，经过反复论证，上千次的实验探索，将室内研发与现场施工有机结合，终于将 BH-WEI 钻井液体系的蓝图变成了技术利器（见图 1 、图 2）。

该体系由自主研发的 8 种核心处理剂、16 套钻井液配方组成，实现了钻、完井液一体化，最高抗温 220℃、密度 3.0 克／厘米^3、抗膏盐达饱和，拥有保护环境、保护油气层的“双保”优势，成为高端钻井市场的福音。在新《中华人民共和国安全生产法》及《中华人民共和国环境保护法》出台后，国家将安全环保的要求提到了新的高度，BH-WEI 体系的“环保特性”也受到越来越多的关注与重视，成为“绿色钻井”的担当者。在 2011 年 5 月 7 日，顺利通过集团公司鉴定，鉴定意见指出该项技术达到国际同类技术先进水平，并于同年5月25日成功发布。2015年1月，该体系获集团公司科技进步一等奖，这也是200个参评项目中唯一一个钻井液类一等奖。

图1 BH-WEI钻井液基液可直接浇灌植物，安全环保无污染

图2 渤海钻探泥浆公司自主研发的BH-WEI钻井液体系核心处理剂

几年间，BH-WEI钻井液体系先后进入大港油田、塔里木油田、青海油田、吐哈油田、伊拉克、印度尼西亚等国内外十余个市场进行技术服务，创造了百余项施工纪录。

2013年，为了解柴达木盆地基岩风化壳的含气性，扩大阿尔金山前天然气勘探区域，青海油田公司决定对32年前因事故复杂频发而被迫完井的牛参1井加深钻探至5500米，重新发掘这口老井的勘探潜力，以了解牛东潜伏构造地层层序及其含油气情况。

由于井下沉寂32年之久，而且对地层的风险没有相关资料可评估，青海油田本打算投资1500万元，在原井眼旁开窗侧钻，来了解地层含油气情况，可这样不仅费时耗力，有可能还达不到勘探目的。为此，渤海钻探泥浆公司迎难而上，主动向甲方推介BH-WEI钻井液体系，拿出设计合理的施工方案，最终在众多施工单位中脱颖而出，承担下了牛参 1 井“复活”的重任。

施工过程中，泥浆公司全程派驻专家驻井指导，针对重点井段、重点阶段，提前预判可能发生的复杂情况，适时调整钻井液性能，充分发挥 BH–WEI 抗高温、抗高压、抗污染、强抑制等优势。在钻至 3600 ~ 4763 米及 4763 ~ 4970 米时，钻遇多套膏泥岩、含膏泥岩，BH–WEI 钻井液体系以其超强的抗膏盐污染性能，使得井壁稳定、起下钻顺畅，未出现井垮、溢流等复杂情况，钻井液未受污染，性能稳定。最终，BH–WEI 钻井液体系出色地完成了全井的泥浆技术服务，中完、完井电测和下套管均一次成功，创造了东坪和牛东地区下入 7 英寸套管下深和完钻最深两项纪录，钻井周期 63 天，彻底解决了该区块地层高温、高压、膏岩等复杂难题，事故复杂控制效果显著。

岗位感受

在圆满完成牛参 1 井的施工任务后，青海油田勘探开发事业部的总工程师感慨道：牛参 1 井 32 年前换了 3 套钻井液体系，都没有成功，井下浸泡 32 年后，谁也不能预知会发生什么。BH–WEI 钻井液体系在这口高难度井的施工中，表现了超强的抑制性、抗污染性，施工效果优异，不仅节约了投资成本，也为掌握区块油气含量提供了第一手资料，可以说，这口井的成功，BH–WEI 钻井液体系功不可没。

牛参 1 井的成功，为甲方在牛东地区的勘探开发提供了完整的油气资料，得到青海油田甲方公司的高度认可，更为后续的市场开拓奠定了坚实的基础。2014 依靠“BH–WEI 效应”，渤海钻探泥浆公司在青海油田单独服务市场持续扩大，实现创收 5200 万元。

◎ 案例撰写人：刘薇

知识链接

BH-WEI 钻井液：钻井液俗称钻井的血液，是贯穿整个钻探过程的一种液体介质，它的主要作用是悬浮携带岩屑、稳定井壁和平衡地层压力、冷却和润滑钻头钻具以及传递水动力。BH-WEI 钻井液体系主要针对国内国际高端市场，抗温、抗盐、高密度技术需求而开展的研究，是目前解决高温、高密度、盐膏层、窄窗口、强水敏地层钻完井难题的优秀技术。

权威点评

BH-WEI 钻井液技术具有明显优势，总体上达到国际先进水平，显著提高了在国际高端钻井液技术市场的竞争力，建议尽快扩大推广应用规模。

——中国科学院院士 罗平亚

设备巧升级带来好效益

■ 渤海钻探工程公司

2014 年渐入深秋，渤海钻探测井公司设备改装技术攻关小组收获满满，升级成功的一台测井设备的动力核心部件，各类技术指标全部达到应用要求。

通过核心部件升级减少作业辅助设备，是测井公司 2013 年以来在节支增效活动中的典型做法。

升级后的 9 台车载发电机实施测井作业 30 余井次，节约运输、吊装、燃油等费用超百万元。

▶ 直面问题，适应市场

随着测井业务范围的不断扩展，测井设备出现了“水土不服”的现象。比如，在常规测井作业中，荷兰 ASEP EIMAR 智能液压测井橇装设备算得上佼佼者。然而，一遇到核磁测井等非常规作业时，它的动力就开始“拖后腿”，在重负载、突变负载下难以保持性能稳定。

由此，“优势装备”——液压发电机的弊端也开始显露出来。液压发电机具备体积小、安装位置灵活、性能稳定、噪声低、节能环保等优点，能够提供稳定的电源动力，是测井绞车的标准配置。

然而，国内在用液压发电机只能满足于常规测井，在核磁测井中遇到重负载、突变负载等情况时，发电机的输出会产生漂移，液压系统会产生振荡、啸叫，严重时还导致发电机熄火。

最初进行核磁测井时，需增配 1 台大型柴油发电机，满足动力

图 1　车载液压发电机

需要。这就必须额外租用吊车和卡车，来吊装、运输柴油发电机，造成生产组织麻烦，生产成本居高不下。

核磁测井是研究孔隙流体含量和存在状态的有效方法，可以提供多种有关油气层地质情况的重要参数。因此，该业务在油气田勘探中的需求快速递增。动力总是不给力，势必带来成本的剧增，甚至市场的流失。

谁能攻下液压发电机这个难题，谁就能在市场竞争中占据有利地位。

▶ 全力以赴，艰苦攻关

测井公司班子深刻认识到问题的严重性，限期设备管理部门拿出方案，解决问题。“直接进口满足施工要求的液压发电机吧，这是最快捷的办法。”有人提议。

经多方调查，美国、荷兰等国家的知名液压发电机，不光采购成本高，而且其最先进的型号也只能在淡水泥浆核磁测井中使用。咸水泥浆中电流大，负载重，依然不能适用。

市场不能丢，成本不能升，怎么办？最好的办法就是通过技术攻关完成设备升级。

2011 年 3 月，公司专门成立技术攻关小组，对液压发电机进行升级攻关。分析出原因有两个不快：一个是液压驱动系统的刚性反应不快；另一个是发电机频率控制器的反馈精度不高、控制响应不快。两者都很重要，缺一不可。但到底是其中一个有问题，还是两个都有问题呢？

为此，攻关组反复测试，认真分析比查，最终找到发电机频率控制器响应不及时是唯一的病根所在。

技术人员对症下药，通过重新设计控制程序软件等一系列手段，使频率控制器反馈精度提高，达到了相关技术要求。

经过不断研究和反复试验，解决了改造后的频率控制器与原有发电机系统的匹配问题。频率控制器速度提高 10 倍以上，同时减少了振荡，系统稳态误差几乎为零。

▸ 升级成功，效益显著

2013 年 5 月 15 日，激动人心的一天终于来临。板 884-3 斜井传来好消息，升级后的液压发电机，在核磁测井中表现出色，稳频效果好。不配柴油发电机的情况下，完全满足现场作业需求。

成功经验迅速得到推广。测井公司成功完成 9 台车载发电机改造升级和 1 台拖橇液压发电机升级。

改造升级的 9 台设备在国内新疆、冀东、长庆等市场表现出色，在不到 7 个月的时间里，成功实施测井作业 20 井次。施工效率和安全系数得到大幅提升，减少柴油机运输 40 多趟，节约吊装、运输成本 60 多万元，节省燃油费用 10 万多元，成为该公司保持市场竞争优势的重要“武器”。

拖橇设备液压发电机的成功升级，解决了印度尼西亚、伊拉克等海外市场的测井施工动力问题，助力打造海外“渤钻测井”品牌。

◎ 案例撰写人：李桦

知识链接

测井绞车液压发电机系统：采用闭式液压传动系统，由液压油箱总成，油泵总成、发电机组总成、控制器总成、热油梭阀总成、散热系统、油液过滤系统等组成。系统采用计算机电液比例控制技术，计算机将发电机的实际输出频率作为反馈信号，与要求的频率对比，其差作为控制信号去改变油泵的斜盘，调整油泵的出油流量，发电机的转速不因负载、发动机转速、油温的变化而变化，确保使发电机输出频率稳定的高品质电源。

智慧狼“脑”锻造记

■ 西部钻探工程公司

录井一直被喻为“油气田勘探开发的眼睛”。西部钻探克拉玛依录井工程公司（以下简称公司）一直秉承“使用一个项目，研发一个项目，构思一个项目”的研发思路，20 世纪 80 年代中期启动综合录井仪自主研发工作。1985 年，公司造出第 1 台构造复杂、问题频发的 XZL－Ⅰ型综合录井仪；1988 年改进的Ⅱ型综合录井仪成为现场“主战坦克”；随后升级的Ⅲ型是将硬件设备模块化，实现了色谱仪联机和自动绘图。从Ⅰ型到Ⅲ型，录井仪的软件系统始终在“打补丁”、作升级，无法从根本上实现质的飞跃。

1999 年的Ⅳ型录井仪，以其更加完备的网络功能、图形化界面、自动生成综合录井图和气测录井图、色谱数据完全解读的全新形象面世。2005 年，具有完全自主知识产权的第 5 代（XZL－Ⅴ型）录井仪研发成功，被大家冠以响当当的“雪狼”名号（见图 1)。

“雪狼”，雪域之狼，游弋于西北戈壁荒漠之精灵也，智慧、坚毅、顽强、竞争等诸多品质，成为其形象代言。大家都寄望辛劳开发出来的录井仪，能像西北狼一样适应任何恶劣环境，勇敢生存，开疆拓土，占领市场。2006 年，“雪狼”–5 型综合录井仪列入集团公司产业化项目。

推广应用过程中大家发现，“雪狼”–5 型综合录井仪在便捷性、人性化和灵活性上还有完善提升的空间，而软件最能凸显实力，于是，公司从作为核心和关键的软件方面展开研发攻关，让“雪狼”长一个聪明的大脑。

图 1　“雪狼”录井仪

“雪狼”二代大脑研发成功。2008 年，公司成功研发了“雪狼 2.0”录井软件，完善了录井服务系统，拓宽了录井分析判断功能，开发了多种语言系统，方便国内外用户使用。同时，还能提供地层压力、水力学、井斜、钻井参数优化等 8 项辅助应用功能，能够通过卫星或者 GPRS 实现数据共享和实时交流（见图 2)。在对软硬件升级换代后，新型“雪狼”–5 型综合录井仪不仅设计理念新颖，而且还引进了许多国际前沿技术，突显了人性化、通用化、集成化和网络化等鲜明特点，成为由采集、气测分析、油气评价和工程服务、网络与信息传输组成的多功能服务产品。

“雪狼”三代大脑更加智慧。2010 年 10 月，“雪狼 3.0”综合录井软件系统（见图 3) 研发成功，随后的现场测试表明：系统稳定性强，架构合理、功能齐全、操作稳定，搭建起了以录井为中心的井场信息系统平台。2012 年 3 月，系统通过集团公司成果鉴定，技术总体达到国际先进水平。“雪狼 3.0”综合录井软件系统首次将井

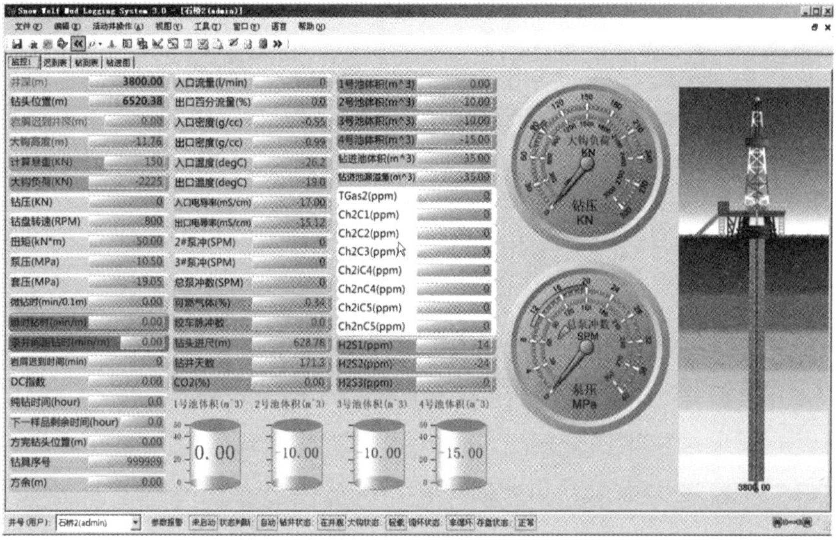

图 2　“雪狼”录井仪实施监控界面

图 3　“雪狼 3.0”软件三维井场数据联动

场、指挥基地和录井总部连接在一起，管理人员在办公室就能把每口井的各类录井参数一览无余，还可以进行邻井比对。如果现场出现技术难题，可以直接通过“雪狼 3.0”软件系统调出数据信息进行分析，遥控指挥现场处理，授权用户还可以远程操控现场作业，省时省力节约成本。在“雪狼 3.0”系统全面推广应用的同时，公司正在酝酿“雪狼 4.0”软件系统研发工作，新系统将在智能化、高度集成、解释评价系统和工程应用模块等方面有大幅提升。

“雪狼 –5”综合型综合录井仪被列入集团公司“十一五”期间重点科研项目和集团公司产业化项目，2007 年通过集团公司鉴定，获得了“数据采集率高，性能稳定，总体性能达到国内先进水平，部分技术指标达到国际水平”的较高评价。2010 年，“雪狼”录井仪入选中国石油重要设备产品名录。自列入集团公司产业化项目以来，公司综合录井仪生产步入产业化道路，现具备年产 30 台录井仪的能力。2009 年以来，“雪狼”录井仪开始在国际展会崭露头角，分别参加过美国、沙特、哈萨克斯坦、乌兹别克斯坦等国际石油设备展会，获得了一定的品牌知名度和影响力。

目前，“雪狼”综合录井仪已在国内的新疆油田、塔里木油田、西南油气田，以及巴基斯坦、哈萨克斯坦、乌兹别克斯坦等海外国家提供录井技术服务，业绩良好，屡获赞誉。在新疆油田公司莫北 2、陆 9、盆 5、沙门 1 等一口口重点探井的重大突破中，在石南、莫北、陆梁、呼图壁、玛河、克拉玛依等一个个油气田的发现中，“雪狼”综合录井仪战绩卓著、功不可没。此外，“雪狼”还充分发挥工程监测作用，年均预报溢流、井漏、油气侵、地层压力异常等各类异常 700 余次，成为当之无愧的安全钻井参谋。

◎ 案例撰写人：王芳

知识链接

综合录井仪：是石油钻井过程中连续录取所钻地层释放出来的油气显示、钻井工程、泥浆性能、地层地质等参数，用以识别油、气、水层和地层评价。监测钻井施工、检测地层压力、优化钻井、保护油气层等，为实现科学钻井提供技术支持。

工程参数仪：采集钻井工程参数齐全，信号采集与传输采用无线通讯，具防爆功能，满足随钻工程监控和井控安全技术需求。

气测录井仪：实时测量记录钻井深度及钻时变化，分析钻井液中石油天然气成分含量，及时发现油气显示。

“雪狼”录井软件：是一套集现场地质、工程参数采集、处理、通信、应用分析为一体的综合性软件系统。

权威点评

“雪狼”系列综合录井仪是西部钻探克拉玛依录井工程公司自主研发的录井设备，在硬件性能、软件功能、工程技术服务以及油气评价技术等方面集成了多年的技术积累和研究成果，仪器分为正压防爆型、标准型以及气测录井仪和工程参数仪。能够胜任沙漠戈壁、海洋平台等环境条件以及高压油气田等危险区域的勘探开发服务，整体性能达到石油行业标准，是油气勘探作业中保障作业安全和发现油气的重要设备。

——西部钻探工程公司总经理　马永峰

跟"鸭嘴"较劲

■ 长城钻探工程公司

长城钻探压裂公司长庆试气一项目部S06300-3队队长李建，是一名2009年入职的大学生。2013年苏里格盛夏的深夜，蚊虫爬满了海洋王灯的灯头，沿着灯光看去，李建和他的队友们正在一口重点井的井场上忙碌着，因为刚换不到5小时的鸭嘴又被刺坏了，他们正在忙着更换鸭嘴。

近年来，长庆水平井试气作业常态化，单井产量更是芝麻开花节节高。产量高了，问题也随之而来，放喷作业时高速气流携带的砂石对高温下的鸭嘴进行冲击，使得水平井鸭嘴口井损坏率直线上升，由先前直井平均0.5个/口井，上升到水平井平均2个/口井，而它的损坏会影响放喷排液，进而影响施工质量，同时给维修工作和成本消耗造成很大的负担。为了解决这些问题，李建萌生了改进鸭嘴的想法，从此他跟"鸭嘴"较上了劲。

他找到了维修工一起改进鸭嘴。他们先对鸭嘴损坏部位进行数据统计，分析得出鸭嘴改变气流运动方向的部位损坏率最高，占鸭嘴损坏率的60%，因此增强改变气流运动方向部位的抗冲击强度是关键。

针对问题，他们的初次改进是先提高易损部位的钢级强度和钢体厚度，后经使用，发现易损部位的损坏率与钢体强度和钢体厚度成反比，此法能够降低易损部位的损坏率，但是一味地增加易损部位的钢体强度和钢体厚度，将面临以下问题：一是提高了改进成本；二是造成鸭嘴过于笨重，不方便使用；三是造成鸭嘴在高温中本体易弯曲变形，因此初次改进鸭嘴被淘汰。

一次换笔芯给李建带来灵感。他们变换了思路，将易损部位做成了可更换式的元件部位，在制作可更换式的元件部位之前，他们先是对鸭嘴本体尺寸进行优选，把老式鸭嘴本体尺寸由$6^{7}/_{8}$英寸和$4^{1}/_{2}$英寸更改为$5^{1}/_{2}$英寸，并且$5^{1}/_{2}$英寸鸭嘴本体采用的是废旧的$5^{1}/_{2}$英寸套管制作，保证了鸭嘴本体的钢级强度，解决了$6^{7}/_{8}$英寸鸭嘴本体高温中易变形和$4^{1}/_{2}$英寸鸭嘴放喷排液时憋压的问题（见图1）。

岗位感受

改进鸭嘴已在项目部推广使用一年多，小队员工感触最深的是改进鸭嘴降低了更换鸭嘴的频率和他们的劳动强度，保障了放喷作业的施工质量，同时还降低因鸭嘴损坏带来的次生安全隐患，但是需要员工做好改进鸭嘴的定期巡检并及时更换损坏的易损件。

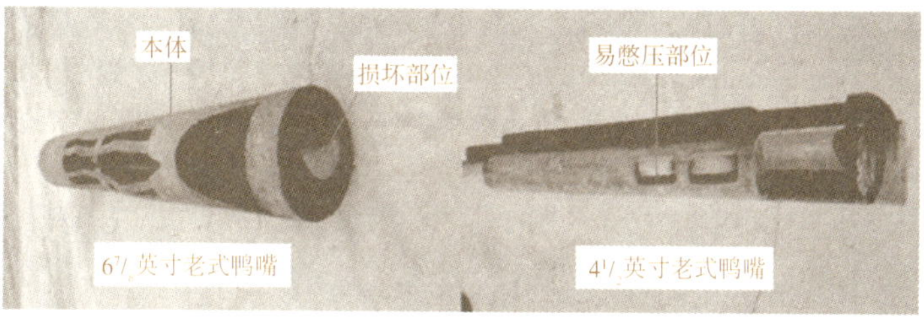

图1 老式鸭嘴尺寸

选定鸭嘴本体尺寸后，他们将$5^{1}/_{2}$英寸鸭嘴本体前端切割成长12厘米圆筒状，尾部采用圆形钢板焊接封闭，目的是将可更换式的元件部位放入鸭嘴前端圆筒内作为可更换的易损件，同时在鸭嘴前端圆筒上制作了长9厘米取件槽，方便易损件的更换（见图2）。

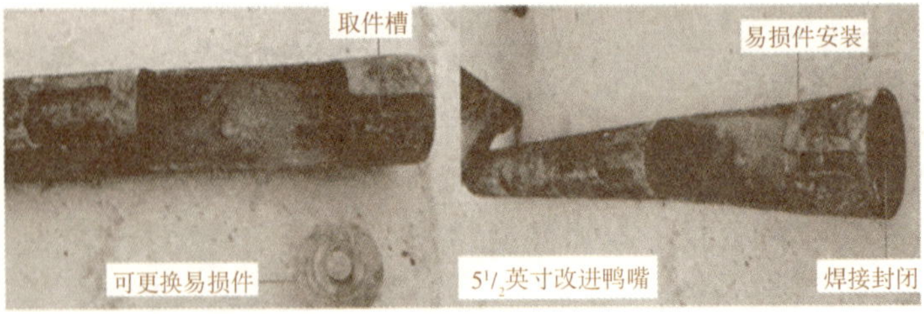

图 2　改进后的鸭嘴

易损件采用废弃的 $4^1/_2$ 英寸阀体做成，把两个废弃的阀体经过切割、打磨、焊接做成长 8 厘米易损件，通过易损件的制作提高了易损部位的钢体强度和钢体厚度，解决了鸭嘴改进成本过高和过于笨重不方便使用的问题，从而延长了鸭嘴的使用寿命（见图 3）。

图 3　改进后的鸭嘴延长了使用寿命

2014 年将改进鸭嘴在 S06179–2 队进行试用，试用效果很好，最后在整个项目部进行推广应用。

目前改进鸭嘴已在项目部推广使用 1 年，使用结果统计表明，鸭嘴口井损坏率由直井的 0.5 个 / 口井降低到直井 0.2 个 / 口井，水平井 2 个 / 口井降低到水平井 0.8 个 / 口井。

2014 年项目部全年工作量是施工 33 口井，其中直井 28 口，水平井 5 口。按损坏率计算，当年将损坏 24 个鸭嘴，每个鸭嘴采购价格在 3000 元左右，仅此一项 2014 年节约成本效果明显，苏里格地区每年施工上千口井，可见其推广意义。

◎ 案例撰写人：李建　孙钦瑞

知识链接

鸭嘴是试气作业中用来排液点火的工具，目的是实现井内介质运动轨迹可控，同时靠重力实现介质的简单分离。在放喷作业过程中，鸭嘴要长时间经受高温、冷热交替、高速气流及砂石的作用。

打通市场的“最后一公里”

■ 辽河石化公司

辽河石化公司作为集团公司的稠油加工和特色产品生产基地，石油沥青和特种工艺润滑油是公司的特色产品。为了进一步突出公司稠油加工的特色，实现创新驱动发展战略，公司在2014年7月机构优化重组时成立了新产品开发办公室（以下简称开发办），牵头、协调、组织特色新产品开发，创新公司新产品开发工作机制，瞄准“特色化、差异化、高端化”的目标，构建“研、产、销、服”体系，助推公司建设稠油加工基地，打造现代化特色精品企业。

开发办成立以来，整合公司新产品开发研发力量，统一调配各种研发资源。将掌握相关市场信息的科技人员纳入研发体系，参与新产品开发的前期研究和收集整理新产品开发的市场需求信息，增强了新产品开发的活力和开发的针对性。同时将单一新产品开发的多重管理纳入集中管理，增强了新产品开发的力量，保证科技引领作用充分发挥。

作为集团公司的特色炼化企业，辽河石化公司新产品的开发主要围绕“特”字做文章。特色产品不同于大众化产品，由于产品生产的资源不同、加工工艺不同，生产产品的性质是不同的。虽然都能满足行业规范的要求，但个性指标具有明显差异，辽河石化公司的特色主要体现在其所加工的原油资源、加工工艺和产品结构等方面。要想使公司的特色充分发挥，市场服务的力量不可低估。开发办成立以来，为了保证公司新产品开发集中发力，除了突出科技引领，还重点在产品的生产、销售和服务环节开展工作。公司成立了以专项新产品研发人员牵头，生产、销售和技术服务人员全程参与的专题技术攻关小组。研发人员担任专项新产品开发攻关小组组长，全方位统筹掌控新产品开发节奏。开发办全程监控各专项新产品开发小组的工作节奏，定期召开专题研讨会和工作推进会，协调解决各专项开发小组的重点和难点工作，及时向公司领导层反馈信息，明确相关部门的工作目标和任务。经过半年多的努力，公司“研、产、销、服”一体化体系已基本形成，促进了特色新产品的开发。

新产品开发要做到“特”，首先要研究公司所加工的稠油资源特色，要突出稠油中高沥青质和高环烷烃、高芳烃含量的资源优势。新型沥青的开发要重点推进硬质沥青、雾封层特硬沥青、温拌沥青、温拌阻燃沥青、改性乳化沥青、环保沥青等新产品的研发进程，继续推进公司重交沥青质量的提升和拓展机场沥青、水工沥青的应用推广，确保公司新型沥青的研发水平和市场占有持续保持国内领先水平。特种工艺润滑油的研发要继续推进高芳烃环保橡胶油的产品开发和应用推广，瞄准国内轮胎和充油胶行业，继续扩大中芳烃环保橡胶油的应用规模和市场占有，确保公司特种工艺润滑油的研发水平由国内领先迈向国际先进。要通过特色产品推进辽河石化特色发展，提升集团公司稠油特色加工和应用的整体技术水平。

开发办成立以来，在创新工作机制的同时，开发的新产品也取得了可观的效益。面向轮胎应用企业，实现AP19高芳烃环保橡胶油销售127吨，每吨产品直接经济效益在2700元以上；实现NAP10-2中芳烃环保橡胶油销售1357吨，每吨产品直接经济效益在 2000 元以上。面向橡胶制品生产企业，实现 NAP10−1 中芳烃环保橡胶油销售 4484 吨，每吨产品直接经济效益在 1500 元以上。面向集团公司内部企业，实现 SBR1712 充油胶专用油互供，累积销售产品 3566 吨，每吨产品直接经济效益在 1000 元以上。同时还销售机场改性沥青 70 吨，每吨产品直接经济效益 850 元，销售水工沥青 105 吨，每吨产品直接经济效益 200 元。累计创造直接经济效益 1343 万元。

◎ 案例撰写人：黄鹤

权威点评

创新管理，整合资源，理顺机制，激活潜力。

—— 集团公司技术专家、辽河石化公司副总经理　相养冬

管道“穿新衣”

■ 长庆石化公司

管道是炼化企业非常重要的组成部分。管道中流淌的油、蒸汽和水等各种介质温度一般较高，与外部环境有温差，因此也是节能的重点对象。实践证明，采取有效保温措施后，热介质传输系统的热损失可减少 90% 以上。目前国内外较为普遍的保温材料吸水能力很强，易腐蚀管线，造成管线变薄，给设备长周期运行带来安全隐患，选用新型保温材料降低管道散热势在必行。

公司积极引进了热盾毯这种新型保温材料。它本身即是耐火材料，同时导热系数比传统材料低 50% 以上。为验证新材料效果，2013 年 9 月，公司在选取 4.5 米中压蒸汽管道进行热盾毯应用试验。该段管道原保温材料为硅酸铝纤维卷毯＋镀锌铁皮缠包，厚度 200 毫米，热盾保温材料为 RD600，厚度 60 毫米，外层防水采用纤维铝箔缠包。试验段保温结构形式见图 1。

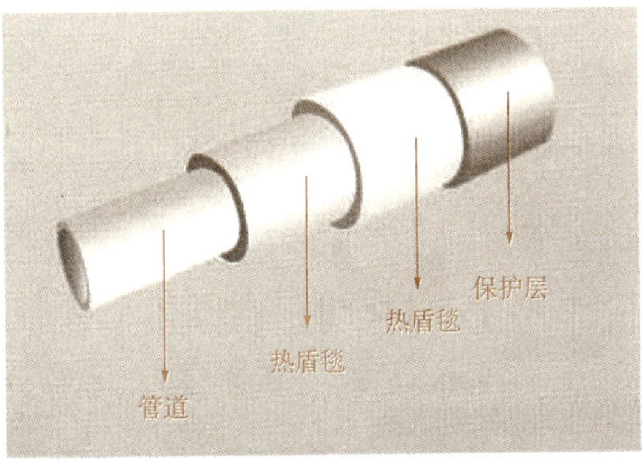

图 1　热盾毯保温结构

试验结果表明，在厚度只有原保温材料 30% 的情况下，热盾保温材料平均外壁温度为 39.6℃，比原保温材料低 16.26℃，与环境温差只有 9.9℃（见表 1）。

表 1 试验数值

材料名称	厚度（毫米）	环境温度（℃）	外壁温度（℃）	温差（℃）
硅酸铝纤维毯（原保温）	200	29.7	55.86	26.16
热盾毯（新保温）	60	29.7	39.6	9.9

在试验基础上，公司将新型热盾保温材料应用于散热损失较大的催化裂化高温再生烟气管道上，厚度 70 毫米，是原保温厚度的 35%。保温结构包括纳米陶瓷纤维毯层、热盾毯层、反辐射铝箔层、热盾毯层、金属外保护层等 5 层，结构简单、施工快捷、经久耐用、节能环保。经检测，3 月份，气象条件下外壁平均温度 45℃，仅高于环境温度 21℃，比原保温结构的外壁温度低 60℃左右。

2014 年，烟机全年开工率达到 100%，由于采用热盾材料，提高了烟气入口温度，烟机一年多做功 350.4 万千瓦，节电 350.4 万度，节约电费约 175.2 万元。在新型保温材料应用过程中，我们和产品提供单位联合申请实用新型专利 1 件，已获得国家知识产权局授权。

◎ 案例撰写人：朱占伟

小鼠标大效益

■ 北京油气调控中心

北京油气调控中心作为集团公司的功能型生产运营机构和天然气与管道分公司的职能型派出机构，主要负责长输油气管道运行调度指挥与远程监控操作。目前，集中调控的油气管网总里程57344公里（包括643座场站、2069座阀室、10座储气库）。受历史条件、管理模式和技术因素等方面的限制，2013年年底前一级调控的原油和成品油管道131座输油站场全部由调控中心远控操作，但一级调控的天然气管道只有23座，尚有297座输气站场没有实现远控操作。2014年，在调控中心与5家地区管道公司的共同努力下，输气站场远控改造与联调测试工作取得重要进展，实现远控操作的输气站场总数由23座上升至105座。

和众多企业一样，调控中心建设起步之初也面临着诸多“挠头”问题，接管的在役管道的自动化水平参差不齐，各地区管道公司的运营管理方式也各不相同，特别是天然气管道压气站改造技术难度大、设备工艺复杂、人员素质要求高，给远控操作带来一定的难度。近几年，调控中心坚持管网集中调控这一理念不动摇、不放松，采取试点先行、总结经验、全面推进的工作节奏，积极推动天然气管道远控操作工作。2013年5月成功实施了西气东输一线盐池压气站远控操作试点，取得了重要成果，坚定了发展信心。

一年多来，调控中心在总结经验的基础上，加快推动输气站场远控操作步伐。研究出台了《油气管道远程监控与调度管理手册》和《监控操作管理程序》等一系列更具规范性、指导性、操作性的制度文件，厘清了管道运行各层级的管理责任，明确划分了工作界面和管理程序，细化规范了远程操作的具体要求，为远控操作提供了有效指导。在新管道建设上，严把自控系统设计和施工过程监督指导关，扎实做好新管道设备远程联调测试，确保了调控中心远程控制系统、站控系统同步投运。积极推动建立长输管道关键设备故障原因分析机制，健全了设备故障处置响应机制，完善了设备运行管理的配套制度规范，有效降低了设备安全风险。目前，调控中心在油气管道远控操作方面已经形成了一整套技术规范，为后续在役管道联调改造和新管道建设奠定了坚实基础。

2014 年 5 月，西气东输一、二线西段全部压气站实施远控操作后，西部地区管道的风险管控能力明显增强，有效提升了运行管理水平。天然气管网能耗持续下降，总能耗同比降低 12.9%，生产单耗同比降低 16.1%。在天然气冬季保供期间，根据天气变化及上游供应情况，中控值班调度及时调整机组运行模式，合理调配资源流向，第一时间处置应急事件，特别在用气峰谷差大的时段，站场远程所发挥的灵活性和时效性也尤为突显。同时，加大对分输用户的远程控制力度，精确控制分输气量，保证了生产计划的严肃性和科学性，有力地保障了冬季天然气安全平稳供应。据统计，仅 2014 年 11 月，调控中心就执行天然气分输站远控操作 20520 次，平均每日 684 次；执行压缩机远控操作 3450 次，平均每日 115 次，大幅减少了现场员工操作次数，有效降低了站控人员工作强度，既提高了管网整体运行效率，又降低了运行成本，实现了“小鼠标、大效益”。

◎ 案例撰写人：郭永华

改造装置应对雾霾

■ 吉林销售公司

2013年，“雾霾”成为年度关键词。应对雾霾污染、改善空气质量的首要任务是控制PM2.5，要从压减燃煤、严格控车、调整产业、联防联控、依法治理等方面采取重大举措。在石油系统中，油库、加油站是长期从事油气业务的窗口单位，必须在降低空气污染上认真改善。

库站原有工艺与油气散排放方式有两种：一是加油站卸油环节采取密闭卸油管道，每座油罐设置单独的高度为4米的散放管，卸油过程产生的油气通过散放管向大气排放；加油环节在加油枪与车辆油箱口之间散发油气向大气排放。二是油库卸油环节采用铁路接卸方式，油罐为内浮顶油罐，内浮盘随罐内油面升降，内浮盘与罐内油面之间无空间，通过底部密闭付油方式，由付油鹤位集中散放管向大气排放油气。而且，库站还将随油品经营周转量的增加，向大气排放的油气量会随之增加。

如何才能不向大气排放油气？解决方案只有一个，就是收集住油气，将卸油管道与油罐、油罐车之间形成封闭回路（见图1）；将输油管道与油罐、加油机之间形成封闭回路；将卸油鹤管与管道、油罐、油槽车之间形成封闭回路（见图2）；将付油下装鹤管与管道、油罐车之间形成封闭回路；在呼吸管出口处设置呼吸阀（见图3），通过准确设计阀盘重量，保证阀盘重量大于大气压强，而使油气不能外泄。

图 1　卸油油气回收管道密闭接口

图 2　卸油与加油油气回收管道

图 3　油罐呼吸管阀门

然而，随着油气不断聚集增加，体积会增大，内外压差会失衡，既不能保证安全，又会使得密闭收集的油气因压差失衡而外泄，必须在回收环节下工夫，要么油气与液态的油品在密闭容器内此消彼长，要么把油气转化成液态油品实现压差均衡。为此，考虑到的解决办法就是将油气统一收集到罐车内，然后将罐车移至指定的转换装置，将油气转化成液态油品；或是在库站的密闭回路上安装吸附冷凝装置，直接将密闭回路内的油气转换成液态油品，进而实现油气回收。

通过上面的分析，借鉴国内外成熟的技术经验，国家环保总局、国家质量监督检验检疫总局于 2007 年 6 月 22 日联合发布了《加油站大气污染物排放标准》(GB 20952—2007)，对油库、加油站的油气回收改造的完成期限、工艺、检测与验收做出了明确规定。

库站油气回收治理改造，包括库站加装卸油油气回收与加油油气回收装置。卸油油气回收主要工艺为：在油库油罐底部与加油站油罐人孔增设专用卸油油气回收管线，在散放管顶部加装冷凝装置。在卸油时，同时将卸油管线和卸油油气回收管线与油槽车连接，实现油气在管线与油罐内循环及回收；加油油气回收主要工艺为：更换带油气高强吸收功能的油库付油鹤管及加油站加油枪，在油库付油泵组及加油站加油机内增设油气回收泵，并增设油气回收管线与油气回收泵连接。在加油时，通过油气回收泵将加油环节释放的油气全部吸收，通过油气回收管线将油气回收至油罐，再通过冷凝装置将油气转化为液态油品，实现加油过程油气的回收。

实践证明，油气回收治理改造后，能够真正达到节能减排及循环经济发展的目的。在节能减排上，库站加装油气回收装置后，无油气排放，实现了库站经营安全零风险，达到库站本质安全、清洁生产及节能减排的目的。在循环经济上，油气回收装置全面运行后，每年预计实现的油品回收可达到年度汽油总销量的 1‰。

◎ 案例撰写人：张奕

“土技术”维修“洋设备”

■ 川庆钻探工程公司

川庆钻探物探分公司的地震光纤主要从法国Sercel公司引进，是专用于地震资料采集过程中交叉站间的数据传输。近年来随着外部环境的日益复杂和人为等因素，光纤故障越来越多，在2013年、2014年，每年都有上百根光纤线段被损坏，仅断点就多达500余处。在没有自己的采集设备维修部之前，光纤故障主要靠外送回厂家修复，为此物探公司每年都会产生巨额外修费用。按照Sercel公司维修标准，一个断点需付维修费3600元，其国内光纤维修点也需2500元以上，且维修周期长。

为实现设备的可持续运转，降低送外维修费用，加快设备循环利用速度，2009年物探公司与Sercel公司合作成立了“Sercel采集设备特约维修部”。目前，维修部已能承担采集站、电源站及光纤等大部分采集设备的维修工作。

尤其在维修光纤的过程中，维修部长期在降低光纤维修成本上下工夫，对Sercel公司提供的原装维修包进行技术攻关，改原装维修包为铜管压接维修包（见图1），大幅度缩减了材料费用，重量减轻到原包装的10%，让“洋设

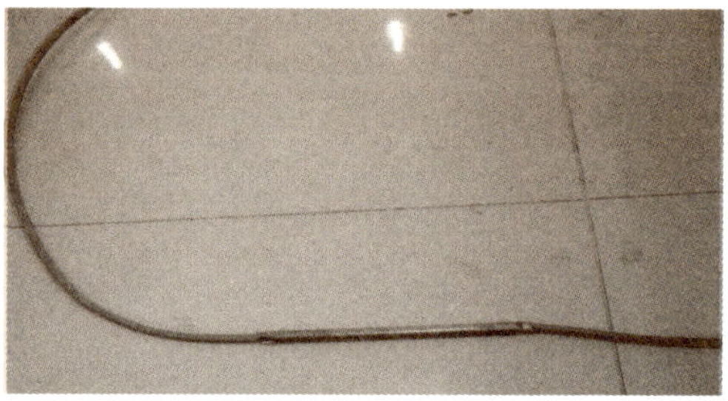

图1　最终产品：铜管压接包

备”的维修成本不再昂贵。

重量达500克的原装维修包是Sercel公司专用于断点熔接修复后的外在保护措施，外形美观，但价格不菲，一个原装维修包售价1200元。维修部在熔接处装配好后发现，哑铃状的密封包外形过大、体积过重，搬迁中易折断两边线段，收放吃力，不适合施工作业时的频繁搬迁。除此之外，公司一年仅购买维修包一项就会支付60万元。

撇开维修成本不说，仅从生产流动性强的角度考虑，外包装也要耐磨轻便的材料才适用。本着打造“成本低廉、密封性强、质轻耐磨”的断点外包装理念，维修部的维修人员先后对外包装进行了4次技术革新。

受原装维修包法外形的影响，前两次他们分别制作了铝合金盒和铝合金管，成本也分别降低到350元和300元。两种维修包虽然降低了成本，减轻了重量，耐磨体形也可以降低人为拖拽可能造成的二次伤害，但密封性较差，微砂土和水易从空隙里渗入，方形体积过大，同样不利于作业搬动。

总结失败原因，他们开始把目光转向轻便结实的材料，研制出PVC管内注胶维修包。PVC管内注胶法密封性较好，即使外皮有微小损伤，仍能阻止杂质渗入，体积小、质量轻，适合搬迁挪动，成本也降低到100元。但溶胶遇冷易凝固，且易造成环

岗位感受

当我们得知购买一个原装维修包需要200美元的时候吓了一跳，每年近500个断点的原装维修包，公司要花多少钱？而且随着使用年限增长和磨损，故障只会越来越多，材料费用会像雪球一样越滚越大……我们决定革新维修包，帮公司甩掉这个负担。当第一根铜管压接成功的摆在面前时，我们觉得所有的付出都是值得的。

境污染，对维修环境挑剔，注胶法最终被放弃。

注胶法虽然被放弃，可细管状外包装给了大家启发。他们试着拿铜管做试验，在反复摸索中制作出了铜管压接维修包。这种维修包摈弃了溶胶，把铜管套于熔接处用液压钳两端压接封死，外套一层热缩管使其表面光滑，成本也下降到 50 元。铜管压接维修包因其粗细与光纤线接近，体积小，质量轻，无论拖拽、搬运都不会造成人力负担，一经推出，受到了施工人员的欢迎。

铜管压接维修包工艺简单，操作方便，适合在任何环境里操作。2014 年，维修部采用铜管压接维修包保护断点 468 处，使用铜管及其他材料成本 3.27 万元，相比于原装维修包节约材料费用 56.73 万元。

◎ 案例撰写人：方亚非　万毅　杜小龙

高尚春转热站“节电八法”

■ 吉林石化公司

推行供热转热站“节电八法”，是供热基层站队创效工作的新尝试。供热转热站设备运行靠电能来驱动，消耗的电能数量可观。很多用电设备受设计、安装、操作等各种因素的影响，存在着不同程度的电能浪费。节电潜力能否最大限度地发挥出来，是供热公司松江供热维修站探索的一个重要问题，站领导根据管工技师高尚春爱学习、肯钻研的特点，安排他负责松江供热维修站7座转热站的运行管理工作，研究解决电量消耗问题。高尚春经过反复研究实践，创造出了“节电八法”，供热公司对此进行了全面推广应用。

▹ 减少水泵运行数量节电法

泵的运转数量越少，效率越高，耗电量就越少，因此运行中应尽量减少水泵的运转数量。具体操作方法有两种，一是减少回水泵运行数量，当电厂回水压力低于街区回水压力时，将回水泵停止运行，让街区回水直接流回电厂。二是减少供水泵运行数量，一台供水泵运行能满足供热要求时，就不开两台供水泵，根据供热期不同时段，及时观察泵房运行参数，当不需要两台供水泵运行的时候，将其中一台供水泵停止运行。

▹ 水泵大小匹配节电法

小泵能满足供热要求时，不开大泵，避免大马拉小车的现象发生。例如通潭西区 2# 泵房，回水泵分别有 45 千瓦和 75 千瓦两种型号的泵，当 45 千瓦的泵能满足要求时，就不开 75 千瓦的泵。

▸ 降低流量节电法

从水泵的运行原理看， 经过水泵的水流量越少，水泵做功时耗电量就越少，所以尽量减少供水泵的水流量。具体操作方法是：供水泵的水流量是由两部分组成的，即电厂高温水量加街区低温补水量，当电厂供水压力高于街区供水压力时，将电厂供水与街区供水连通阀门打开，关闭泵的电厂入口阀门，让电厂高温水不经过供水泵直接供往街区，这样可以减少经过供水泵的水流量。

▸ 合理设定出口压力节电法

根据变频水泵的运行原理，供水泵设定的供水压力值越高，水泵做功时耗电量就越多，所以在保证供热末端室内温度达标的前提下，尽量低设供水压力值。例如通潭西区 4# 泵房，供水压力值比其他泵房压力低 0.02 ~ 0.03 兆帕。

▸ 提高水泵入口压力节电法

水泵的入口压力越高，做功耗电量就越少，因此尽量提高水泵的入口压力。水是经过除污器后进入水泵的（尤其是立式除污器阻力特别大），水经过除污器后，进入水泵的入口压力就会降低。为了提高水泵的入口水压力，采取的方法是：在供热初期让水全部经过除污器循环 7 ~ 10 天。待水质基本清洁后，将除污器的旁通阀门打开三分之一，让水一部分从旁通阀经过，另一部分从除污器经过。这样可以提高水经过除污器后的压力，从而提高水泵的入口压力。

▸ 优化街区循环水量节电法

从流体力学的原理看，街区循环水量越大，管网的阻力越大，水泵克服阻力所消耗的电能也就越多。所以在保证用户室温达标的前提下，应尽量减小街区循环水量。具体操作方法有两种：一是缩小街区供、回水压差；二是参照公司给定的循环量参数，通过调整平衡街区管网，减少室温超标用户数量，使循环量接近经济运行指标。

▸ 泵前补水节电法

对单功能泵的供热系统，尽量采用回水泵，泵前补水。尽量不采用泵后补水，这样可以减少水经过回水泵的水流量，从而达到节约电能的目的。

▸ 采取泵站系统局部优化改造节电法

站队将通潭西区一号供热泵房补水管线由公称直径 200 毫米增加到公称直径 300 毫米，仅此一项当年供热期与上一个供热期相比节约电量 20.4 万千瓦时（上供热期电量 64.3 万千瓦时，当年供热期电量 43.9 万千瓦时），下降幅度为 32%，节约电费 10.5 万元（上供热期电费是 41.1 万元，当年电费是 30.6 万元）。由于电费涨价 7%，实际节约电费 11.2 万元，下降幅度为 28%。而改造需要的材料有公称直径 300 毫米的管 9 米，弯头 3 个，阀门 1 个，法兰 2 片，共计改造需要材料费用约为 1 万元左右。

通西转热站经过相继改造，供热期电费较上一年度下降 38%，节约费用共计 71 万元。为了使高尚春的节约方法让大家共享，他独创的泵房“节电八法”多次在供热公司内部进行经验交流，此方法的推广，累计为公司节约费用 100 余万元。

◎ 案例撰写人：周丽平

供热系统不再“忽冷忽热”

■ 华油北京服务总公司

供热时，一般室外温度低，室内温度非常舒适，可当室外温度变高或再降低时，室内温度也会变高或降低。仔细想想，不光温度能导致室内温度忽冷忽热，室内阳光的照射强度、人员的多少等因素，都能导致室内温度的忽冷忽热。如果能解决供热时室内温度的忽冷忽热，不光在室内的人们会十分高兴，室内温度高时减少热量，也能起到降本增效的功效。

如何使供暖温度保持恒定，又能起到降本增效的作用，这让项目部的员工没少动脑筋。在工程部办公室一次清扫中，大家对供热工作又探讨了起来，“让客户热的时候打开窗户，冷的时候多穿衣服，这事不挺简单的嘛。”“与其采取让客户打开窗户、多穿衣服这种治标不治本的举措，还不如抽薪止沸，剪草除根。”一名洗完拖把的员工突然对供暖工作有了想法，“如果知道原因，像水龙头似的从源头上进行控制，这样不是更好”这个思路获得了大家一致同意，并制定了《金亚光大厦供热节能降耗方案》。

首先，大家对原因进行了分析。金亚光大厦热力站一次热水（95 ~ 130℃）是由市政提供，通过大厦三台热力板换进行交换后由三台热力循环泵供到冷冻站分水器后向各大厦 A、B、C 座区域供二次热水（55℃左右）。目前，热力站运行严格执行回水温度在 40℃上下的热力工况标准供热。但因大厦楼控系统可靠性差、供热时间不能有效进行控制等原因，每天需由人工进行开关机，不能实现各楼层的热能均衡分配，导致大部分区域过热，特别是裙房部分，造成设备运行时间长、流量控制不及时等能源的浪费，供热管径小、末端供热部分又偏冷，新风机组、定风量空调机组同时启动，又造成温度忽冷忽热、系统压力突变等现象。

图 1　管理员对换热站的二次出水进行控制

分析出了原因，大家很快决定从管控模式入手，通过严格控制一次流量来调节二次供热温度，控制末端空调设备的二次流量达到各楼层的能量分布平衡。具体是在不同情况下对换热站的二次出水温度进行控制（见图 1），控制的方式大致分为：经验调节、定温调节、分时段调节三种； 根据驻厦员工一般在 8：30—9：00 开始办公，空调从开启到楼内温度合格的时间需要 1 个小时等实际运行经验进行微调，将大厦的空调开启时间从早上 6：30 到下午 17：00，调至早上 7：30 到下午 16：30。根据天气的变化，适时调节一次市政供热进出流量和回水温度，必要时减少供热循环泵的台数，对新风系统的起停时间进行合理调整，杜绝同一时间一起启动和一起停止的情况，大大地减少系统压力和温度忽高忽低现象，保证系统恒温向终端设备供热。同时，对温度偏高部位调节进出水阀门开启大小，控制了新风温度补偿过高的问题。节假日根据大厦各单位的加班情况，制定供热管理方案，对空调开关进行管控，杜绝无人区域设备仍运行的现象。对楼宇控制系统进行完善，确保对空调的控制时间、风阀以及水阀的精确控制。特别是部分区域，每天供热时间2～5小时就能满足调节温度的要求（工作中反应温度高的区域），适当对一次热水流量控制。根据对近两年供热情况的分析，在天气较冷的情况下，二次回水温度控制在40～42℃就能满足供热要求。夜间一次水的流量，瞬时流量控制在10～15吉焦以内或更小，二次回水温度控制在30℃左右，末端设备温度大于20℃，循环泵开启一台。这样使供热系统成了“智能”化，既降低了热能及电能的消耗，又能满足保温防冻的效果。

通过大厦供热调节，获得了大厦业主、驻厦单位的认可与赞扬，同时也达到了降本增效的效果。2014—2015年供暖季热量消耗为11992吉焦，2013—2014年供暖季同期热量消耗为12421吉焦，同比减少429吉焦（见图2）。2013—2014年供暖季较计划节约热量费为60万元，2014—2015年供暖季较计划节约热量费约70万元。

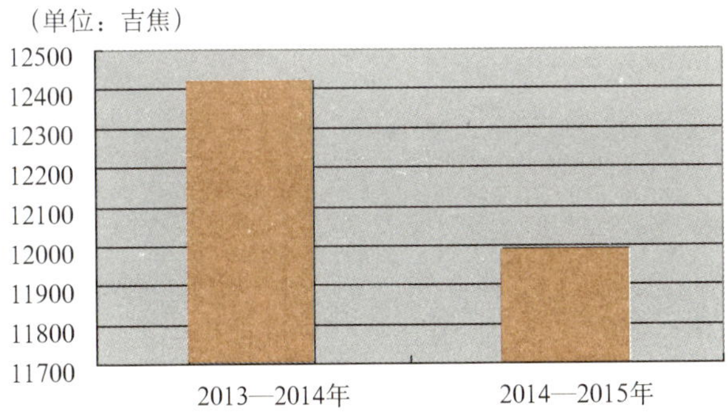

图2 供热消耗量对比

◎ 案例撰写人：居正和

知识链接

供热调节：是为保持供热和需热之间的平衡所采取的调整措施。通过供热调节，适当改变供热介质的参数和流量，可以防止供热过多或不足，保证热用户的正常需要。

权威点评

后勤工作最需要的就是从细微之处着手，在平凡中闪现亮点。《金亚光大厦供热系统节能降耗方案》取得的成果，是广大职工立足后勤岗位，积极响应“节能减耗、降本增效”号召，专业技术骨干充分发挥引领和带头作用，企业积极搭建平台，上下共同努力的结果。

——华油北京服务总公司副总经理　宋鸿明

“空中油品”的创效法则

■ 抚顺石化公司

抚顺石化生产的航空煤油主要是供给我国军用和民用飞机等航空器所使用的动力燃料油，由于涉及航空器的安全及机械运行等原因，所以对航空煤油品质和精度都要求非常苛刻，为此，公司把航煤改造项目作为抚顺石化 2014 年重点挖潜增效项目来抓。2014 年，通过实施一系列“空中油品”的创效法则，使航煤生产能力由每年 30 万吨提高到 70 万吨，每年增效 2.3 亿元。

▸ 生产优化法则

为提高企业竞争力，抚顺石化公司全力优化生产项目，增产高效产品。公司抓住国家对航煤产品政策支持的有利契机，大力生产航煤产品。而航煤产品加氢闪点高、腐蚀性强，对生产工艺、储罐及技术水平要求非常高。抚顺石化有着多年航煤产品生产经验，其中石油三厂原有 12 万吨航煤生产能力。由于工艺落后、质量不稳定等因素的困扰，公司在 2014 年投资 800 万元新建了航炼脱硫系统，并加大与中航油东北公司的协调力度，提高了向沈阳桃仙机场管输量，全年航炼产量达到 30 万吨。

公司石油二厂 2012 年 8 月建成了 200 万吨 / 年加氢裂化装置，而装置原设计是供乙烯原料，没有航煤产品。公司为提高高效油品生产率，为企业创造更大效益，2014 年投资 1700 万元改造现有设施，主要包括储罐改造、新增加剂过滤设施、新管线铺设、泵房改造等，涉及高低液位报警、罐内防腐、浮盘更改改造等大小项目 20 余项。

▶ **效益路线法则**

高效产品是增加效益的核心，直接影响企业创效能力。按照抚顺石化总体生产计划安排，组织有关部门进行多方调研论证、科学分析，既要保证本企业资源配置、产品结构最优化，又要兼顾公司炼油与化工总体平衡和工况匹配，围绕生产、技术、改造三大平衡的基础，努力寻找最佳效益路线。

首先实行严格的系统过程质量控制措施，对改造项目加强改造工序质量控制，抓住工程等关键环节，加强改造工序质量控制，实行项目负责人制度，全力确保改造的深度和质量。相关部室领导、生产技术人员紧盯现场，对全过程进行动态管理，掌握第一手资料，严把改造质量关。为确保产品的生产调和、质量检测、销售等各项工作有序开展，切实做好航煤产品的生产和管理工作，公司还专门成立了领导小组，下设专业机构，协调解决改造期间的各类问题。

通过最佳效益路线，使改造后的航煤生产项目生产能力比以往增产了 40 万吨，按每吨节省消费税及附加 1054 元计算，每年可增效 2.3 亿元。抚顺石化生产航煤系统工程添加剂性能稳定，使用情况良好，能较好控制航煤产品质量，缓解航空用油季节性紧张局面。

▶ **指标控制法则**

针对航煤加氢闪点高、腐蚀性强这一特点，抚顺石化严格生产管理，注重指标控制，在加氢裂化装置增加了一套航煤抗氧剂设备和两组航煤过滤器及分离器。由于航煤产品要求苛刻，为达到产品专线、专罐、专泵的条件，生产厂油品车间将原有的2台分子筛储罐改为航煤专用罐，在装置安全平稳运行的基础上，各项指标均达到了航空用油的质量标准。

公司还严格执行专罐存储、专线使用、专项分析的“三专”原则，确保航煤生产稳定、调和安全、分析可靠。通过多项措施并举，2014年8月15日，石油二厂按照航煤生产管理规定的要求生产出两罐航煤产品，经化验分析，航煤颗粒污染物、烟点、萘系烃、闪点等主要控制指标全部达标。2014年9月，抚顺石化生产出的合格航煤产品顺利通过了国家航鉴委专家组认证审核，并取得生产和销售许可证，航煤产品的大批量生产成为公司新的效益增长点，同时对整体物料平衡、丰富成品油品种、增加成品油产量以及企业减亏增效有着重要的意义。

◎ 案例撰写人：杨艳

给力的“分析设计法”

■ 寰球工程公司

为满足国内外设备技术的发展，寰球辽宁公司设备室对大型设备优化设计方法，采用压力容器的弹性分析设计方法和弹塑性失效准则来代替传统常规设计中弹性分析设计方法和基于经验的设计方法。

以塑性失效、弹塑性失效准则为基础的分析设计，是工程与力学紧密结合的产物。分析设计的优越性在于，通过应力分类，采用不同的应力强度限制条件，体现了“等安全裕度”的原则，“该厚就厚，该薄就薄”做到了尽量节省材料的要求，在同一台容器设计上做到了既不保守也不冒进。

随着加氢反应器的日趋大型化，在实际中就带来了局部高应力区、热应力区和如何降低材料使用的问题。在设计使用分析设计的方法，并对分析设计中具体的评定和实际情况进行革新。初步确定容器的总体及局部结构尺寸。由于有限元分析设计基本上属于“校核”型模式，容器各元件的结构尺寸均应设定初始值。应力分析中，分析对象包括容器的总体部分、总体或局部结构不连续区域等，应逐点求出所需要的各类应力。容器的总体部分不存在应力集中或疲劳强度减弱的现象，强度可以通过解析式计算得到保证。对结构不连续处于应力集中处通过有限元方法求解，在“等裕度”设计的强度条件下进行分析。这样降低了大型设备的总体材料费用，并且提高了苛刻工艺工况下复杂结构的安全性，符合现今市场要求下对安全性和经济性的要求，对开源节流、提高效益、提升市场竞争力有着现实的指导意义。

加氢反应器作为加氢装置的重要设备是技术革新应用的第一步。2013年以来设备室对中国石油大连石化公司柴油质量升级等多个项采用分析设计方法，大幅降低了材料费用。加氢反应器具体情况见表1，优化前后加氢反应器重量与投资金额对比见图1、图2。

表1　加氢反应器参数

项目装置名称	设备名称（位号）	工艺条件		常规设计设备总重（千克）	分析设计设备总重（千克）	节约材料（千克）	节约材料(%)
		设计压力（兆帕）	设计温度（℃）				
中国石油大连石化公司柴油质量升级项目200万吨/年柴油加氢精制装置（01单元）	加氢反应器（R-101）	8.4	425	478900	383120	95780	20
中国石油大庆炼化分公司柴油产品质量升级项目170万吨/年混合柴油加氢装置（01单元）	加氢反应器（R-101）	8.4	400	339587	271670	67917	19.9
中国石油乌鲁木齐石化分公司炼油厂柴油加氢改质项目180万吨/年柴油加氢改质装置	加氢精制反应器（R-101）	12.6	430	518577	432148	86429	16.6
中国石油乌鲁木齐石化分公司炼油厂柴油加氢改质项目180万吨/年柴油加氢改质装置	加氢改质反应器（R-102）	12.6	430	485947	431953	53994	11.1

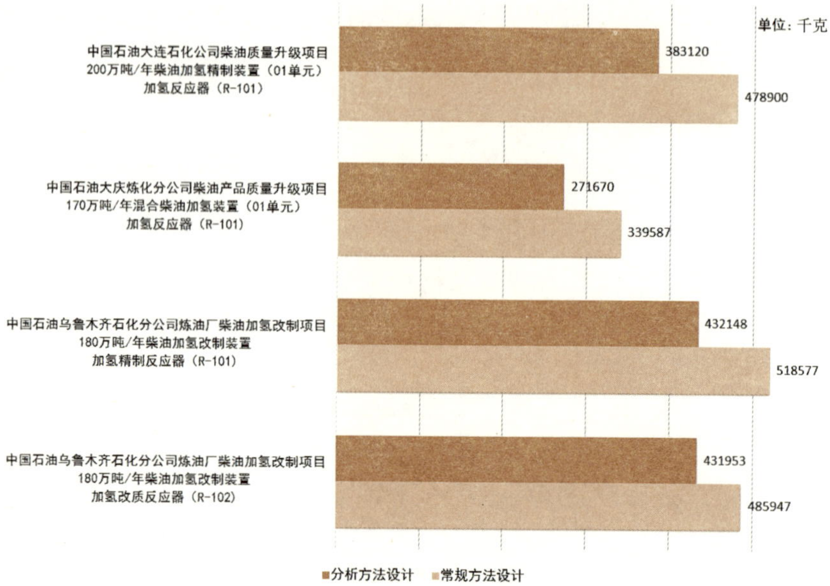

图1 加氢反应器优化前后重量对比

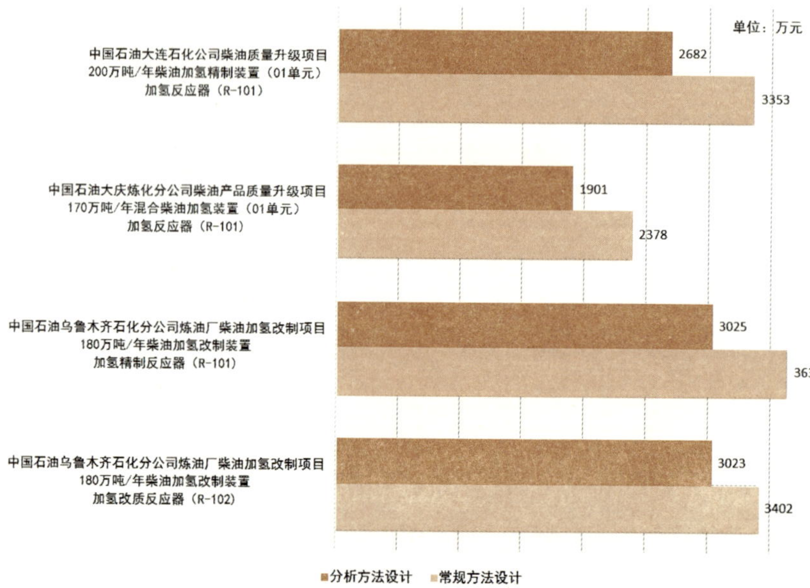

图2 加氢反应器优化前后投资金额对比

通过上表对已进行项目的分析，使用分析设计方法，应用在大型设优化设计上，可以大幅降低材料的使用，节约材料率在10% ~ 20%，加氢反应器通常使用价格昂贵的2.25Cr−1Mo钢板，材料使用的节省，可以带来巨大的经济效益。

◎ 案例撰写人：孟祥宇

知识链接

分析设计：是以塑性失效、弹塑性失效准则为基础的设计方法，是工程与力学紧密结合的产物。分析设计需要以详尽的应力分析报告为设计依据，以严格的选材与工艺质量检验为保证。要达到以上目的，必须采用一定的方法对应力的分布进行分析。应力分析的方法通常有解析方法、数值方法、实验应力分析，以有限单元法为代表的数值方法是目前工程设计中广泛使用的方法。

重锤换炸药　降本又环保

■ 东方地球物理勘探公司

东方地球物理公司华北物探处历时6年研发、改进、完善小折射重锤车，以重锤替代炸药优化施工方法，不仅有效地降低了施工成本，还在安全、环保上赢得了施工当地居民的认可。

华北物探处在内蒙古探区进行地震勘探，大炮生产早已采用了效率高、安全性能好的可控震源，只有小折射工序依然是炸药激发，给整个队伍的生产组织和管理带来了很大的不利，也与社会安全环保的大环境不合拍。华北物探处决心彻底割掉这个影响施工效率和安全、环保的“小尾巴”。

能否使用现有的震源来完成小折射的激发？经过分析、论证，这个想法被否决了。但是物探处没有就此停止不前，受到几年前用打夯机作为震源进行检波器极性对比的启发，人们萌发了研制“土震源”的想法。为此，华北物探处经过多次讨论，最终确定了设计思路。又与地方相关厂家合作，2009年研制了出了小折射重锤车。尽管简单、粗糙，但是基本实现了利用重力激发代替炸药激发的意图，理想变为现实，证明了大家努力的方向是正确的。

装备研制成功，并不意味着立即就被使用者所接受，从几个施工期的使用情况来看，该设备还存在着一些如通行困难、激发能量弱、故障率高等问题，一度影响一线员工使用积极性，如不改进，就会前功尽弃。针对上述情况，2011年年初，华北物探处就此专题立项，明确主攻方向，成立了小折射重锤改进项目组，抽调了精兵强将。为保证加工精准，能够落实改进思路，加强了同社会机械制造企业的合作。经过开题立项、理论研究、实施改造、试验定型等科学步骤，历时一年，最终升级版的重锤车完成制造。新的设备被命名为锤击震源车，它较第一款有了多方面的改进。解决了通行问题、重锤提升问题、重锤的运行轨道问题以及重锤与仪器的同步问题。为此2011年10月在乌兰花三维采集项目中进行了联机对比试验，最终检验设备能满足技术要求。为进一步追求重锤与仪器同步，职工群众开动脑筋，通过小改小革，设计简单易行的触发方式和触发器，确保了触发的有效性。

岗位感受

经改造后锤击震源车激发能量足，相比小重锤更能适应长排列接收。动力大，爬坡能力更强，能较好适应复杂地表施工。而且，大重锤激发一次就能得到较好的记录，提高了施工效率。

2012年年底至2014年夏，内蒙古启动的8个项目中（6个三维项目、2个二维项目），使用该锤击震源车代替炸药完成了所有小折射工作量，共计2311个点。使用该锤击震源车施工与以往在人员上没有变化，但在施工效率和安全性方面都有了大幅提高，减少了工农纠纷，同时省去了雷管、炸药的消耗，车辆数减少了一台。经统计，完成8个项目，节省燃油、炸药、雷管、工农赔偿等费用19.1万元。

◎ 案例撰写人：崔路广

知识链接

小折射：利用浅层折射波和直达波来研究表层结构的一种表层调查方法，是地震勘探工作中的一项重要工序，对于确定施工参数以及后期地震资料处理有着基础性作用。

老配件的新用途

■ 宝鸡石油机械公司

2014 年，四川宝鸡石油机械专用车公司固控事业部面对当前严峻的市场形势，为提高产品市场竞争力，固控事业部继续在提高产品技术含量和性能上下工夫，向产品改良升级要效益。随着钻井工业的进步，泥浆处理对振动筛要求越来越高，事业部原有的 GX 型双激振电机振动筛在泥浆筛分效果、泥浆处理量方面越来越不能满足钻井现场的要求。在此背景下，事业部和公司相关部门开发了 GX/S 型双轨迹振动筛。改型振动筛一经投入市场使用便获得了用户的极大肯定，用户在采购时便指定只要 GX/S 型双轨迹振动筛。随着新一代 GX/S 型双轨迹振动筛、双电机离心机等新产品的推出，固控事业部凭借过硬的质量和良好的服务，固控产品市场占有率获得大幅度的提升。

但是，由于组织生产的需要，还有大量老式 GX-1 型双激振电机振动筛的配件库存。为了将这些库存重新利用，变废为宝，为企业节能增效，固控事业部的所有技术人员积极行动起来，制定设计方案，设计了一种 GX 型双激振电机改进型振动筛，改型振动筛既能最大限度地利用 GX 型双激振电机振动筛的配件库存，又结合新开发的 GX/S 型双轨迹振动筛结构的优点，采用复合框架筛网、楔形块筛网张紧方式，双丝杆举升机构，结构合理，筛分效果好，泥浆处理量大。

新研制的GX型双激振电机改进型振动筛所使用的墙板、电机底座等关键部位均采用老式GX–1型振动筛库存配件，减轻了库存压力，减少了原材料的投入；在生产过程中事业部通过对原有厂房的清整排布加以利用，减少了场地的投入；使用原有的工装模具，简化了生产流程，提升了生产效率，减少了配套设备的投入；在减低生产成本的同时进一步丰富了事业部产品结构，真正实现了“开源节流降本增效”活动的具体要求。

固控事业部为保证GX型双激振电机改进型振动筛研制顺利进行，首先，加强组织领导，明确目标责任。确定领导片区分工，加强对具体项目的督促、检查和指导，强化现场管理。其次，着力提升GX型双激振电机改进型振动筛焊接工艺水平，确保产品外观质量。重点针对振动筛电机座、举升机构进行改进，同时通过技术讲解，现场示范、实际操作、组织考核等各种手段提高车间焊工的业务技术水平。再次，更换新材料，改进折弯工艺等手段，对GX型双激振电机改进型振动筛的护罩、墙板进行全面更新和调校，升级涂装工艺，通过增大刮灰面积、加厚漆膜厚度等措施，使新型振动筛产品外观及整体质量得到了明显提升。

目前，GX型双激振电机改进型振动筛已经试制成功。经理论设计、动态测试和初步使用表明，该筛的泥浆处理能力不小于每小时60立方米，完全能够满足现代钻井工艺的要求。

◎ 案例撰写人：孙喜

ORV 优化运行带来可观经济效益

■ 大连液化天然气公司

大连 LNG 接收站地处北方高寒地区，冬季调峰保供特征明显，燃气消耗高，给财务成本控制带来较大难度。按照设计要求，当海水温度高于 5℃时，开 ORV（见图 1）用海水汽化 LNG，汽化成本低，而当海水温度低于 5℃时，ORV 工作效率下降不能满足生产要求，必须启动 SCV（见图 2），使生产成本大幅增加。尤其是冬季保供 4 个月外输量高位运行汽化量大，启动 SCV 汽化成本高。

图 1　ORV（开架式汽化器）

为了寻找出一套既能满足北方地区冬季保供要求，又能合理降低能耗、增加经济效益的生产运行方案，2012 年大连 LNG 公司对 ORV 和 SCV 冬季运行做了认真总结和探索，根据实际运行工况和耗能分析，发现在具体生产实际运行中，当海水温度低于 5℃时，面板结冰高度（设计要求不能高于 3 米）在安全允许的范围之内，对

ORV 实际运行的影响可控，通过加强安全监护、及时调整海水分布等措施，能够满足 ORV 安全运行要求。于是大胆提出了改进 ORV 原设计的技术设想，制定了 ORV 低于 5℃运行优化方案。在保证设备安全运行的前提下，逐步提高 ORV 运行负荷，反复摸索试验确定低于 5℃同样可以满足正常汽化外输的需要，达到了节能降耗的目的，获得初步成功。

图 2　SCV（浸没燃烧式汽化器）

2013 年大连 LNG 公司继续总结推广 ORV 低于 5℃运行的成功经验，并且借鉴国外 LNG 接收站先进经验，探索试验了海水温度在 5 ~ 3℃时使用 ORV 的可行性。进一步优化了工艺流程，逐步完善生产操作规程，明确了操作巡检的具体要求，制定了专项应急预案，并在生产上形成了常态化管理，使 ORV 优化运行措施得到了全面实施，在确保安全平稳运行的同时，降本增效成果显著。2014 年，进一步巩固扩大 ORV 低温运行优化成果，对海水温度 3 ~ 2℃时使用 ORV 的可行性做了更加深入的探索，通过调整生产负荷仍可使用 ORV，并对生产工艺流程做了进一步的优化。

ORV 与 SCV 相比的优点：第一，流程工艺简单，便于操作；第二，联锁程序简单，运行平稳；第三，能耗水平较低，按照两者 200 吨／小时的额定负荷下 ORV 运行的成本仅是 SCV 运行成本的 8.6% 左右。因此，尽量减少 SCV 运行时间，增加 ORV 运行时间是减能降耗的关键。从能量消耗角度考虑，ORV 采用海水作为热媒仅消耗海水泵运行发生的电能，每台海水泵电功率为 1150 千瓦，而 SCV 运行不仅需要运行消耗电能的鼓风机（功率 450 千瓦）、循环水泵（功率 5.5 千瓦）和电加热器（功率 475 千瓦）等，更主要的是消耗燃料气。按照设计 SCV 消耗的燃料气占汽化 LNG 总量的 1.7%。

大连 LNG 接收站冬季外输量比较大，平均日外输量达到 1200 万立方米，大连地区海水温度低于 5℃的天数为 120 天。按原设计运行，冬季运行 2 台 SCV 并关停 ORV 测算，燃料气价格 4.13 元 / 米^3，外输耗电成本为 307 万元，运行成本为 10417 万元。而目前 1 台 SCV 运行总成本 1688 万元，节约 8729 万元。

◎ 案例撰写人：陈帅　胡文江

知识链接

开架式汽化器(ORV)：Open rack vaporizer （简称 ORV）是以海水作热源的汽化器。由若干传热管组成板状排列，两端与集气管或集液管焊接形成一个管板，再由若干个管板组成汽化器。运行时，汽化器顶部的海水的喷淋装置将海水喷淋在管板外表面上，依靠重力的作用自上而下流动，LNG 在管内向上流动，在海水沿管板向下流动的过程中，LNG 被加热汽化。

浸没燃烧式汽化器(SCV)：Submerged Combustion Vaporizer（简称 SCV）是利用燃料（如煤油、汽油等）作热源的汽化器。主要由水箱、加热盘管、气体燃烧室组成。工作时，火焰直接加热经过反渗透处理过的水，再用水加热浸在水中的管束使 LNG 汽化。

三项技改降电耗

■ 宝鸡石油钢管公司

直缝钢管生产的过程中，电能成本约占生产总成本1/3。特别是2014年以来，工厂主要以生产小管径薄壁管为主，通过对一个季度可控费用的统计分析，总结出电能是超出可控费用定额最多的一项，节能降耗工作的必要性和紧迫性不言而喻，为此直缝工厂完成以下三项设备节电技术改造，为节能降耗工作的顺利推进开了个好头。

▶ 运管横移小车节电技术改造

公司持续开展节能降耗活动，直缝工厂进行了运管横移小车节电技术改造（见图1）。直缝工厂有41台横移车，设备刚刚投入运行时，在小车启动后，车载液压站一直处于运行状态，一天要整整运行24小时，升降油缸没有动作时，电能转化成的液压能就从溢流阀白白损耗掉了。经过测算，每年浪费的电能在200万千瓦时左右。经过技术攻关，技术人员对小车的PLC自动控制程序进行优化编写，控制车载液压站只在举管过程中启动，并且对小车自动取管、运管等动作顺序进行重新设定。这些节电技术的有效施行后，大大减少了小车的导、运管次数，液压站工作时间也由每天的24小时不间断降低到现在每天工作时间不到1小时。运管横移小车的节电技术改造实施后，为公司节能降耗工作开了一个好头，为直缝工厂的钢管生产成本降低奠定了扎实基础。

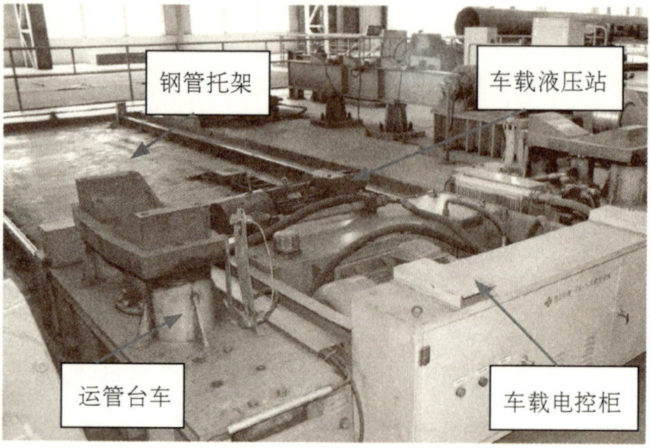

图 1　运管横移小车

▸ 供配电电能分配系统优化

在公司开展降本增效的号召下，各个部门通力协作，顺利实现了直缝工厂内外焊变压器的母连、合并工作。合并以前，这两台变压器的额定容量都远大于实际使用量。经过技术论证，可以合并（见图 2)。合并变压器后节约变压器固有的空载损耗（包括铜耗和铁耗等基本损耗），按基本损耗 2% 计算，2000 千瓦 ×2%=40 千瓦，一年可以电约 350400 千瓦时，节约用电费用 15 万元左右。

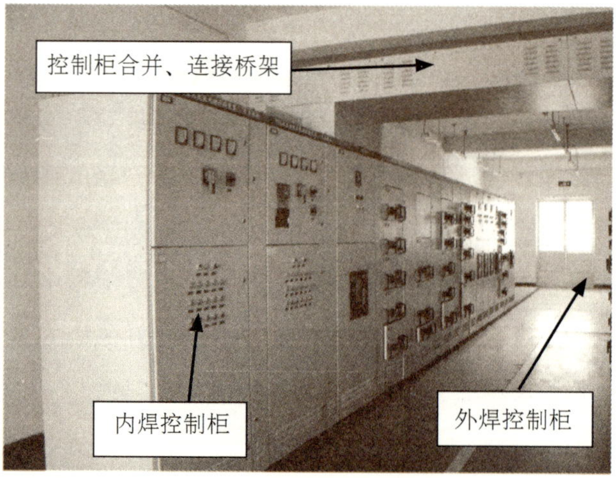

图 2　合并后的内外焊控制柜

▸24 区钢管厂内暂存库设备控制系统优化

为了提高生产线设备运转率，对 24 区厂内暂存库的传输设备控制系统程序进行优化（见图 3）。

图 3　24 区暂存库布置图

24 区暂存库的传输设备控制系统的效率低下。首先，钢管传输时，一排 20 个辊道同时运行；其次，横移小车的运管、倒管程序设计不合理，导致运管、倒管动作频繁，效率低下。技术人员通过 PLC 自动控制系统对暂存库内运管台车、辊道的运行优先级程序进行重新编写，提高了出库效率大约 40%，这一举措提高了整个生产线设备运转率 5%，每吨钢管用电消耗降低了 5%，年电约 25 万千瓦时。

◎ 案例撰写人：张洪　高财禄

知识链接

PLC：即可编程逻辑控制器，它采用一类可编程的存储器，用于其内部存储程序，执行逻辑运算、顺序控制、定时、计数与算术操作等面向用户的指令，并通过数字或模拟式输入／输出控制各种类型的机械或生产过程。PLC 控制器就相当于机器的大脑，机器就相当于人的躯体，电、气、液等就相当于人的肌肉与神经，PLC 发出指令，通过电、气、液等将能量传给机器，机器执行。

海外菜园子推动节支增收

■ 华油集团公司

阳光国际公司是华油集团下属的全资子公司，成立以来，秉持着“中国石油大旗插到哪里，华油集团的服务就跟到哪里”的理念，努力打造中国石油海外“总后勤部队”，积极推进国际化专业服务公司建设。多年来，伴随中国石油海外业务发展的脚步，阳光国际在物业配餐业务的服务能力提升方面积极探索，以实际行动赢得了广大石油将士和社会各界的认可。

在气候条件恶劣、安全局势紧张的国家和地区，日常餐饮的蔬菜水果供给曾一度成为困扰阳光国际餐饮服务的难题。一方面，前线石油开采项目距离市场较远，新鲜蔬菜采购运输至少需要 2 ~ 3 天，严重影响蔬菜的品质和口感；另一方面，由于当地蔬菜种植品种少、产量低，导致采购成本居高不下，员工餐饮费用急剧上升。一旦遇到所在国出现短时战乱，前线项目员工的日常蔬菜供给还存在“断粮”的风险。为从根本上解决这一问题，丰富蔬菜品种、保障海外石油将士餐饮蔬菜供应，科学使用资金，节约采购成本实现开源节流。2011 年起，阳光国际公司在华油集团的全力支持下深入调研，到非洲、中东等地开展环境勘测，了解气候、土壤、技术、市场条件，在此基础上提出了海外物业配餐“菜园子建设”思路，致力满足中国石油海外员工菜禽类供应需要，同时以采摘、赏景等活动形式丰富海外员工的业余生活。

在建设海外菜园子的过程中，阳光国际公司坚持由小面积试点到扩大种植区域范围，由单一种植品种到种植多种蔬菜品种；由露天种植到建设蔬菜遮阳棚、蔬菜大棚，逐步摸索适合当地土壤和气候环境、保障种植品种繁多的菜园子建设方法。根据当地的气候和土壤条件，结合物业配餐生产条件，通过聘请专业农技师分析和指导，改良土壤，规避河床类土地较多、土壤沙化、日照时间过长等不利条件，完善菜园子基础设施，由种植蔬菜逐渐向玉米、花生等农作物及家禽类一体化发展。

阳光国际公司自 2011 年 3 月在海外项目进行菜园子试点建设至今，在乍得、尼日尔、南苏丹、伊拉克和阿尔及利亚等 5 个国家已建有 12 个农业生产基地，年产蔬菜水果约 720 吨、禽畜 2000 多只（头），约实现收入近 700 万元人民币。其中，以南苏丹、乍得、尼日尔等地的菜园子建设成效较为显著，充分发挥了餐饮供应、丰富市场、观光采摘和战时物资储备等功能，大大降低了蔬菜和禽类的采购成本，并取得了一定的销售收入。

◎ 案例撰写人：王宏进　丁亚庆

深挖创新创效潜能

■ 钻井工程技术研究院

控压钻井是解决复杂地层压力情况下钻井施工难题的一项关键技术，多年来一直为国外大石油公司所垄断。一方面是特殊敏感区块勘探开发所急需；另一方面国内还没有开展这方面的研究，从而造成国外公司的垄断，服务价格居高不下。作为中国石油直属科研机构，中国石油钻井院在成立后不久就确立了这一科研攻关方向，承担起这项重要责任和使命。

钻井工艺研究所历经多年攻关，于2011年自主研发出PCDS-Ⅰ精细控压钻井系统，并被评为当年中国石油十大科技进展，获批“国家战略性创新产品”，获得集团公司科技进步一等奖、石油化工联合会科技进步特等奖等荣誉。面对业内的一致好评和赞扬，研发团队并没有沾沾自喜、停滞不前，他们紧紧围绕现场需求，加强科技创新，深挖创效潜力，解决实际难题，研制出PCDS-Ⅱ精细控压钻井系统，大幅降低了控压钻井装备的制造和服务成本，带来了良好的经济和社会效益。

通过设计方案小改动，节省人力物力。PCDS-Ⅰ精细控压钻井系统的使用中，清理通道过滤器费时、费力，而且清理的次数频繁，导致现场的工作量很大，一支控压钻井服务队伍需要10个人。科研工作者结合反映出的问题并根据设备的设计方案，最终在原有基础上进行整改，采用简易螺纹的形式代替原来沉重、紧固的法兰盘，原本清洗一个通道过滤器至少要两个人用 50 号呆扳子和大锤花费大概一个半小时才能完成，更新后的通道滤子 1 个人用一根撬棍 15 分钟就能完成清理工作，同时加工一个法兰盘的成本是简易螺纹的 5 倍以上。这一改进虽然微小，却大大节省了现场人力和财力，降低了劳动量，现在一支控压钻井服务队伍只需要 8 个人。

通过技术创新，实现降本增效。研发团队秉承“科研永无止境”的理念，扎根现场，认真听取现场操作人员的真实感受和建议。PCDS-Ⅰ精细控压钻井系统起初为了满足复杂的现场工艺需求，将节流通道设计为 3 个，分别是主用通道、备用通道、辅助通道。经过数十口井的现场服务和论证，在 PCDS-Ⅰ精细控压钻井系统的基础上可以再改进简化，将备用通道和辅助通道合二为一，也能满足现场的作业需求。科研人员将专业知识和现场工作经验相融合，进行大胆创新，经过多次的方案讨论和室内大量的实验，成功研制出 PCDS-Ⅱ精细控压钻井系统（见图 1)。PCDS-Ⅱ相比 PCDS-Ⅰ在功能上没有大的变化，但是结构进行了优化，每套装备加工成本节约了近 300 万元，后续配件至少节约 100 万元。同时，PCDS-Ⅱ采用了模块化设计，可以根据工艺需要和现场条件等因素进行选择组合使用，采用成套系统或者单独设备，更加灵活方便，同时现场服务人员相应减少 1～2 人。结构的优化，有效降低了装备在运输、安装、使用过程中的人员、工作量和成本，在控压钻井服务市场竞争日益激烈的背景下，在不降低服务品质的同时，降本创效，提高效益，凸显了技术创新带来的成效。

岗位感受

在现场科研攻关中，要做到勤看、勤跑、勤记、勤问、勤思考；深入实际，注重细节，对技术问题不弄懂不放过，在科研工作的时候要立足现场，实事求是。

图 1 PCDS-Ⅱ精细控压钻井系统

PCDS-Ⅰ、PCDS-Ⅱ精细控压钻井系统的成功研制，标志着精细控压钻井系统向模块化、效益化成功转型。精细控压钻井装备的改进和更新，带来了巨大的效益。这一系列科研创新符合集团公司开源节流、创新创效的经营理念，也为节约制造成本，推动控压钻井工艺进步，开拓国外和海洋控压钻井市场奠定了技术基础。

◎ 案例撰写人：周英操　郭庆丰　翟小强

权威点评

当今世界的竞争力，更多来源于创新，精细控压钻井装备的成功研制、改进和更新，向模块化、效益化成功转型。这一系列科研创新，体现了开源节流、创新带动创效的经营理念，为节约制造成本，推动控压钻井工艺进步，开拓海外、海洋市场做出了好的示范。

——钻井工程技术研究院院长　石林

开启新鲜水节约过滤模式

■ 阿姆河天然气公司

自 2014 年 5 月阿姆河天然气公司第二天然气处理厂正常投产运行后，新鲜水装置除铁锰过滤器和纤维球过滤器同时运行。截至 2014 年 11 月 7 日，经过半年的数据分析，原设计新鲜水自耗量为 92340 立方米，实际运行的新鲜水自耗量为 20880 立方米，节约用水 71460 立方米。这在沙漠地区是非常可观的节能效果，同时具备良好的经济效益。

2014 年投产初期，新鲜水单元运行除铁锰过滤器和纤维球过滤器，每天除铁锰过滤器反洗水需要 288 立方米，每天纤维球过滤器反洗水需要 225 立方米，新鲜水装置反洗水量合计为 513 米^3/ 天。主要原因在于除铁锰过滤器反洗水泵单台反洗水量为 6 吨 / 分钟，每次反洗时间为 4 分钟，四台过滤器三用一备，每 2 小时反洗一次，连续运行 24 小时。由此计算每天除铁锰过滤器反洗水量为 288 米^3/ 天，半年以 180 天计，消耗新鲜水 51840 立方米。纤维球过滤器反洗水量为 5 吨 / 分钟，每次反洗时间为 5 分钟，三台过滤器为两用一备，每 2 小时反洗一次，连续运行 24 小时。由此计算每天纤维球过滤器反洗水量为 225 米^3/ 天，半年以 180 天计，消耗新鲜水 40500 立方米。由此，新鲜水装置半年反洗用水量合计为 92340 立方米。

在新鲜水各项指标合格、生产安全有效保障的前提下，为了减少反洗用水量，调整过滤器实际运行时间，经长期运行后，除铁锰过滤器和纤维球过滤器根据实际生产需要，由24小时连续运行调整为间断运行，据统计平均每天实际运行时间约为16小时。调整过滤器运行模式，根据生产实际情况，将自动运行过滤器模式调整为手动模式，由操作工根据工况实际需要进行人工启动过滤器。调整过滤器反洗时间：最初设计新鲜水水质为依据，设计上的反洗过滤器水量远远高于实际，通过新鲜水水质指标，观察反洗水洁净度等多种手段，最终将初设除铁锰过滤器4分钟过滤时间调整为2分钟，将纤维球过滤器初设5分钟过滤时间调整为1分钟，由此大大减少反洗水量。

根据调整措施后，除铁锰过滤器反洗水泵单台反洗水量为6吨／分钟，每次反洗时间为2分钟，四台过滤器三用一备，每2小时反洗一次，连续运行16小时。由此计算每天除铁锰过滤器反洗水量为96米^3/天，半年以180天计，消耗新鲜水17280立方米。纤维球过滤器反洗水量为5吨／分钟，每次反洗时间为1分钟，三台过滤器为两用一备，每2小时反洗一次，连续运行16小时。由此计算，每天纤维球过滤器反洗水量为20米^3/天，半年以180天计，消耗新鲜水3600立方米。由此，新鲜水装置每年能节约新鲜水14万立方米。

◎ 案例撰写人：陈廷库　冉文付　陈冠杉

第3章 全员创新，夯实节支降耗之基

聚沙成塔、积水成渊，节支降耗从我做起，点滴入手。为节支降耗献计，为压缩成本献策，来自基层、源于岗位的技术创新、修旧利废、工艺再造、发明创造，为企业创造着不菲的价值和效益。层出不穷的小发明、小革新、小改造、小设计、小建议，凝聚着广大员工群众的智慧和力量，体现着广大员工群众迎接挑战、战胜困难的信心和决心。

不一样的野营房

■ 塔里木油田公司

塔里木油田作业区域遍及塔里木盆地周边南疆五地州 20 多个县市，最远的作业区距离总部库尔勒 1200 余千米。油田勘探开发、地面工程建设临建设施较多，且大多在沙漠、山地、戈壁等艰苦环境，缺乏可依托社会资源，野营房成为油田各行业各工种一线员工办公、生活的必需品。

由于勘探开发区域广、施工队伍流动性强，油田各单位营房搬迁流动性非常大，每年产生大量运输费用。以目前油田普遍使用的野营房为例，一间长 9 米、宽 3.5 米、高 3 米，重 7 ~ 8 吨的普通野营房，需用 30 吨位的大卡车拉运，且一次只能拉运一间，运输成本较高。塔里木油田建设工程有限责任公司构件生产部于 2013 年起，突破现有制作工艺，研发出一种具有市场竞争优势、可折叠的新式野营房，既为客户节省运费，又能为公司创造效益。

任何一款新产品的诞生，都需要经过不断的探索和实践。研发设计人员本着实用、合理耐用、便于运输的原则，确定了“可折叠和节能环保”的创新设计理念。设计中，需将 3 米高的野营房折叠到 1 米以下，同时引入新技术、新工艺，既延续原野营房坚固耐用、保温、防雨、防寒等特点，还要使设计兼具人性化。

设计人员在原野营房设计的基础上，在营房左右山墙底部、前后墙中间部位加装结实耐用的转动合页（铰链），以便达到折叠目的。拆卸时先将左右山墙向内折叠，再将前后墙体向内折叠（见图1、图2），使整体营房缓缓下降，达到缩小空间的目的。

图1　野营房墙体折叠正面图

图2　野营房墙体折叠侧面图

首个制作折叠式野营房设计为长9米、宽3.8米、高3米，折叠后高度可降低为0.9米（见图3、图4）。

图3　野营房折叠前

图4　野营房折叠后

为验证设计的可行性，研发小组首先制作了折叠式野营房模型，并对模型进行全方位的试验和论证。一是试验营房整体的牢固性，二是试验营房折叠的灵活性，三是试验营房主体结构的可靠性，四是试验营房的密封效果。技术人员对试验

岗位感受

我们一直梦想着能为客户提供一种功能齐全、拆卸方便、坚固耐用、便于运输的新型野营房。通过几年的不懈努力和反复试验，我们让原来庞大的野营房像传说中的变形金刚，实现大变身，拉运车跑一趟能装好几个，为客户带来经济实惠和方便，我们感到由衷的欣慰。

结果进行了论证和评估，证实该营房既有原野营房的使用功能，能够完全满足安全正常使用的要求，又达到了节约运输成本的目的。为增加安全性，设计人员还在重要节点和关键部位加大了原材料强度，满足了折叠式野营房安全可靠、经久耐用、使用方便、科学合理的使用需求。为了节约能源，在折叠式野营房顶部安装了太阳能装置。营房内部设施（衣柜、床、桌、椅、电视、空调等）按照设计要求定置折叠盒摆放，在营房山墙顶端配有空调主机固定箱、蓄电池存放箱、杂物箱等，合理使用内部空间。折叠式野营房安装快捷，使用吊车或汽车自带吊就可完成安装，折叠、竖立安装过程不超过 10 分钟。

经初步测算，折叠式野营房优化了内部设计、减少了钢材的使用，重量比普通野营房减轻 2 吨以上。虽然增加了一部分高新材料费用，但整体制作成本比普通野营房降低 15% 左右。同时，使用 30 吨位大卡车一次可拉运 4 个折叠式野营房，运费节约 75%。2015 年 5 月，折叠式野营房获得国家实用新型专利，成为国内同行业的首创和领先产品，可广泛应用于油田建设、矿区开发、应急抢险、抗震救灾、野外宿营、军事训练、牧区住房等各种野外施工生活。

◎ 案例撰写人：鞠宝军　金锋　崔永峰

自吸式加重装置省钱省力又环保

■ 渤海钻探工程公司

目前国内外钻井作业提高泥浆比重有两种方法：一种是简易的加重装置，需要多人配合作业，劳动强度大，粉尘挥散较多，造成污染环境，危害职工健康。或者使用吊车配合作业，又增加了安全风险和成本支出；另一种是增加大型设备实现自动加重，成本较高，不可能大规模普及。

以前钻井队所用重晶石都是小包装，需要钻井工人搬运到加重漏斗处，一袋一袋往里加。这种方法需要几个人配合，劳动量大，粉尘多。后来，为了解决70型钻机加重量大、小包装重晶石加重效率低且回收不便的问题，小范围内使用“吨包”加重（一包重晶石重量为一吨）。这种加重需要吊车辅助作业，虽然降低了劳动强度，提高了加重效率，但是吊车费用较高，推广难度大。

有没有一种加重方法，既可以降低工人的劳动强度，节省人工，又可以减少成本支出？这是董洪铎和梁中杰苦苦思索的问题。最初的时候，他们虽然不知道要将加重设备改造成什么样子，但是他们有一个共识：即不增加大型设备，且改造容易，结构简单，安装方便，能够降低劳动强度，减少环境污染和作业风险。

在一次加重过程中，梁中杰无意间将手放在漏斗的网状隔板上，他感觉到了来自漏斗的吸力。由于漏斗的喇叭口较大，吸力并不是很强劲，如果把喇叭口缩小，吸力是不是会增大？但是改造漏斗喇叭口难度较大，而且一旦失败，还要恢复原状，费力又费钱。

经过多次试验，梁中杰借鉴“疏堵原理”，在漏斗下方加装一个自吸入装置（俗称“三通”），外接一根3米长的2英寸PVC透明钢丝软管。自吸入装置通过法兰分别与上方的漏斗和下方的射流装置连接，并与上方的漏斗和外接的吸入管线之间分别安装蝶阀（见图1）。加重时，将漏斗下方的蝶阀关闭，将软管线的蝶阀打开，这就相当于用外接的软管线来代替原来漏斗的功能。

岗位感受

钻井队场地工刘富强：自吸式加重装置解放了我们的劳动力，让加重变得更简单、更省力、更环保。小小一点改动竟然带来如此大的变化，使我们更加认识到，节支降耗不仅仅局限于大改造、大改进，还包括岗位上的小改善、小改进。只要我们抓住问题不放手，敢于尝试，小智慧也能创造大效能。

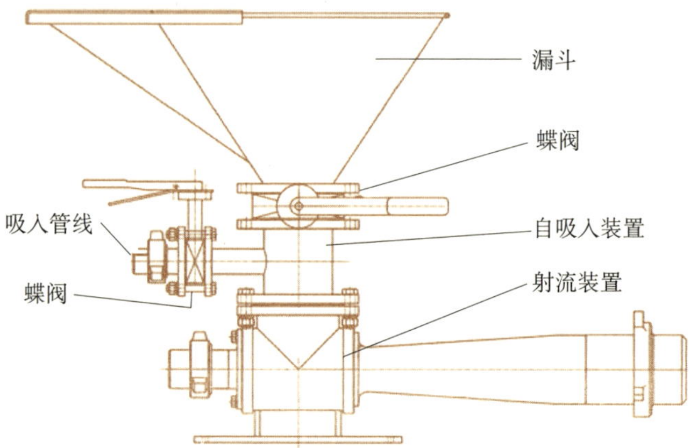

图1　自吸式加重装置结构示意图

操作时，砂泵将钻井液从泥浆罐中抽出并加压，高压钻井液通过射流装置，根据射吸原理，自吸入装置内便形成负压，在压差的作用下，重晶石粉通过吸入管线从重晶石包进入加重装置，均匀混入钻井液，完成加重（见图 2）。

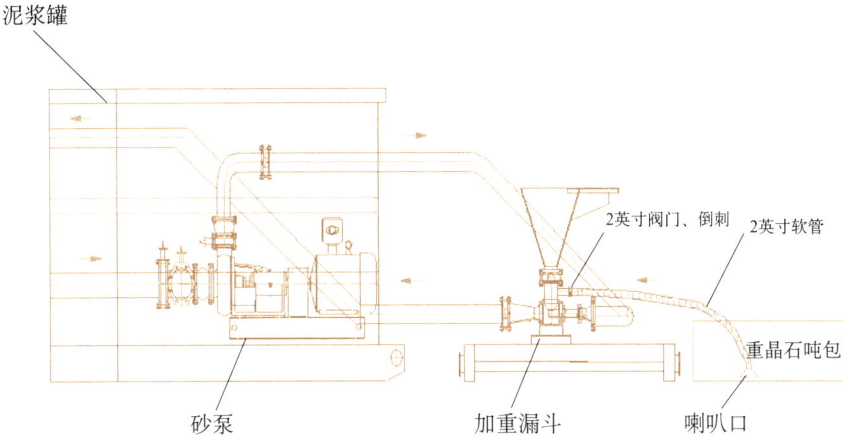

图 2　自吸式加重装置流程示意图

自吸式加重装置的成功应用带来了三个效能：一是创新了加重方式，解放了劳动力，为推广“吨包”方式加重提供了条件。小包装重晶石粉易丢失、挥散，不利于回收管理。有了自吸式加重装置后，可以大规模推广“吨包”重晶石，一个人就可以完成加重，提高了劳动效率；二是节省了成本支出。以往采用“吨包”时，必须有吊车配合，一台班吊车费用是 2000 元，一口 3000 米的井花费近万元。目前，该公司每年完成 3000 米以上井近百口，推广自吸式加重装置后，每年可节省百万元；三是更加环保健康。避免了重晶石粉在搬运、加重过程中的挥散，减少了粉尘污染，保证了员工职业健康。

◎ 案例撰写人：朱鹏

知识链接

射吸原理：工作流体（泥浆）从喷嘴（砂泵）高速喷出时，在射流装置入口处因周围的空气被射流卷走而形成真空，被输送的流体（重晶石粉）即被吸入。两股流体在射流装置中混合并进行动量交换，使被输送流体的动能增加，最后通过扩散管将大部分动能转换为压力能。

权威点评

群众的智慧和力量是无穷的，挖潜增效、节支降耗是公司战胜当前困难的重要手段之一；创新、创造和创效则是前者的更高层次。第一钻井公司70125、70026和50620钻井队干部员工创新创造出来的“自吸式加重装置”，挖了技术的潜，增了经济的效，节了石粉、土粉的支，降了人工的耗，充分地展现了钻井人的聪明和智慧，是创新之举，含创造之功，收创效之实。事实再次证明，实践是创新之源，群众是创造之根。我坚信，有三万奋勇争先的铁人子弟兵，我们就一定会战胜前进路上各种艰难险阻，建成优势突出的国际化石油工程技术服务公司。

——全国“双百”人物、当代青年榜样、渤海钻探工程公司总经理　秦文贵

一剂“良药”巧治设备“怪病”

■ 大庆石化公司

2014 年，大庆石化公司化肥厂通过自己发明、制作、安装静电导出装置，成功解决了合成气压缩机中压透平（103JBT）轴位移频繁上升“顽症”，为装置首次真正实现“两年一修”长周期生产提供了保障。

设备突然“病了”。103JBT 是化肥厂合成气压缩机中压透平，是合成氨装置生产的四大机组之一。2013 年 9 月 22 日，平日里运行良好的合成气压缩机中压透平轴位移突然上升，且上升速度非常快。到了 2013 年 12 月 9 日，合成气压缩机中压透平轴位移已经开始红灯报警，无奈之下，化肥厂只能组织进行临时抢修。

但是没过多长时间，103JBT 轴位移又有了上升的趋势。什么原因导致轴位移频繁上升？如何解决这个问题？一时成了大家关心的热点问题，更成为了化肥厂领导班子的一块心病。

“病因”找到了。“止推瓦块轴承磨损面为什么不均匀，而且磨损面和未磨损面有一条明显的界线？什么原因导致呢？”带着这些疑问，维修车间设备技术员邵东波和其他专业技术人员一样开始积极思考并多方面寻找问题根源。为此，他查阅了大量的专业书籍。工夫不负有心人，在一本名为《设备故障诊断》的专业书籍中，根据书中止推瓦磨损现象的问题分析，结合 103JBT 轴瓦磨损特征，他初步判断为轴瓦电击损伤，也就是转子带电导致的。转子带电的途径一般有两种：一种是由于湿蒸汽中的微小水滴喷射到转子叶片上时，由于液滴与喷嘴的摩擦而起电，带电液滴又把电荷带到转子动叶片上，造成转子带电；另外一种是润滑油分子与油泵出口过滤网碰撞与摩擦可导致油分子带电，带电的油分子经过很长的输油管线把电荷携带到转子轴颈表面，在转子上积累电荷，使电压升高。这一想法立即得到了车间和厂领导的高度重视。为了验证此说法是否正确，化肥厂立即安排专业技术人员测量了103JBT转子的对地电压。测试结果为31伏，正好在典型轴承损伤电压之间。一般认为，足以引起轴承电流损伤的电压在20伏以上，典型的轴承损伤电压在30 ~ 100伏。

设备“有救”了。问题根源找到了，就需要对症下药。如果想减小或消除轴承电流引起的损伤，主要是限制轴电压的升高。限制和降低轴电压的方法有很多种，使用较多的是各种形式的接地装置，例如：采用碳刷、金属滑靴、水银槽、水密封等方法把转子与机壳连接起来，使转子对地导通，以防止转轴上静电电位的升高。化肥厂维修车间专门制作了一个静电导出装置（见图1、图2），把该放电装置安装在汽轮机轴承与汽封之间可以看到转子的部位，调整配重，确保铜刷能够刚好与转子接触，而不至于磨损转子。

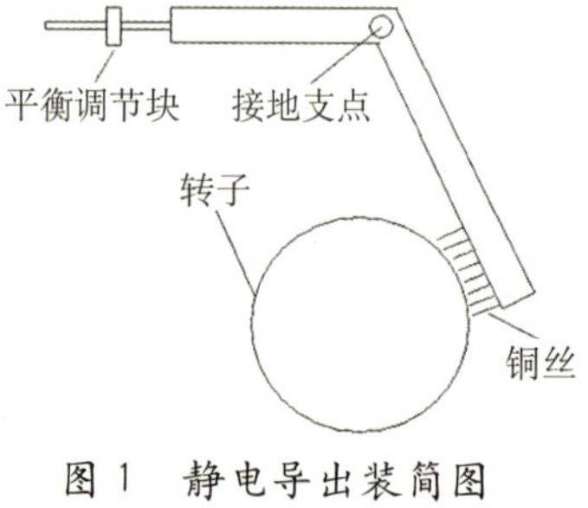

图1　静电导出装简图

图2　静电导出装置实物图

经过测试，安装静电导出装置后，转子的对地电压从原来的31伏下降到最高值才只有50毫伏，设备运转平稳，再也没发生转子轴位移上升和轴瓦磨损现象。在解决合成气压缩机中压透平轴位移上升的问题后，这个厂将这一做法推广使用到氨压缩机和二氧化碳压缩机中压透平上，也都相应解决了设备问题，为装置长周期运行提供了保障。此静电导出装置制作安装费用不足100元，但却彻底解决了大机组汽轮机转子产生静电压导致的轴承电击损伤、轴位移上升的生产瓶颈，节省设备维护资金及装置停车检修费用约500万元。

◎ 案例撰写人：马占富　邵东波

知识链接

汽轮机转子放电：转子对地存在着电阻（例如油膜电阻、接触电阻等），转子一旦带电，就能建立起对地电压，当电压升高到某一数值，就在电阻最小的区域击穿绝缘通路，发生电火花放电，对设备造成损害。

权威点评

这一案例不仅找到了问题成因，还通过巧妙便捷的处理措施，解决由于静电导致机组透平位移上升给安全生产带来的困扰，成本低廉，效果明显，在石化行业大机组管理中具有广泛推广价值。

——集团公司技能专家　左成玉

“钓鱼”钓出来的电缆铠甲

■ 大庆油田公司

大庆油田第二采油厂第六作业区采油48队采油工刘丽，是一名采油高级技师，也是油田大名鼎鼎的技术革新能手。2012年年初，刘丽发现螺杆泵井井口裸露电缆的护管存在不少问题：一般情况下，电缆护管由一根长度2米左右的铁管或PVC管做成“L”形，包住电缆，按要求要埋地40厘米。但是，护管与电动机接线盒连接处，用密封胶带缠绕，固定不牢靠（见图1）；护管整体长度大，往里穿电缆时很费力，尤其在冬季，电缆冻得硬邦邦的，不易打弯，往护管里穿更费；护管底部为一直管，管头与电缆接触处直接摩擦，反倒更易造成电缆外皮的磨损（见图2）；最困难的是调整电动机位置或作业施工时，必须先移动护管，将护管整体从井场上挖出，待操作结束后再将护管重新埋好。夏天好办，冬季来了，土冻得异常坚硬，取护管特别难，就算取出后，也只能等待第二年天气转暖后才能恢复（见图3）；另

岗位感受

螺杆泵井在油田很常见，采油工每天都要维护它安全、正常生产运行。使用“螺杆泵井多功能电缆护管”后，不仅保护了电缆，操作中还省时、省力，即使冬季电缆冻硬后，穿管工作也变得容易了，受到员工们一致好评。这套护管结构并不复杂，却很实用，更关键的是启发了大伙儿“革新并不难，关键要用心，要善于发现问题”。

外，如果是 PVC 材质制作的护管，冬季冻硬或长时间使用老化，就容易发生断裂（见图 4）。刘丽下决心必须得把电缆护管改进一下。

图 1　护管与电动机接线盒用胶带连接，易晃动及歪斜

图 2　护管长度大，穿电缆很费力，护管底部为直管，管口磨损电缆外皮

图 3　作业现场护管拆除，地面破坏

图 4　PVC 材质护管，易断裂

护管头部设计成卡箍形状，通过紧固螺丝实现和电动机接线盒牢固连接。护管整体长度近 2 米，电缆不易穿过，她把护管进行裁分，分成四个部分：横向的直管段、纵向的直管段、弯管段（裁分成两片半圆弯管）、埋地管段。这样即使在寒冷的冬季，也可快捷地穿过电缆。同时埋地管段插入地下，与地面护管部分是分体的，作业施工时，只需将卡箍卸开，将护管上部部分拆除即可。施工结束后，再将上部重新安装，这样就避免护管整体拆装及对井场的破

坏。为了防止护管底部钢管与电缆的直接摩擦，刘丽又将直管口做了豁口设计，有效保护了电缆。

新护管很快安装到井上，拆装方便，操作简单，还真不错！可没多长时间，新的问题又出来了。原来，刘丽设计的护管高度是按选定的井设计的，可现场每口井井口高度不一样，也不能一口井一口井量了之后再按不同尺寸加工呀！无法推广应用，那这项革新的作用就太小了。

刘丽的弟弟特别喜欢钓鱼，总能满载而归。一天晚上，弟弟又回来了，拎着鱼忙着向家里人炫耀他的成绩。那几天刘丽天天脑子里思考的都是如何解决电缆护管问题，她弯腰帮助收拾地下的一大堆钓具。当擦拭到鱼竿时，无意间抽动了鱼竿，猛然间，灵光一现，刘丽恍然大悟，鱼竿的套杆结构不就可以解决护管长度调节的问题了嘛！

太好了，想到就做，当晚，她就画出横向及纵向采用套装管的护管图纸，第二天就交给加工车间进行制作。

这下好了，改进的护管纵向上采用套装管，对于不同高度的井口，只需调节套装管的连接位置，并用螺钉固定即可；横向上也采用套装管，当调参、换皮带需要调整电动机位置时，可一定范围内伸缩套装管即可，不需将护管整体从井场挖出。最大的收益是每次拆装操作由 40 分钟缩短至 10 分钟，方便快捷；最关键的是它能适应不同电动机位置随意调整，可调换重复使用，节省材料费用。

经过两年的推广，刘丽的螺杆泵井多功能电缆护管（见图 5）已经在第二采油厂安装了 500 套，2015 年还要在全油田继续应用。

图 5　螺杆泵井多功能电缆护管

◎ 案例撰写人：刘丽　于祝革

知识链接

油田采油用螺杆泵：是单螺杆式水力机械的一种，因为螺杆泵具有一次性投资少、维护费用低、泵效高、占地面积小、适应性强等诸多特点，在油田生产中快速广泛的应用起来。

由小变大的“吨箱”

■ 玉门油田公司

200 升大桶包装是钻采工程研究院化学助剂中心的“主角”（见图 1），从生产投料，到产品灌装，再到产品运转、客户使用，全程离不开它的身影。简洁、方便的包装形式同时也给我们带来了苦恼：部分作业需要人工搬运和倒料，磕磕碰碰在所难免；输转过程中桶体变形，损毁严重；劳动强度大，安全风险高……能不能更换“主角”，找到更好的包装形式，来解决以上难题呢？

图 1　200 升大桶包装为生产运输带来了麻烦

中心经过多次讨论与比对，对市场上的各种包装进行了调研与走访，决定选择一种更符合实际需求的包装物，即“一吨箱”（见

图 2)。

通过对包装物的筛选，中心选择了市场上较为流行的“一吨箱”进行试用。“一吨箱”的优点主要有：一是相对于 200 升包装大桶，大大简化了包装操作，避免产品包装过程中的浪费。二是对使用方而言，使用更加方便，减少了倒料的体力支出。三是吨箱外围加装了金属保护框，可以多次循环使用，大大降低了包装成本。四是吨箱底部有箱座，叉车搬运、装卸产品时更加迅速和便利。五是吨箱顶部有进液口，底部设有放液口及阀门，侧面有容积刻度，保证了包装量和使用量更加准确，避免了浪费。

图 2　一吨箱使用起来方便简捷

在“一吨箱”使用之前，中心积极与使用单位联系与沟通，介绍了吨箱产品的优点，得到了他们的大力支持，并在日常使用最频繁的破乳剂产品上进行了包装试用，双方都得到了满意的结果。

2014 年年初开始使用“一吨箱”生产老君庙破乳剂，在使用的一年中无“一吨箱”包装破损，送货及时、卸货便利、用量准确，受到使用方高度评价。全年共包装该产品 88.8 吨，按原来 200 升包装物 60% 的回收率测算，全年共节省包装物支出 3.5 万元。

◎ 案例撰写人：牛治国

权威点评

玉门油田钻采工程研究院化学助剂中心员工能够立足生产实际，勤于思考、善于发现、打破常规、敢于尝试，把用了几十年的桶装包装物改换成大容积的箱体包装物，看似简单的更换，不仅简化了操作过程，避免了产品装卸过程中的人力和原料浪费，而且大大提高了工作效率，解决了现场难题，在油田生产现场具有良好的推广价值。

——玉门油田公司常务副总经理　陈建军

“匠心”取“阀芯”

■ 辽河油田公司

伴随着辽河油田步入开发中后期，从以前的常压注水，到单泵多井高压注水，再到目前的单井单泵精细注水，平稳注水已经成为现场生产管理水平高低的重要标志，而高压增注注水也越来越成为油田增产稳产的重要手段。

欢喜岭采油厂在实施单井单泵注水工艺过程中，注水泵的进出口均安装了一台单流阀，它是保证增注泵安全注水不可或缺的安全附件。在增注泵突然停泵时，可以防止井口压力倒流，从而对操作人员和增注泵起到安全保护作用。随着注水时间的延长，受管线内水垢等影响，会导致单流阀失效，被迫停泵停注，影响对应油井产量。以往常规做法是出现问题后由专业队伍采用气焊切割方法对单流阀进行更换，更换一台单流阀通常需要6000余元。这种做法不仅存在停泵时间延长、影响注水平稳性，多次气焊切割导致工艺流程安全性大幅度降低，影响整个高压注水设备工艺的安全性等问题，而且更换费用高，影响生产效益。

为有效解决上述问题，采油作业二区的工人们独具匠心，针对单流阀结构的特殊性，研制出单流阀专用维修工具阀芯取出器，成功解决了维修单流阀的最大难题——单流阀阀芯在维修过程中不易取出导致不能维修的情况。该单流阀阀芯取出器包括手柄、扶正提拉片及螺母、螺纹杆、外膨胀套管、内膨胀锥体5个部分（见图1）。

操作流程及原理：将组装好的单流阀阀芯取出器放进单流阀阀

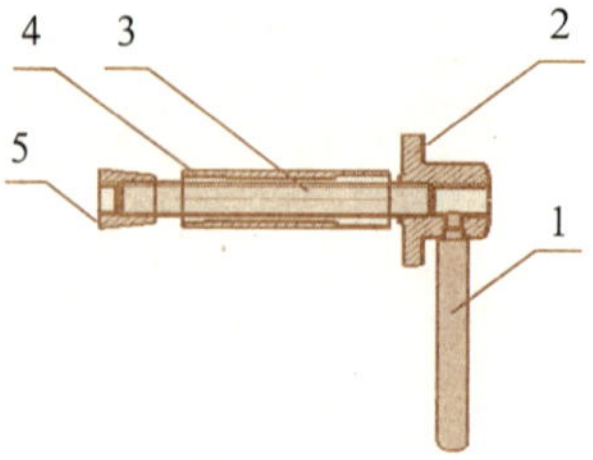

1—手柄；2—扶正提拉片；3—螺纹杆；
4—外膨胀套管；5—内膨胀锥体
注：水井增注泵单流阀阀芯取出器

图 1 单流阀阀芯结构

芯内孔，然后锁紧螺母，利用手柄旋转螺母，把螺纹杆往外拉，通过螺纹杆的轴向移动，将圆锥体拉入膨胀套管内。因圆锥的内径大于膨胀管内径，膨胀套管沿切口处被涨开，取出器便可紧紧固定在阀芯上，上提圆形提拉片轻松将单流阀阀芯取出。这个小器具可以让单人快速取出单流阀阀芯，与原有的动用电气焊更换整个单流阀相比，大幅度减少工作量，减轻员工劳动强度，降低单流阀修理费用，有效杜绝了频繁切割单流阀可能导致的安全隐患，提高了注水平稳性和现场管理水平。

自 2013 年注水井增注泵单流阀阀芯取出器在欢喜岭采油厂采油作业二区研制并应用以来，见到了良好的降本增效效果。每年维护修理增注泵进、出口单流阀约 72 台次，使这些增注泵及时恢复了注水，与以往注水井增注泵更换单流阀相比，每台次减少停注时间 7 天，增加注水量 1.5 万立方米，节约更换单流阀费用 43.2 万元。目前，增注泵单流阀阀芯取出器已在欢喜岭采油厂全面推广，累计创效 100 余万元。

◎ 案例撰写人：王洪雨

权威点评

注水井增注泵单流阀阀芯取出器巧妙借鉴了生活中膨胀螺丝的原理，研发出新的油田设备专用工具。该取出器结构紧凑、使用灵活，彻底解决单流阀维修不便的难题，在油田企业有很高的推广价值，应用前景广阔。

——全国五一劳动奖章获得者、全国十大杰出青年技师 赵奇峰

“不放空取样阀”能节省“百两黄金”

■ 大庆油田公司

2012年深冬的一天早晨，零下三十多摄氏度，呵气成霜。

大庆油田采油三厂北六联合站站长江成明，像平常一样在站内巡检。突然，他发现有人蹲在电泵井的井口旁正在点火，他立即跑过去制止。询问交谈中发现，原来采油工在取样，取样阀和连接管线内的原油都上冻了，先用热水浇，效果不好，于是就冒险用火烤。江成明还了解到，为了确保油样新鲜真实，工人们每次取样前，往往要把取样阀和连接管线内的原油放掉一些，然后才能从回油管线中取到新鲜的原油样品。有时候，取样放出来的油污，不可避免地倒在了井场周围，既污染环境还浪费原油。于是，江成明心中有了制作“不用放空就能取出合格样品的取样阀”的念头。

一次，处理站上采暖管线穿孔时，他发现穿孔部位在管线底部，距地面只有15厘米，空间小，焊工没法用电焊在下面直接补孔。于是，焊工就在管线上部先用电焊切割一个长10厘米、宽5厘米的方口，通过这个开口伸焊条进去补孔作业，然后再焊好这个开口。好办法！老江联想到，如果把管线“穿孔点”当作油井取样口，把焊条视为阀门丝杆，那么在管线对面控制取样口或许就能够实现“不加热、不放空”取样。很快，新的取样装置诞生，安在了聚驱采油井口回油管线上。经过多次取样化验，准确率达到了99%。但是，新问题带来新困扰：聚驱采油井井口回油管线每半年就要用通球清洗结垢、清洗杂物。通球作业前，不得不把他的取样装置切割掉。那天打开管线时，老江发现管线内结垢情况严重，尤其是中间的控制杆结垢非常严重，甚至产生了截流。

这让老江很头疼。一天看《新闻联播》，镜头播放粮站的工作人员用一头削尖的竹筒对粮食取样，一下子点醒了他，“锥形可以实现密封配合，同时还可控制流量”。于是，联想到用一个锥型嘴伸到管线里，这不就能实现初衷了吗？他随即找来纸，匆匆勾画出新的取样阀草图，长锥形阀芯与阀体为密封锥体，其中阀芯总长 85 毫米、阀体 50 毫米 ×30 毫米 ×30 毫米，阀芯与手轮丝杆用凹槽连接，减少手轮扭力（见图 1 、图 2)。密封机构与阀体为螺纹连接组成，长锥形阀芯中 25 毫米圆柱体与阀体配合，使阀体内无空隙。同时，阀芯和阀体延长部分深入到管线内，使取样口与新鲜液体接触。

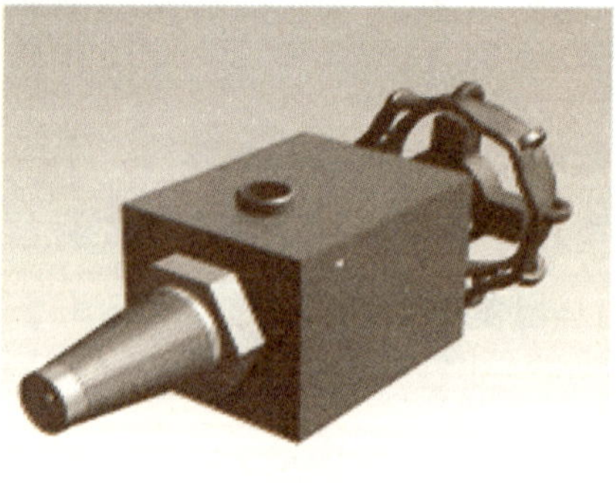

图 1 “不放空取样阀”外观效果图

图 2 “不放空取样阀”内部结构示意图

重新制作的不放空取样阀进口呈锥形，进口在取样管线内 5 ~ 20 毫米。阀体无缝隙空间，阀芯与阀体密封，移动阀芯锥体位置，可产生液体流动间隙。管线内的流动液体因接触阀嘴直接给阀体传热，阀体内无液体。这样一来，在取样前无须放空和冬季加热就可保证样品的真实性。另外，在液体压力 20 兆帕以下、温度在 −40 ~ −80℃的情况下都能正常使用。

“不放空取样阀”很快在采油三厂推广使用了500套。不仅实现了无放空取样，还解决了油井的冬季取样问题，同时减少了原油浪费，避免了污染环境，降低了劳动强度。而且，新的取样阀还适合在转油站、联合站使用（见图3）。

图3　第四油矿404队萨北10站外输流量计出口管线

目前，大庆油田有几万口油井，按规定每5天要取一次样，一年下来的取样次数达百万次，加上联合站、转油站，每两小时放空取样一次，如果能够避免原来那种取样前必须放掉管线和阀门中的存油现象，那么节省出的原油就不少于几百吨，每桶油按50美元计算，成本在100多万元。

一件小小革新成果“不放空取样阀”竟然能节省出“百两黄金”。

◎ 案例撰写人：江成明　孙宏建

岗位感受

冬季看到采油工在站内用明火烧阀门取样，这种做法存在安全隐患，于是我萌生了一个想法：革新取样阀。实践证明不放空取样阀可以在 −30℃无须加热放空，取样化验结果准确，得到了领导员工的认可和赞扬。当获得火红的证书时，我体会到一份付出一分收获的真正内涵，这一刻我沉浸在无比喜悦中，它让我更坚强、更自信，感谢领导搭建了展示自我的平台，并给予支持与帮助。技术革新只有想不到，没有做不到，革新我永远在路上。

知识链接

取样阀是用于获取管路或设备中介质样品的阀门，在很多需要经常对介质样品进行化学分析的场合，多会使用专门的取样阀。按照取样时的工作原理或性能不同，取样阀主要分为三个种类，包括双联开启阀、法兰夹片阀以及带保温夹套的取样阀。

三件“法宝”防污染

■ 长庆油田公司

井下作业是保障油井正常生产不可或缺的手段，施工过程中容易产生易燃、易爆的有毒物质，检泵作业属于井下作业内容的一种，在检泵过程中通常会有三个污染节点：一是起下钻柱时油管内的原油会在溶解气气举作用下喷涌或高空喷洒；二是下油管前油管内若有残存污油，当油管卸扣后会在井口喷溅；三是油管在用蒸汽清蜡时会产生大量污油水。以上三种情形中，高空喷涌或井口喷溅会诱发极大的火灾风险和污染，造成施工不便。蒸汽清蜡不遮挡回收污油水，会直接造成大面积污染和污油泥。这些油污产生的节点如果不控制，会产生大量油污，对生产安全和环保造成很大危害。

长庆油田采油六厂从事修井工作二十多年的井下作业工程师、修井监督景忠峰，在经常跑现场的过程中，看到作业现场难以收拾的油污，以及近年来国家和地方环保部门监管力度持续加大，做好油田各类生产作业现场的环保隐患治理工作显得尤为重要和紧迫，于是，他暗下决心要攻克这个难题。他利用业余时间独立调研攻关，大量查阅资料，思考梳理解决方案，成功设计研发了三个针对性克制修井作业现场污染节点的专用工具：油管快速堵头（见图1)、油管防喷溅集流器（见图2、图3)、石油管柱蒸汽清蜡集流器（见图4、图5)。三个工具组合，可以便捷地对三个关键污染节点进行控制，从而确保施工安全和环保达标。

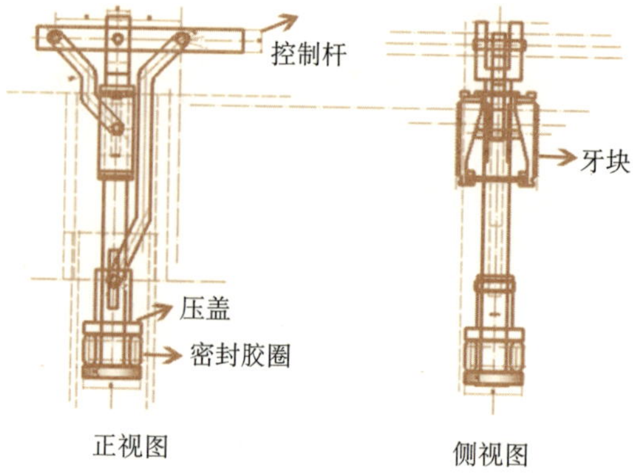

图 1 油管快速堵头工作剖视图

在设计油管快速堵头时，保暖瓶和杠杆原理给景忠峰带来了启发。他首先设计了一个类似暖瓶塞子的油管快速堵头，利用杠杆原理，将一个锁定机构和一个密封机构的动作集成到一起，利用杠杆一次性动作，完成锁定机构的锁定和密封机构的密闭，从而快速便捷地实现油管内腔封堵，有效阻止起下钻过程中管柱内腔的液体喷涌，避免了大面积污染和火灾风险。取下工具时同样便利，只需手指弹开锁定装置并向外抽出即可取下工具。

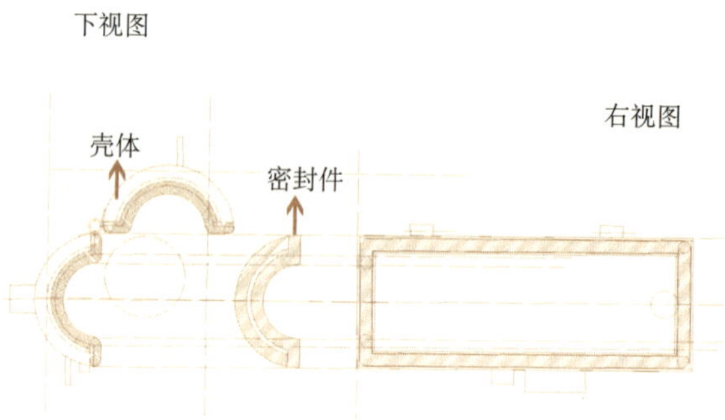

图 2 油管防喷溅集流器剖视图

图 3 油管防喷溅集流器

克服了第一个污染环节后，景忠峰继续在日常生活中寻找发明灵感，最终通过雨衣防雨和风景区竹制导水槽的原理，让他找到了解决后续两个环节问题的切入点。景忠峰制作了由一层包裹膜和排放管道构成的油管防喷溅集流器，在油管螺纹脱开位置穿上“雨衣”，将管柱卸扣后的液体自由泄流改为控制排放，通过密封囊和导流槽将油污收集流向制定位置，既防止了油污污染又便于回收原油。

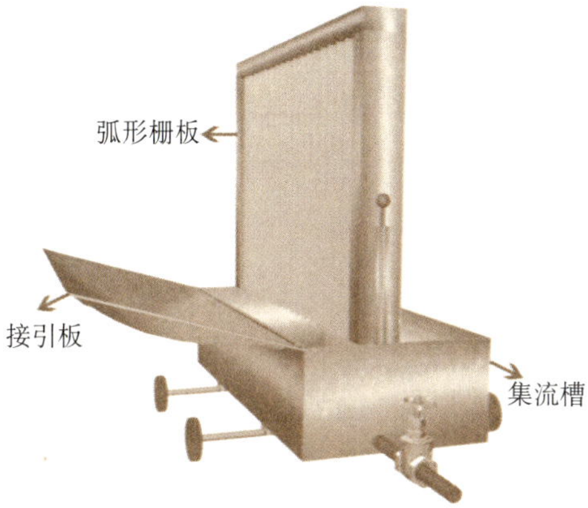

图 4　清蜡集流器结构示意图

图 5　清蜡集流器

针对检泵最大的污染——油管清蜡污染，景忠峰发明了石油管柱蒸汽清蜡集流器，通过集流将蒸汽扫射带出的杂质射流和污油水都阻拦下来，收拢集中后从排放管道流走，杜绝了污染物扫射后形成大面积污染和大量的污油泥。

近三年来，三样工具在长庆油田采油六厂不断试验和改进完善，先后催生 6 项国家专利。现场试验证明：应用三件组合工具后，单井检泵作业可以减少污染面积 50 平方米，减少污油泥 1 立方米，回收污油 0.5 吨左右。全厂每年可节约治污费用 300 万元，回收原油价值超过 300 万元，实现经济效益和社会效益的双赢。同时三件工具分别获得陕西省职工科技节一银两铜、甘肃省第五届职工优秀技术创新成果二等奖等省部级奖项。

◎ 案例撰写人：景忠峰　邢亮　李想

知识链接

溶解气是以溶解状态存在于原油或水中的天然气，随着液体承受压力的降低会逐步释放出来。在井下作业过程中，管柱中的液体喷涌主要就是由原油释放溶解气，形成气举效应造成的，具有随机性和突发性。

法兰扩张器力克“三低”

■ 长庆油田公司

在石油天然气生产工艺流程中，使用法兰连接各个单元是一种通用技术，该连接方式具有拆装方便快捷的特点。不足之处是在法兰连接的管路组件安装、检修、更换作业时，由于管路组成件之间弹性很大，使法兰之间没有间隙或间隙很小，只能借助于撬杠撬开一定间隙，将旧密封垫取出和放入新密封垫都非常困难，往往需要多人配合才能完成。这种作业方式不仅费工费时，劳动强度大，工作效率低；容易造成人身伤害事故发生，安全系数低；作业时法兰之间间隙难以掌控，导致更换后密封垫存在变形或错位现象，作业质量低。

为了改变“三低”现状，长庆油田采气一厂采气高级技师王德宽经过反复构思设计、制作试验，成功研制出一种法兰扩张器（见图1）。该装置改变了传统作业方式，有效地解决了法兰连接的管路组成件安装、检修、更换作业时拆装其间密封垫无专用工具的问题。

法兰扩张器结构包括手柄、压帽、顶丝丝杆、滑槽主板、可调式筋板、楔形块、限位螺母、销轴、螺母、螺杆、垫片、楔形快盖板等部分。顶丝丝杆通过设置在滑槽主板中部 M30 螺孔与其螺纹连接并自其中穿过，顶丝丝杆下端与楔形块大端面连接，滑槽主板两端各开设有一沿其横向延伸并贯穿其中上下面的滑槽。可调式筋板包括置于顶部门形部和置于该门部内并于该门形部用销轴连接的两

图 1　法兰扩张器应用图

个可调式小筋板且对应与滑槽设置，其底端设有直径 32 毫米通孔，其门形部顶端焊接一螺栓，该螺栓上端延伸至滑槽顶面并与螺母联接，滑槽主板下方顶丝丝杆处设置有限位螺母以确保使用安全。

在进行法兰连接的管路组成件安装、检修、更换作业时，首先将需要拆除的法兰螺栓卸掉，其次从两法兰两侧对称位置，分别将两法兰扩张器可调筋板通孔与两法兰外侧面两相邻螺孔对正，撺上固定销，调整手柄使楔形块置于该连接法兰间隙之间，双手分别同时顺时针旋转扩张器手柄，直到足以使密封垫能够顺利取出为止。上紧限位螺帽，清理两法兰密封面，将同规格密封垫放到与法兰同心位置，然后卸松并帽，分别逆时针缓慢旋转两扩张器手柄直到楔形块完全退出，同时确保密封垫没有错位现象，分别取下固定销及法兰扩张器，依次连接并对称紧固连接螺栓。

这套装置于 2013 年 2 月在长庆气田采气一厂作业四区集气站不同类型与规格法兰上现场应用，有效地解决了在进行法兰连接管路组件的安装、检修、更换作业拆装其间密封垫时存在工作效率低、安全系数低、作业质量低的“三低”问题，具有结构简单、实用方便，通用性强、安全可靠的优点。目前该装置已经在采气一厂作业四区和作业二区推广，深受现场操作员工欢迎。

与传统作业方式相比，更换总机关阀门原来4名操作员工3小时完成的工作量，现在2名操作员工2小时完成，降低劳动强度40%，提高工作效率近一倍，缩短了非正常关井时间，降低不必要的人力物力浪费。如每个作业区平均按每年更换10个总机关阀门计算，全厂9个作业区每年可创效近30万元，经济效益可观，具有较强实用性和广阔推广前景。该创新成果于2013年在中国设备管理协会第四届工业服务与维护维修运营论坛暨第二届设备管理创新金点子征文大赛中获优秀奖，并获国家实用新型专利（专利号ZL 201320020496.X）。

◎ 案例撰写人：王德宽　周明川

新式地锚桶省工又增效

■ 青海油田公司

地锚是试油气过程中的重要安全措施，《青海油田石油与天然气井下作业井控实施细则》中规定，试油（气）井接三级节流流程管线，每隔 10 ~ 15 米用地锚固定牢靠，流程管线出口采用双地锚固定。这样，一口试油（气）井的流程管线固定大约需要地锚 20 个。

早期地锚是用钢钎、洋镐挖一直径 0.8 米、深 1 米的地锚坑，然后用钢丝绳、水泥或老式地锚桶来固定流程管线，既费时又费力。近年来，青海油田井下作业引进电镐，减少了挖地锚坑的时间。但是一般 3 人每挖 1 个地锚坑需要 30 ~ 60 分钟，20 个地锚坑仍需要 10 ~ 20 小时。同时电镐本身很笨重，劳动强度依旧很大。遇到地质较硬的地区，3 人一天只能挖 1 个地锚坑，劳动强度非常大，特别在青海油田南翼山、南八仙地区，由于土质坚硬，有时甚至用震源弹来协助挖地锚坑，不仅造成浪费，还存在一定的安全隐患。

青海油田井下作业公司试油测试大队针对这一问题，经过反复研制，开发出新式地锚桶，用于生产作业（见图 1）。

新式地锚桶用 5 毫米钢板做成一个长 0.65 米、宽 0.65 米、高 0.6 米的长方体容器，在上下正中间位置各加工半径 89 毫米的半圆（流程管线可从中穿过），可以上下使用，地势好时流程管线置于地锚桶下，地势差时流程管线置于地锚上，稳定性好。

图 1　新式地锚桶在生产现场的应用

新式地锚桶具有以下特点：容积大，是老式地锚桶容积的 2.5 倍，固定流程更牢固，符合行业标准要求；制作简单，安装方便，避免挖地锚坑，大大减少安装的时间，降低了劳动强度，解放了劳动力；可以上下使用，满足各种地势需要。地势平时从地锚桶下面固定流程，地势不平时从地锚桶上面固定流程，稳定性好。

使用新式地锚桶固定流程管线每井次节约时间 20 小时，节约费用：20 小时 × 750 元 / 小时 =15000 元。2014 年井下作业公司试油测试大队新式地锚桶现场应用 51 井次，共计节约费用 76.5 万元。2015—2017 年预计使用 150 井次，预计节约费用 225 万元。同时，应用新式地锚桶还减少了安全风险，在井下作业行业具有推广价值。

◎ 案例撰写人：李国平

“穿衣戴帽加鞋垫”巧护设备保安全

■ 西南油气田公司

在天然气集输场所，尤其是川渝雨季多发的湿润地区，由于风吹、日晒和雨淋，非常容易使天然气集输场所一些设备受到腐蚀和损害，给天然气生产带来危害。如平板闸阀处于常开状态，阀套内轴承以前可见丝杆部分需要清洗润滑，常见轴承采用锂基脂润滑，丝杆用黄油加机油稀释混合物进行润滑，雨季时雨水易从阀套顶部缝隙渗入并积存，造成润滑脂乳化，轴承锈蚀，导致阀门转动不灵活。气动薄膜调节阀顶部小孔易导致雨水进入，造成弹簧锈蚀失效，使气动调节阀运行异常或不动作。管托下部丝杆伸入底座部分较为隐蔽，维护不便，且易积水导致丝杆锈蚀。

西南油气田公司川西北气矿邛崃采气作业区在长期的探索中，摸索并自创了一套花钱不多、简单易行、效果明显的给设备“穿衣戴帽加鞋垫”的保养方法，既减轻了一线员工维护保养设备的工作量，又为企业创造了可观的经济效益，非常值得学习借鉴。

图 1　平板闸阀顶部“穿衣”

“穿衣”：就是在平板闸阀顶部加防雨垫，避免雨水进入铜套内造成黄油乳化，延长轴承保养时间，确保转动灵活（见图 1）。

“戴帽”：在气动调节阀顶部小孔处加遮蔽盖，可以防止雨水进入（见图2）。

图2　气动调节阀顶部“戴帽”

“加鞋垫”：在管托并帽和螺帽之间加入橡胶垫，有效防止雨水进入，延长管托保养时间（见图3）。

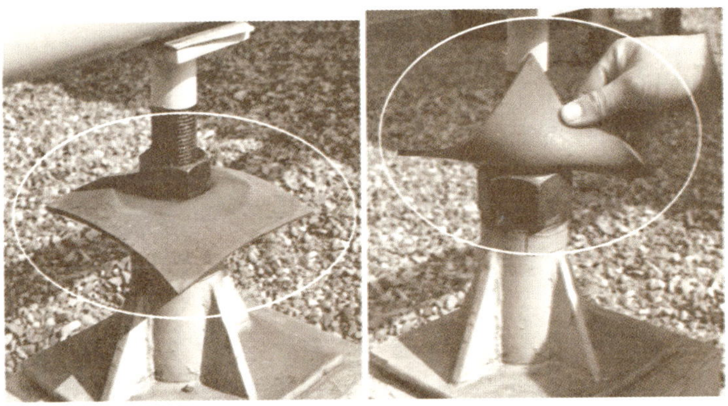

图3　管托并帽和螺帽之间“加鞋垫”

员工自创的“穿衣戴帽加鞋垫”的革新技术，使天然气集输场站的管托、阀门轴承保养时间由一月一次延长至一年一次，减轻了一线员工维护保养阀门设备的工作量，有效避免了气动调节弹簧锈蚀，保护了站场设备，延长了调节阀使用时间。在川西北气矿邛崃采气作业区仅一个平落中心站应用，全年为作业区节约成本费用2

万余元。作业区共 67 站，在更换阀门、管托以及维修上，经初步测算，全年可节约费用 13 万元左右。

◎ 案例撰写人：米小双　秦海旭

岗位感受

邛崃采气作业区平落中心站舒红：自从给阀门和管托穿了“雨衣”、加了“鞋垫”以后，我们的工作量明显减少了，再也不用每月趴在地上用管钳使劲扳动井帽了。以前有的井帽还经常被扳坏，取下的管托丝杆和阀门的轴承至少要用半天的时间来刷掉锈垢。现在一年保养一次，井帽、螺帽扳起来也相对轻松了，还能为作业区节省不少成本。气动调节阀顶部的小孔被戴了“帽子”以后，避免了调节阀弹簧因被锈蚀而不工作的情况，保障了脱水站的正常运行。

节一滴油漆多一分环保

■ 西气东输管道公司

近年来，国家进一步加大了环境保护力度，前不久国家又颁布了新修订的《中华人民共和国环境保护法》，彰显了国家治理环境污染的决心。西气东输让沿线群众用上了环保能源，为改善沿线的大环境，为沿线的天空多一分蓝，少一分霾而出一份力，身为西气东输人，感到肩负的责任。在治污的同时，国家也多次倡导节俭，反对浪费。作为管道维护保养的油漆使用大户，环保、节约地使用油漆，则显得十分必要。

西气东输一线至今已经安全平稳运行 11 年，二线站场也相继投入运行。站场多，设备密，管线长。为保证设备稳定运行，需要对设备进行可靠的维护保养。一直以来，都是采用油漆来防止金属表面的氧化，因此油漆就成了日常设备和管线保养中的必需物资。由于平时使用的油漆种类多，又不是集中使用，而且时间上也不固定，桶盖边缘经撬动后变形，破坏了其密封性。这样开封过的油漆很难原样保存，存在保存不规范问题，以至于等下次使用时因漆盖封闭不严造成油漆结块或黏稠，从而影响到油漆的正常使用，进而影响到设备管线的保养效果，或者无用而弃之，既造成环境污染，又浪费资源，更增加运营成本。同时漆桶封闭不严，油漆中的有害挥发物还会影响到库管员的身体健康。

在 2012 年公司创新创效活动中，尝试使用“迷宫式”密封保存开封油漆法，以阻断开封油漆与外界空气接触的通道，并尝试胶带桶边缘密封法。但由于保存需要的容器多，且程序繁琐，效果不是特别理想，未能推广。

在经过前面的尝试探索以及认真思考之后，在经验积累的基础上，本着去繁就简、实用高效、操作简便的原则，采用价格低廉可重复使用的装置：由一把独立的气动开孔器，一把设立独立开关的手动泵，一个容积合适的塑料容器，一条可以从手动泵上随时拆卸的吸管，一个用于固定塑料吸管的有孔橡皮塞和一个用于封堵开口的配套锥形橡皮塞组成。具体的使用方法是：先用气动开孔器在要使用的油漆盖上开一合适的小孔，然后将塑料吸管穿过有孔橡皮塞固定在油漆桶上，将手动泵与油漆吸管相连接，打开手动泵开关，将油漆吸入手动泵上方的容器内（根据所需用量适当吸入油漆）。吸入够量油漆后，关闭手动泵开关。当完成刷漆工作时，打开手动泵开关，将多余油漆回流到油漆桶内。空干容器和清洗泵内油漆，拆掉手动泵，将吸管留在漆桶上，用橡皮塞塞住外露的管口。

此方法保存油漆简单，工具制作也较为方便，装置使用程序简单，每种颜色只需制作一套装置，即能够长期重复使用。每套装置只需一根塑料管，一个手动泵，一个带孔橡皮塞，一个锥型橡皮塞，一个适中盛放油漆的塑料容器，共用一个开孔器。每种漆色配备一套装置，可重复使用，每套装置成本约 10 元。按过去每个站场每年废弃油漆 20 桶（小桶），每桶 3.5 千克，一、二线按 150 座站场来计算，新方法每年可节约油漆 10 吨左右。

◎ 案例撰写人：赵亮　胡铁

卸冻油“神器”

■ 四川销售公司

四川销售广安公司前锋油库地处四川省广安市前锋区，每年冬季，都会面临西北炼厂运来的油品因低温结蜡难以卸尽的问题，油品损耗十分严重。常规的接卸蜡质冻油的方法主要有“机械法”“热力学法”及“化学法”等。前锋油库受生产条件的局限，无法采取化学法，只能在热力学法和机械法上做文章。

经过近几年的实践总结，前锋油库制定了一套较为成熟的卸冻油方案：首先通过提高油品流动速度升高油温，用高温油品加热槽车底部蜡质冻油，同时用高硬度的特制工具对蜡质冻油进行铲动搅拌，促进其溶解，最终将油品卸净。

工欲善其事，必先利其器。这套方法的关键在于冻油搅拌工具。传统的棕质扫槽扫把硬度不够，无法搅动冻油，损耗也十分巨大。有的员工提出使用铁铲，但是铁铲和车体会发生铁器碰撞容易产生火花，安全难以保证。又对铜铲进行试用，铜的质地硬度比较软，搅动几车后，铜铲就开始变形破裂。加之铜铲的价格更贵，使用成本太高，一时在工具的制作选择上陷于两难。

前锋油库主任陈小平思前想后，“既然买来的各种工具都不适用，我们就自己设计加工合适的工具。”他和油库员工经过多次试验，发现将 0.8 厘米厚的高硬度、不产生静电的铝板，切割成长 30 厘米、宽 20 厘米的小方块后，适合制作扫槽工具。经过反复试验，

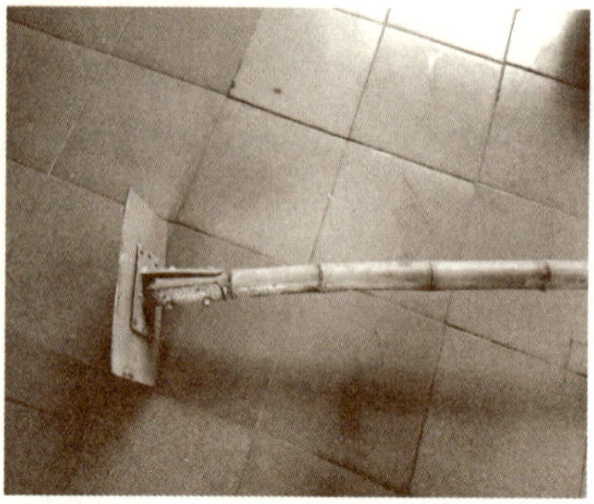

图 1　配以竹竿的铝铲，安全耐用

最终成功制作了专门对付冬季槽车底部蜡质油品的有效工具——“铝铲”（见图 1）。

这种工具硬度大，不容易变形，能有效地搅动槽车底部蜡质冻油，并符合安全要求。经过反复试用，卸槽工们交口称赞，铝铲既能较为轻松地接卸冻油，又经久耐用，成功解决了冬季接卸冻油的长期困难。

铝铲设计制作的成功，不仅实现了冻油的成功接卸，还带来了巨大的经济效益。2014 年 1—2 月，前锋油库接卸蜡质冻油 96 车，每车冻油按 20 厘米高计算，单车冻油重量在 1.5 吨左右。由于采用了这种有效的卸油工具，减少接卸损耗 144 吨，按当时柴油价格 8300 元 / 吨计算，价值 119.52 万元。

◎ 案例撰写人：熊运冬

知识链接

冻油：实际是指石油蜡，它是一种固态烃，主要成分为石蜡。它存在于原油、馏分油和渣油中，具有蜡的分子结构，熔点 30 ~ 35℃。冬天在铁路运输过程中，随着压力、温度降低到一定程度后，蜡就从油中离析出来，形成的结晶颗粒，在一定条件下聚积增大，并且不断地黏结在油罐壁上，形成坚硬的厚厚的一层蜡状物。

小小管钩用处大

■ 广东销售公司

邓兴旺在广东销售深圳分公司先进加油站任加油站经理有13年，长期的现场管理让他发现加油机油管直接盘在地面上存在着多方面隐患，主要表现在：

油管盘在地面上，加油时由于拉动油管，油管会与地面水泥板发生摩擦，容易磨损，造成使用寿命不长；油管盘在地面上，有时加油员没有盘好管，油管容易被进站加油的车辆压到，造成油管使用寿命减短；油管盘在地面上，车辆较多时，加油员稍不小心，脚容易绊到油管，造成摔倒事故，存在安全隐患；油管盘在地面上，加油车辆较多时，员工没有及时盘好管，造成不美观。

经过思考实践，2012年邓兴旺设计了加油机油管管钩（见图1），彻底解决了以上隐患。该油管管钩用钢板制模喷漆而成，挂汽油枪的喷红色，挂柴油枪的喷绿色（便于油品识别，更不会加错油），管钩上安装了5个滚轴，用螺钉固定在加油机外盖上。员工加油时，只需直接提枪加油，油管在管钩上的五个滚轴上滑动，长短自如，非常方便。加完油后直接挂枪，减少了盘管这一步，提高了加油效率。若加油车辆的油箱口在另一侧，员工也只需从管钩处取下油管加油，加完油后再把油管放回管钩处，油管放在管钩上，整体看上去，既美观又整齐。

图1 小管钩

邓兴旺最开始设计的管钩是用钢筋弯折而成，后来在安装时受到客户的启发，客户建议用钢板制模加工成管钩，那样更美观。邓兴旺为了找工厂制模加工，开始是上网查找合适的金属加工厂，然后再到加工厂实地考察，最后找到东莞的一家加工厂进行钢板制模加工。第一批管钩是没有滚轴用钢板直接制模加工而成，使用一个月后发现油管在管钩上拉动不够灵活。如何解决这一问题，邓兴旺想到了安装滚轴。因此邓兴旺到五金店寻找合适的滚轮，并用气焊把滚轮焊在管钩的内侧两旁，中间连接的滚轴可以灵活转动。

在焊接滚轮时出现一个技术问题，由于气焊的温度很高，焊接时高温会把滚轮里的润滑油烧焦，因此为了防高温，又在滚轮外面包了一层不锈钢，把不锈钢焊在管钩的内侧两旁并固定好两个滚轮，这样滚轴才能转动自如。因此第二批管钩是在制模加工后的钢板内侧安装了两个滚轮，靠滚轴的灵活转动来滑动油管。

但在实际使用一个月后发现：包两个滚轮的不锈钢的两边会对拉动的油管造成磨损。因此第二批管钩还需要进行改进。第二批管钩的滚轮是焊在管钩的内侧两旁，滚轮不能动而是滚轴转动，那么能不能轴不动而滚轮转动呢？后来邓兴旺设计了第三批管钩，是在制模加工后的钢板内侧安装了 5 个可以转动的滚轮，把轴焊住，轴不动滚轮转动，这样油管就可以在 5 个滚轮上灵活滑动，提高了工作效率。

设计时邓兴旺先画好图纸，把小管钩的大小、尺寸标上，特别是要求管钩的内侧必须打磨成圆形，以免对油管造成磨损。邓兴旺考虑到小管钩有两种：一种是安装在加油机的外侧，另一种是安装在加油机的中间（6 枪加油机中间的油枪）。小管钩上 4 个孔的尺寸和位置，也必须根据加油机的结构明确标定。图纸设计好后，再送到加工厂进行制模加工，成品拿回油站安装。

安装了小管钩的加油机油管，比没有安装小管钩的油管使用寿命可以延长 2 ~ 3 年。一个油站按 20 把油枪计算，3 年可节省维修费 3 万余元。加油时，只需直接提枪加油，油管在轴承上滑动，加完油后直接收枪复位，省去了盘管这一步，每加一台车可节省 6 秒左右。一天按加 2400 辆车计算可节约出 4 小时左右。按 4 分钟加一辆车计算，节约下来的 4 小时可多加 60 辆车。先进加油站目前日均销售油品 53 吨，进站车辆每天达到 2000 ~ 2400 辆，员工每人每天需要加油 140 余次。小管钩的安装，减少了盘管这一步，大大提高了员工的加油效率，为提高油品销量发挥了积极的作用。

◎ 案例撰写人：邓兴旺　董飞武

“虹吸排水法”解决老大难

■ 湖南销售公司

加油站操作井容易进水，对于多雨的南方，操作井排水一直是困扰加油站的一大难题。黄梅时节家家雨，青草池塘处处蛙，形容的就是南方地区梅雨时节多雨的天气。

操作井进水后，若人孔或计量口密封不严，不及时排出，积水很容易回流罐内，造成水、油混合，影响油品质量，发生事故。

但是，现实的加油站排水方法极其简单，加油员只能在油罐区操作井口弯腰往外舀水，费时费力，劳动强度大，员工操作时容易淋雨感冒。如果连续下雨，需要不间断往外舀水，地面湿滑，不断下井容易跌倒摔伤。

针对操作井排水难的这一问题，有没有解决问题的根本方法呢？

经过分析，联想到日常生活中用塑料管排出水缸中的水方法，只要液面高于排水口位置，吸动管线后，水即可源源不断地排出，即物理学中的“虹吸原理”。

方法找到了，但能不能在实际中实施呢？通过实地观测发现，观察井低于操作井，具备“虹吸原理”的基本条件，只要在操作井连接一根高于观察井的管子，通过大气压的相互作用，水就会从操作井流向观察井。见图 1。

虹吸现象是液态分子间引力与位差能产生的，即利用水柱压力差，使水上升再流到低处。由于管口水面承受不同的大气压力，水会由压力大的一边流向压力小的一边。

图 1　利用虹吸原理，将水从操作井引向观察井

准备一根长约 15 米的软管、一个抽气筒、一个法兰片。将法兰片固定在软管的一端，使软管能够沉在操作井水底贴合井底，将抽气筒连接在软管的另一端。抽气十几下后，操作井内的水会顺着软管流向抽气筒一端，此时迅速将抽气筒拔出，并将此端的软管放入观察井，使出水口低于操作井的入水口，则操作井内的水会源源不断地流入观察井直至排空。见图 2。

图 2　利用“虹吸现象排水法”解决老大难

如果持续下雨，还可以在水管上增加一个夹子，用以调节水流大小，使井内水位保持相对稳定，可避免积水迅速排空后雨水再次进入井内需多次操作的问题。

该项小发明制作简单，成本低，易操作，软管、抽水筒、法兰片、夹子，四件物品总计不过几十元，却发挥了几百元的抽水机难以解决的问题。更重要的是它无须用电，节能、环保、安全，既节省人力，可连续排水，又能顺带将井底的泥沙吸走。如果南方地区的加油站都使用这种方法，加油站的排水将得到极大的改善，将产生良好的经济效益和社会效益。

◎ 案例撰写人：张腾　刘小卫

巧用折光率快速测汽油

■ 河北销售公司

近年来，成品油零售、批发领域多元化的销售主体导致油品质量参差不齐，一些不法人员用甲醇（或小炼厂调和油品）置换车用乙醇汽油、车用汽油以牟取经济利益的违法现象频繁发生。而在车用乙醇汽油、车用汽油中掺杂甲醇（区别于甲醇汽油），不仅影响油品质量，腐蚀汽车发动机，更容易引发客户投诉，造成经济损失，损害企业品牌形象。目前，在用的检测车用乙醇汽油及车用汽油中甲醇的方法主要有：气相色谱法、水溶检测法、中红外光谱分析法、便携式甲醇检测仪等，但应用于加油站接卸油现场检测存在设备昂贵、存在漏洞、费用高、周期长等局限，不宜大范围推广。如何结合加油站实际，研发一种安全、准确、便捷、低成本，且能够在加油站接卸油品现场快速检测油品中含量在0.5%以上的甲醇及其他少量水溶性物质的方法，从而加强油品质量监管，降低问题油品入站风险，不仅必要，而且迫切。

刘安妮和她的攻关小组觉得这里大有文章可做。她们经过测试，发现在乙醇、甲醇物理性质测验中，折光率有着显著的差异：乙醇水溶液随着乙醇浓度的增加，其折光度也有规律的上升；当乙醇水溶液中含有甲醇时，折光率随着甲醇浓度的增加而降低，降低值与甲醇含量成正比。

经过反复研究测试验证，她们研发了“折光率汽油检测法”

快速检测车用汽油、车用乙醇汽油中甲醇含量是否超标。具体方法是：取车用汽油或车用乙醇汽油 100 毫升，加 10 毫升纯净水，震荡后静置；读取水相体积，查询对应的醇含量，计算理论折光率；萃取混合溶液，分离出水相，检测水相折光率；对比水相折光率与理论折光率的差值，判断油品是否合格。她们通过与气相色谱法测定结果进行了验证对比，“折光率汽油检测法”操作耗时 6 ~ 8 分钟左右，操作步骤安全简便；检测结果与化验室检测结果对比的综合差值在 0.2% 左右，检测数据准确度高，能够满足加油站日常检测需求。此项检测法仅使用具塞量筒、塑料洗瓶、吸量管、洗耳球等简易检测设备，设备费用仅 300 元左右。

“折光率汽油检测法”的应用具体有三方面实效：一是提高了油品检测效率，实现了加油站油品接卸前快速质量初判，并且可以做到每车必检，更加快捷方便精准；二是加强了油品质量管理，由于检测简便快速，提高了对油品运输罐车及加油站库存油品质量检测，有效遏制了人为掺杂使假导致汽油醇类指标不合格现象发生，提高了油品质量抽检合格率；三是降低了检测费用，与其他检测方法设备器材贵、每次检测费用动辄每次 2000 ~ 3000 元相比，“折光率汽油检测法”仅一次性投入 300

岗位感受

加油站计量员王海月：应用“折光率汽油检测法”以来，使汽油中甲醇含量指标随时检测变成了可能，杜绝了用甲醇置换汽油等不良行为和现象，油品的质量也得到了保证，有效避免了质量纠纷和新闻危机事件。同时，也使我们意识到，创新发明离我们不远，大家对工作中的小改进、小改造更加关注，更加热情起来。只要我们正面问题，善于动脑，敢于尝试，乐于创新，我们一定能在平凡的岗位做出不平凡的成绩。

元左右加上技术培训即可，可为每座加油站配备，为企业降低了费用，节约了成本。

◎ 案例撰写人：李寒

权威点评

落实国家“大众创业、万众创新”精神，最重要的就是针对自身问题，结合自身实际，汇集全员智慧，全面创新创效。“折光率汽油检测法”这一小创新、小发明，针对社会公众和企业非常关注的油品质量常见问题，小投入、高效率、优成效，有效遏制了掺杂使假行为，把住了油品入站关口，非常及时，非常有效。人民群众的力量是无穷的，智慧更是无穷的，因此，要坚持问计于员工、求教于基层，更好的激发全体员工创新创效热情，凝聚群众力量，凝结集体智慧，为企业的有质量有效益可持续发展，为集团公司建设综合性国际能源公司贡献力量。

——河北销售分公司副总经理 周德军

破解管道泄漏的“独门武器”

■ 兰州石化公司

泄漏是炼化生产装置安全运行的天敌，威胁着装置的长周期安全平稳运行，直接影响着企业的经济效益，影响着周边地区环境。由于炼油化工生产过程中的物料介质在泵、压缩机、塔罐等化工设备中进行着理化反应，设备之间或设备与大气之间的压差，使设备的密封处或连接设备之间管线密封的泄漏成为可能，管道的泄漏更为常见。因此，运用带压堵漏技术，在不停车、不降低操作压力及温度的情况下进行密封操作，消除系统中的泄漏事故，保证生产系统的连续运转，保证炼化生产安全平稳运行，显得十分必要。兰州石化建设公司研究制造了管道带压堵漏密封夹具，攻克了带压堵漏难关，成为破解管道侧漏的独门武器。

带压堵漏密封技术是以密封材料本身的机理为基本依据，在泄漏部位安装专用夹具，利用密封部位和专用夹具之间的形成的空腔，采用专用的高压注剂工具将密封胶注入腔室，并充满整个腔室空间，使密封胶的挤压力与泄漏介质的压力相平衡，建立一个新的密封结构来堵塞泄漏通道，阻止介质外泄（见图1)。带压堵漏具体做法是在不破坏原密封结构的情况下包容泄漏点，建立一个新的封闭空腔，用高于原系统压力的推力将具有弹塑性的专用密封剂注入空腔内，并填满压紧，在一定的时间和温度的热作用下使密封剂固化，最终形成新的密封结构，达到封堵泄漏的目的。

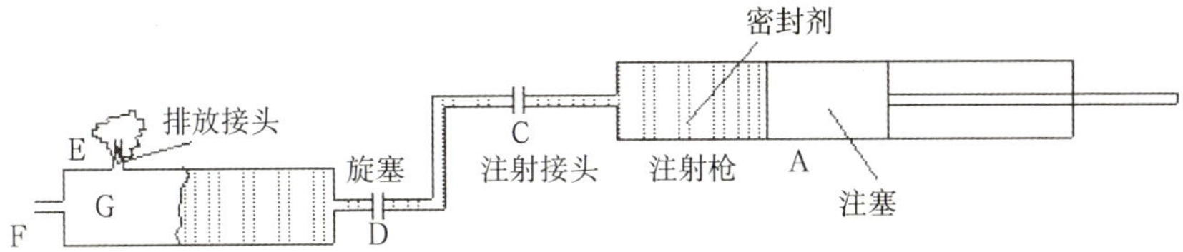

F—泄漏点；G—用于密封的夹具；D—注剂旋塞阀；C—注剂接头；A—挤压活塞；E—排放接头（也是注剂注入接头）

图1 注剂式带压堵漏密封技术原理图

夹具设计是支持带压堵漏密封技术成功运用的关键，也是该项技术能否普及推广的制约因素。夹具是注剂式带压堵漏技术的重要组成部分之一，它是加装在泄漏缺陷的外部与泄漏部位外表面共同组成的密封空腔的金属构件。采用注剂式带压堵漏技术对泄漏设备进行封堵，需综合考虑专用密封剂、专用夹具、专用工器具、操作技术之间的协调互补作用。因此，夹具在堵漏技术中要确保密封，确保强度。夹具设计、制作应做到夹具内表面与泄漏部位的外形有良好的贴合性同时，夹具与泄漏部位之间应有适合的密封空腔，便于注射、容纳密封剂；夹具有足够的强度和刚度；夹具与泄漏部位附近表面接触的密封间隙，应尽可能小，防止密封注剂外溢；夹具上应设计有带内螺纹的注剂孔，注剂孔的数量及分布，以确保注剂方便注射和充满密封腔为适宜，用于连接注剂阀和注剂枪，并提供注剂通道。该卡具制作结构简单，仅需钢管、扁铁、槽钢、螺栓等材料就可制作。卡具制作完成后，于进行现场安装注胶，容易制作，便于安装，成本较低，经运行检验，堵漏性能良好。

岗位感受

堵漏班班长梁卫星：带压堵漏方法，施工操作便捷高效，测量计算快速准确，能够保证生产质量全面受控。

带压堵漏专利技术的应用，有效

防止了炼化装置泄漏。2012—2014 年对 74 套炼油生产装置成功实施堵漏 2563 处，一次合格率达 100%。该技术 2014 年 1 月取得国家专利（专利号：CN 20335494U），兰州石化建设公司先后被中国带压密封技术协会评为技术先进二、三等奖等荣誉称号。2012 年 7 月，不停车带压堵漏技术通过 ISO 9001 质量管理体系认证。

◎ 案例撰写人：刘志刚　吴明祯　王益铭　张金雷　李春文

知识链接

带压堵漏：是流体介质在泄漏状态下，进行有效密封的技术手段。带压堵漏是采用一定的技术手段，通过某种特定的技巧和方法，以彻底切断、强行挤压密封剂堵塞和隔离介质的泄漏通道，增加在连接口处流体泄漏的流动阻力。建立一个有效的密封空腔，填满密封剂，有效阻止介质泄漏，来实现堵漏作业。

爬坡梯不再“爬坡”

■ 内蒙古销售公司

为方便加油站接卸油品，内蒙古销售通辽分公司从 2011 年开始陆续给所属加油站配发了卸油爬坡梯，卸油爬坡的作用在于油罐车里的油品能够接卸干净。但是在实际使用过程中，这一沉重的铁质爬坡也给加油站带来一些不便。

通辽分公司库伦经营部第二加油站站经理孙广兴使用一段时间后，觉得这个铁制爬坡梯沉重，一般人根本拿不动它，操作时得需两个人抬。如果放在地上拽，则会与场地水泥地面产生火星，存在安全隐患。不光是孙广兴他们站，其他加油站也存在同样的问题。如果不用这个铁质卸油爬坡梯，油卸不干净，易造成油品损耗，同时还使爬坡梯闲置造成浪费；如果继续使用，会增加员工劳动强度，影响加油，影响销量。

2012 年寒冬腊月的一天，孙广兴与往常一样在加油站帮当班加油员引导进站车辆，忙乎完，他回到站房里时看到经营部锅炉工推着小车往锅炉房拉煤烧锅炉。他看到锅炉工轻松地将一小车煤推走，一点都不费劲，原因是小推车底部有两个小轮。这一再平常不过的场景启发了孙广兴，他联想到了卸油爬坡梯，如果给这个爬坡梯安上两个小轮，岂不更方便、省力、安全？于是孙广兴产生了给卸油爬坡梯安装小轮的想法，便开始实施他的改造计划。

第一步：设计。孙广兴用尺子量了一下卸油爬坡梯宽度，并记在小本上。孙广兴简单画了一张草图，包括轮子的直径大小、安装的位置、焊点等。然后开始自己动手进一步细化完善，在不破坏原卸油爬梯子的基础上设计了一套方案。

第二步：找材料（小轮子）。孙广兴从库伦镇一配件市场选了2个直径为15公分的小轮，拿回来对比，与卸油爬坡梯比例比较匹配。

第三步：加工安装。安装小车轮，需要电焊器具，更主要的是需要电焊工人，孙广兴自己掏腰包请来了一位电焊师傅。按照初步设计的方案，终于给这一笨重的铁质卸油爬坡梯按上了两个小轱辘。安上小轮以后，卸油爬坡梯一个人就可以轻松操作挪动，实现了孙广兴最初的想法。

可是好景不长，出现了新问题。安装好的轱辘在第一次卸油过程中就受到了重创，由于车辆及油品的重量较大，小车轮无法承受巨大的重力，被压扁变形。第一次尝试以失败告终，但是孙广兴没有灰心气馁。他吸取教训，进一步完善设计方案。经过认真琢磨，孙广兴想到了一个好办法，把之前固定的小轮，改成能够灵活转动的。他又加了几道工序，重新设计了方案。在原有的基础上，原焊点位置不变，但轮子横杠轴子变为两个纵向的杆子，把轮子安装在杆子顶部，可以向折页般前后摆动（前侧是爬坡的上坡及平板处，后侧是爬坡的下坡处，在下坡处中间位置焊上了固定的横向铁杆子），车轮子往后摆时候，纵向杆子正好搭在横向杆子上，用于拖拽，轻松自如；而车轮子往前摆动时正好扣进爬坡梯的上坡深槽藏在里边，用于罐车卸油（见

岗位感受

自从给卸油爬坡梯按上轮子以后，我们再也不用因为每天搬这个“笨家伙”而犯愁了，一个人就能搞定，还不费力。

图 1）。为使小轮子更加稳固，孙广兴还特意将两个车轮子的纵向铁杆用三条细铁棍横向连接并焊接上，使小车轮更加结实耐用。这样操作时这两个小轮发挥了大作用，既方便，又省力，还安全。库伦经营部第二加油站经理孙广兴的这一小发明受到了加油站经理们的一致好评。

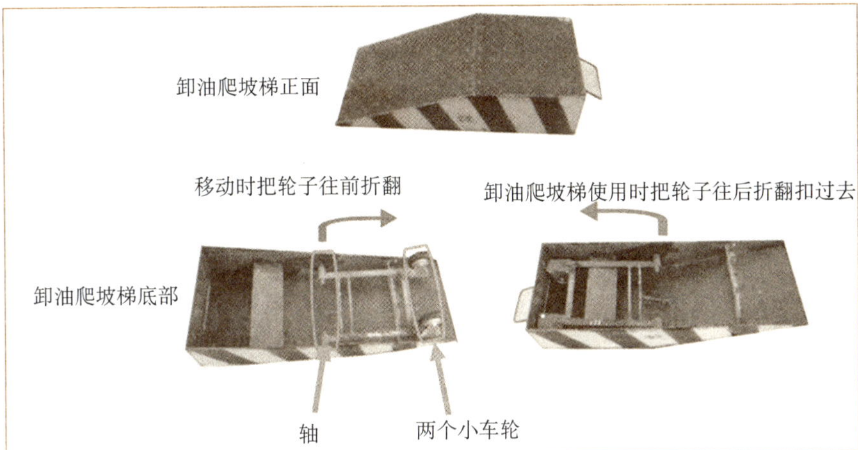

图 1　爬坡梯实物照片

◎ 案例撰写人：沈小明

压缩机的“保护神”

■ 锦西石化公司

锦西石化公司加氢改质装置是公司的重要装置，新氢压缩机K1102A（型号为：4M80-50/9.8 -25-15/25-125BX）是该装置的关键设备。该机由沈鼓集团设计制造，投用至今已有十余年。经过多年的运行，该机的电动机轴承箱上原有的梳齿密封已经使电动机轴颈上出现了磨损痕迹（见图1）。每当机组停止运行时，电动机轴承箱的油封处会有漏油现象发生，加大了润滑油的损耗，使得设备周围环境污染严重。如果进一步发展，一旦电动机轴的磨损加剧，将会引发设备故障，影响装置的长周期运行和安全生产。

图1 电动机轴磨损痕迹

锦西石化公司维修车间技术员王鑫鑫，带领维修人员对故障进行认真分析，根据故障现象，他们决定放弃老旧的梳齿密封技术，经过反复地分析论证和比对，对油封部件进行改造，用新型的轴承保护器代替原有的梳齿密封。

他们最终选择了由艾志公司设计制造的 AIGI322S 型剖分式轴承保护器（见图 2）。该轴承保护器材质为铜，适用于线速度不超过 60 米／秒，允许窜动量为 ±0.4 毫米，允许跳动量为 ±0.3 毫米的工况，同时，这种型号的轴承保护器为剖分式安装结构，非接触式密封，具有永不磨轴、防尘防水设计、密封效果极佳、使用寿命长等优势，完全符合该往复压缩机的运行要求。

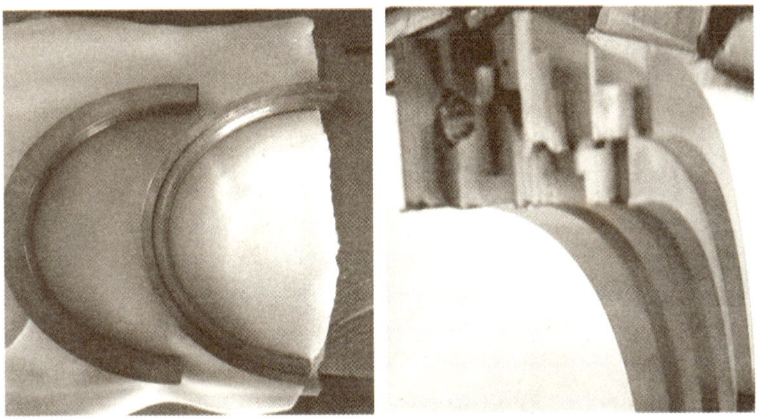

图 2　AIGI322S 型轴承保护器

为了将原来的梳齿密封改为剖分式结构的轴承保护器，需要将原来的轴承箱压盖进行车削改造。由于原轴承箱压盖属于分半式两部分，为此他们做了一个专用夹具，将分半的两部分合为一个整体压盖。通过使用内径量表，量取多点的方法校核压盖内孔尺寸，确保内孔尺寸偏差不大于 0.02 毫米，保证合成的整体符合技术要求。满足条件后，又用点焊的方法对分半式压盖进行加固，防止在车削加工时造成压盖内孔尺寸偏差。调整好轴承压盖后，开始对原来梳齿密封的位置进行车削。将压盖内孔尺寸车削到 Φ365H7/js6，确保轴承压盖与轴承保护器之间达到紧密配合的要求。

经过检测，改造后的轴承压盖完全符合设计要求。在安装过程中，他们先将下轴承压盖回装到轴承箱本体上，再将剖分式轴承保护器的下半部分采用压力设备压入到下轴承压盖中。当下轴承保护器与下轴承压盖的中分面达到平齐的时候，再安装上轴承保护器。两半轴承保护器之间是通过其两侧的内六方螺栓来紧固，完全能保证安装精度，满足压缩机运行要求。接下来，把紧两侧螺栓后，回装上轴承箱盖，油封改造的工作完成（见图 3）。

图 3　轴承保护器安装效果图

从改造后的运行效果来看，改造后压缩机运行平稳，电动机轴磨损和轴承箱油封漏油的问题从根本上得以解决，为企业节省了大笔维护费用，彻底消除了设备运行隐患，实现了设备运行的本质安全。加氢改质装置往复压缩机油封改造的成功案例，可以在各大型往复压缩机上进行推广，为往复式压缩机的改造提供有效的技术和经验的支持。

◎ 案例撰写人：王鑫鑫　都业辉

废旧灭火器变形记

■ 吉林销售公司

吉林销售四平分公司公主岭经营处西加油站地处公主岭市内，邻近周边乡镇，前来加油的摩托车、农用三轮车都习惯用塑料桶加注柴油，由于加油枪不能直接加注塑料桶，所以只能先将油品加入铁桶，再提着铁桶走到固定地点倒入塑料桶。有时候，顾客购买的油品较多，而铁桶容量有限，加油员就得将这套程序重复很多遍，难免耗时费力。尤其是春秋农忙两季，大大小小的塑料桶排队购油，严重影响了加油效率和客户满意率，加大了顾客投诉和顾客流失的风险。

为了解决这个棘手问题，站经理张文斌组织员工们反复讨论。加油员小董说："重新做一个更大的铁桶，一次能装更多的油，问题不就解决了？"他的发言立即遭到大家的反对："客户又不是大力士，谁能抬得动啊？""那就加一个轮子，抬不动但可以推走啊。"加油员小凯说，"而且我爸是职业焊工。"正当大家为这个提议拍手叫好的时候，张文斌及时提醒："想法虽好，但控制成本却是关键。选用什么材料既经济又耐用？我们还要仔细考虑。"顺着这个思路，加油员小王提议："用报废的35公斤灭火器，既能装下不少油，而且不用花钱购买。"这是一个变废为宝的妙招儿，大家一致认可，并立即成立了"项目组"。

"项目组"连夜绘制了设计图，员工们利用休息时间买来了钢管、导管、阀门、小车轮等配件，两个热爱动手改造的员工在小凯父亲的带领下，先用钢管在灭火器上焊接了三脚架和扶手，又在灭火器底部配置了导管和阀门，并且安装了三个小轮以灵活移动，最后还为它喷上了红色油漆。经过大家富有智慧的改造，原本应该成为垃圾的报废灭火器，变成了一次性可加注 30 升柴油的移动加油罐。

有了这个移动加油罐，加油员为塑料桶加油的流程发生了转变。加油员只需一次性往罐中加足所需油品，再将其推至安全地点，把罐底导管插入塑料桶口，再打开罐底阀门，罐内油品就会快速流进塑料桶内，待油品流净，关上阀门即可（见图 1)。比起过去用铁桶加油，一次性所加油品更多，节省了时间；加油员可以推着走，节省了人力；没有跑冒滴漏现象，节省了资源。所有用塑料桶加油的顾客都对这个不起眼的移动加油罐竖起了大拇指。

图 1　加油员用移动加油罐为顾客加油

旧物利用贵如宝，西加油站移动加油罐的制作方法先后在经营处、分公司推广。目前，经营处所有加油站全部配备了移动加油罐，四平地区其他经营处也纷纷效仿。西加油站的员工们笑着说：“如果可能，我们还会去申请专利呢。”

◎ 案例撰写人：赵帅

“五孔”改“七孔”

■ 吉林石化公司

吉林石化公司包装制品厂是一家以塑料编织袋为主营业务的辅助型生产单位。在以往的工作中，由于设备老化、技术薄弱以及粗放式管理等原因，导致工厂曾连续几年出现经营性亏损，年均亏损额近500万元。

自2013年起，为了从根本上扭转这一被动局面，工厂领导班子带领全厂干部员工立足自身实际，大力传承和发扬吉化“勤俭节约、艰苦创业、爱厂如家、从我做起”的“麻袋毛”精神，突出“小处着眼、细处入手、全员行动”，于细微处降成本，于点滴间抠效益。其中，在制袋工序实施的“制袋机挤出模头‘五孔’变‘七孔’改造项目”，就是工厂开源节流、降本增效工作的缩影。

制袋工序是编织袋生产的重要环节。其主要生产设备为YCZ-1300B-6型制袋机，是用于将三合一纸塑复合编织布经彩印、成型、折边、黏合、切断、叠袋等工序生产出中缝黏合袋的设备。挤出模头仅有火柴盒大小，用于挤出扁条状中缝黏合剂，将折边后的袋片黏合制成成品袋。原有的挤出模头出料口为五孔，在挤出过程中，五孔模头的出料量约为1.8克／条，也就是说每条袋子大约消耗中缝黏合剂1.8克。以往，根本没有人在意这一两克的物料。可如今，对于工厂来说，这“一两克”关系到的不仅仅是成本，更是实实在在的效益。举轻若重、积少成多，正是“麻袋毛”精神的基本理念。

为了更好地强化质量效益，工厂生产技术人员在细致研究、反复摸索的基础上，提出了对挤出模头进行革新改造的建议。方向虽然确定了，但如何合理的确定新模头的孔数、孔径、间距等技术指标，从而既能达到最佳的挤出黏合效果，又能最大限度地节省用料、降低成本，就成了摆在技术人员面前的最大难题。为了尽快使计划变为现实，工厂各级专业技术人员每天忙碌在现场，对现有模头展开了深入细致的研究，积累了大量的技术数据。缺少专业的测试仪器，技术人员就用秒表计时、用量筒测流速、用笔管模拟模头孔数；为了检验黏合效果，技术人员就反复制样、反复测试黏合强度。同时，工厂还派出技术骨干，赴大庆等地与同行业企业和制袋机生产厂家进行沟通交流。经过反复修改、完善模头技术参数，最终确定了“五孔”变“七孔”的模头改造方案。

新定制的模头到货后，工厂即利用设备停车切换间隙组织试车。刚试车时，中缝黏合剂流速不畅、黏合不均匀等问题反复出现。技术人员就一点一点地进行打磨、调试，对挤出模头及主机工艺参数进行调整，在保证中缝拉伸强度符合标准的前提下，控制黏合剂挤出量，降低中缝料消耗。为了完成调试任务，多名技术人员曾连续几天不回家，一直工作在现场。经过反复调整和试车，最终摸索出了“设备主机传动速度 65 条 / 分钟、挤出机转速 15 转 / 分钟、中缝料流量 0.9 克 / 条”的最优配比。不仅成功解决了原五孔模头出料不均匀、袋片中缝黏合处易翘曲的质量问题，使黏合强度、质量均达到集团公司先进标准。

小改造也能发挥大作用，小企业也能做出实实在在的贡献。通过实施制袋机中缝模头“五孔”变“七孔”改造项目，使挤出工序出料条数增加、涂膜面积增大，但给料速度降低（30 转 / 分钟降到

15 转 / 分钟）、涂膜厚度降低，不仅使中封黏合面更加平整，黏合强度大幅提高，而且使原来每条袋子 1.8 克的中缝料消耗量下降至 0.9 克，仅此一项全年即为工厂节约生产成本 19.8 万元。

◎ 案例撰写人：张鹏

给煤层气井口戴“口罩”

■ 煤层气公司

保德区块煤层气井使用环形钢板作为井口装置，在开发初期能够满足生产需求，随着排采时间增加，逐渐暴露出环形钢板处漏水、漏气、腐蚀及卸联顶节倒扣等问题，影响煤层气井安全、连续生产。经过调研，国内目前没有针对煤层气井特点进行设计的套管头，天然气井套管头存在结构不匹配、价格高的问题，给保德区块煤层气勘探开发造成一定影响。该区块生产技术人员针对煤层气勘探开发特点，设计了一种结构合理、性能稳定、安装简便、成本低廉的煤层气井套管头，优化井口装置，并进行室内检测及现场应用等工作，有效解决了漏水、漏气问题。

在结构设计方面，采用芯轴式设计，结构分为本体和悬挂器两部分，本体侧出口分别安装压力表及平板阀，实现监测环空压力、反循环固井等功能。针对保德区块煤层气井采气井口法兰型号，将套管头本体上端面设计为380毫米的6B型法兰，钢圈使用R45型钢圈，套管头本体可以使用栽丝与采气井口法兰连接，减少了套管头盖法兰设计及采气井口的底法兰设计，取消使用双公短节，优化保德区块煤层气井的采气井口装置，有效降低成本（见图1）。

本体与表层套管之间使用螺纹密封，配合使用混合密封脂，保证密封效果。悬挂器与本体之间主密封设计使用2道紫铜密封圈，长期密封性能好；辅助密封设计使用橡胶密封圈，气密性能好（见图2）。

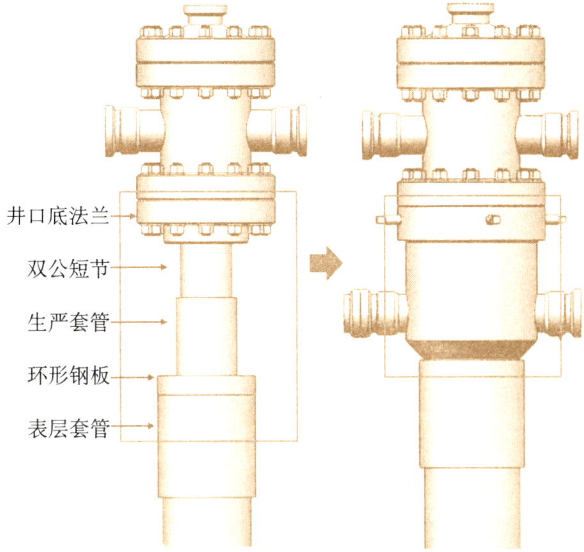

图 1 井口装置优化

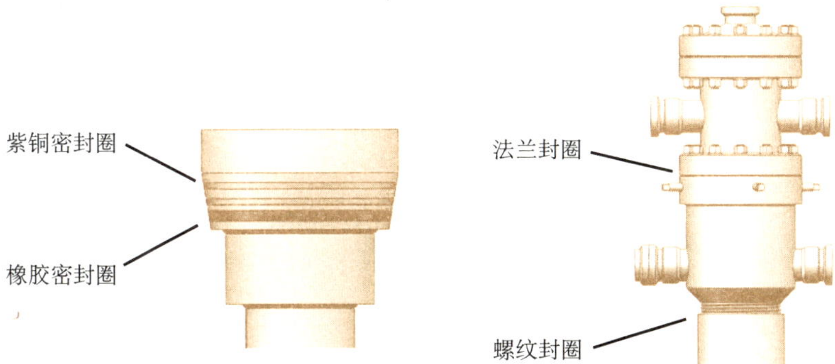

图 2 密封设计

为保证丛式井井场各井的井口高度相同，辅助套管头安装，设计发明可调节联顶节，使用钻机转盘控制底座转动，通过螺纹啮合带动短套管上下运动，调节短套管的顶面高度，从而精确调节井口高度，方便进行抽油机基础安装等地面建设工作。

根据《石油天然气工业钻井和采油设备井口装置和采油树》（GB/T 22513—2008）要求，完成套管头室内检测工作，检测结果合格。通过对煤层气井套管头的现场应用，该套管头安装时间30分钟，密封良好，固井作业正常。卸联顶节过程中未发生倒扣情况，压裂作业时生产套管稳定，起到连接套管柱、悬挂生产套管、密封表层套管与生产套管环形空间的作用，应用效果良好。

煤层气井套管头，具有结构紧凑、安装简便、密封性好、安全系数大及成本低廉等特点，取得专利授权3项（专利号：2014206076724、2014206076353、2014206107116），填补了国内煤层气行业空白。通过对煤层气井井口装置优化，有效解决了井口漏水、漏气问题，消除了动火作业带来的安全风险。安装使用煤层气井套管头，每口井节约成本1万元，随着煤层气公司产能建设的扩大，预计创造经济效益500万元以上。

◎ 案例撰写人：李鹏飞

知识链接

套管头：用来固定井口，连接井口套管柱，支持技术套管和油层套管的重力，密封各层管间的环形空间，为安装防喷器、油管头、采油树提供过渡连接，并且通过套管头本体上的两个侧口，可进行补挤泥浆、监控和加注平衡液等施工作业。

权威点评

本项器具革新成果应用后，有效地解决了井口环形钢板漏水、漏气问题，具有安全可靠、操作简单、成本低廉等特点，在现场应用中取得了良好的效果。

——美国斯坦福大学访问学者、煤层气公司副总经理　徐凤银

用好创新“刀” 切出效率“果”

■ 管道局

2014 年 5 月，管道二公司 CPP210 机组在伊拉克鲁迈拉油田进行井口管线工艺预制与安装，项目部要求机组在 10 天内完成 13 套井口管线工艺预制，并于 5 天内结束全部安装任务，紧张的工期成了摆在机组所有人面前一道不可逾越的“红线”。

根据井口工艺安装要求，机组员工要提前预制工艺组件，经检测合格后才能运往施工井口进行组装。按照图纸要求，工艺组件的直径大多为 3 英寸（89.3 毫米）的短节。按照机组原定的手工切割、打磨焊接的预制工法，完成第一个井口管线工艺预制任务就需要 2 天时间，且焊接检测一次合格率仅为 90%，按此推算 15 天内完成 13 套井口预制与安装任务几乎不可能。

开工 3 天后，面对严峻的态势，机组长谷玉涛以提升焊接检测合格率和增加施工效率为突破口，在预制现场与机组骨干共同探讨解决方案。根据检测显示的根部未熔缺陷，焊工台班长闵朋反映管材坡口不平整、对口间隙过大是造成焊接缺陷的主要因素；而管工胡波分析坡口是手工切割，平整度太低，仅后续打磨就需要 6 人配合，才能赶上组队速度。通过集中讨论，机组最终认定手工切割管材是导致坡口不标准、打磨量大、影响焊接质量的主要原因。

“如果坡口标准，组对和焊接速度肯定都能上来！”焊工刘建生的话顿时让机组长谷玉涛眼前一亮，CRC 自动焊出身的他立刻想

岗位感受

群众的力量是无穷的，在看似无解的情况下，一句话、一个动作给了我们灵感，让我们成功完成了磁力切割机辅助套筒，实现了小管管口的自动化切割，破解了人工切割管口的种种弊端，实现了施工效率和施工质量的极大提高。

到了磁力切割机。以往机组在全自动焊施工中，总会利用磁力切割机配合轨道对大口径管材进行切割作业，以保证坡口标准，提高焊接质量。可是预制工艺组件的管材直径只有3英寸，而现有磁力切割机只能切割直径大于150毫米的管材。

“让管子变大，不就能切割了嘛！”刘建生说出了自己的想法，立即得到机组技术员刘贵明的响应，“我们虽然改变不了切割机，但可以想法儿让管材适用切割机，如同TF卡装入卡套变身SD卡一样，不就实现小变大了嘛。”刘建生与刘贵明的点子当场赢得了大家的赞同，一个以“二刘”为主导的QC攻坚活动迅速展开。按照“卡套”的适用性原理，刘建生为直径3英寸的管材精心设计直径150毫米的“管套”，目的就是满足磁力切割机自动工作的基本需求。而刘贵明则重点完善大管套对小管材的固定功能，通过在管套两侧封口上加焊螺母，利用伸缩螺钉紧固管材，以满足切割需要。从图纸设计到实物测试，机组全员通力协作、密切配合，实现了半天讨论设计、半天制作成品的高效运作。

经员工现场测试，“管套”能够辅助磁力切割机快速、准确切割3英寸管材，切割效率较手工提升4倍，打磨时间较手工降低70%，坡口质量达到焊接要求（见图1）。97%的检测合格率保证了鲁迈拉油田13套井口工艺管预制与安装任务圆满完成。

图 1　员工现场调试“管套”配合切割机作业

◎ 案例撰写人：黄东旭　倪德宏　王宁

权威点评

全员创新，内聚智慧，外化效益。扎根实践就是扎根创新创效的沃土，集小智慧就能成就大效益。实践证明，每个人都有成为创新创效源泉的可能。

——集团公司技术专家、管道研究院院长　徐昌学

开发“国字号”卷筒

宝鸡钢管公司

卷筒作为连续油管的承载工具，主要用于制造连续油管盘绕及其运输。此前由于没有经验可供参考，宝鸡专用管公司连续油管分厂通过转化美国进口图纸，由制造厂家制造钢制卷筒，其几何尺寸大，强度要求高，加工制作成本较高。卷筒的加工制造费用平均成本每个接近 5 万元，每年按 200 个卷筒的需求量测算，卷筒购置费高达 1000 多万元。

为实现降本增效，分厂组织相关工艺技术人员重新设计后由国内厂家进行试加工制造，但由于国内制造厂家依据吨位收费，分厂人员在不影响卷筒使用情况的前提下，对卷筒重量继续进行优化设计，以减少加工费用。根据国内 5 年来卷筒的使用经验及运输特点，经过缜密分析，在保证安全性的前提下，结合卷筒在油管卷取过程中的受力情况，提出了卷筒改造方案：将卷筒分成工作卷筒和运输卷筒两大类，其中分厂生产过程中使用工作卷筒，成品交付用户时使用运输卷筒。

工作卷筒依据在油管生产过程中使用频次高、受力大的特点，减轻卷筒重量会影响卷筒使用寿命，且存在一定的安全隐患，故仍按原技术条件制造；运输卷筒依据其使用频次低的特点，在保证需要强度的前提下优化设计以减轻重量，从而降低加工制造费用。

连续油管运输卷筒单重约为 3 吨，自重大，加工费用高。在卷筒优化试制过程中，分厂技术人员先将原卷筒7毫米厚度的侧板取消，卷筒减重约650千克，经试用后发现，重量虽然减轻，但不能很好地对油管进行防护，故放弃取消侧板的想法。

最终优化设计后的卷筒（见图1）将侧板由原7毫米厚度减为3毫米，平均每个卷筒减重约526千克。改进后的运输卷筒，经发往俄罗斯的连续油管试用，完全满足需要。分厂根据这一成功实例，对不同型号的卷筒分别进行优化设计，从各方面试用，均满足使用需要。

图1 最终优化卷筒

经试用优化后的运输卷筒，单重从3吨减少为2.474吨，减重0.526吨。按照1.4万元/吨的加工费用进行测算，每个卷筒可降低费用0.736万元。截至2014年8月底，分厂共优化设计加工卷筒162个。

◎ 案例撰写人：谢宁

知识链接

工作卷筒：圆柱形带轴卷筒。通常采用钢制作，两边装配有轮缘，用来储存和运输连续油管产品。工作卷筒通常采用独立的液压驱动系统控制其旋转，一套随车的液压装置和随车的高压管，该高压管通过高压旋转的转环连接连续油管。卷轴直径和轮缘直径随卷取钢管直径和长度的不同而变化。

运输卷筒：用来运输连续油管的木制或金属制作的形似绞盘的装置。

截断阀截断安全隐患

■ 北京天然气管道公司

RMG711截断阀作为站场关键设备，因其性能稳定、操作简单，广泛应用于西气东输、陕京线等长输管线站场。但正因其重要性，按照北京天然气管道公司体系文件要求，每年需对截断阀进行测试，以保证设备工作正常。鉴于上述情况，截断阀截断值的设定、测试是否准确就尤为重要。在以往截断值的设定、测试过程中为了不影响正常供气，都是在线测试，即需关闭被测试支路出口球阀，打开调压阀下游的放空阀门，在气体流通的情况下进行设定、测试，通过观察调压后压力表进行截断值调整。由于压力表精度问题、放空管线管径小、流通量小等问题容易产生压力波动，使截断值的设定产生误差，造成截断值的设定不准确。

近年来，荷兰生产的默克威尔德截断阀在输气站场应用日渐增多，其截断值测试是通过压力整定箱（见图1）和该截断阀控制箱的压力开关（见图2）连接，来对截断阀的截断值进行设定、测试，不需要在线测试，该方法简便、安全。

图1　压力整定箱

图2　默克威尔德截断阀控制箱

通过对 RMG711 截断阀指挥器结构研究分析，将默克威尔德截断阀的截断值设定、测试所用的压力整定箱应用在 RMG711 截断阀上，还是可行的，只是需要制作一个能够将压力整定箱和 RMG711 截断阀指挥器（见图 3）连接的工具即可。在以往站场改造、设备更新后都会淘汰部分零部件无法处理，一直闲置，既造成浪费又占用空间，未发挥到最大利用价值。针对这种情况，技术人员利用部分淘汰零部件（1 个压力表两阀组、1 根 30 厘米的引压管、1 个转换接头），自己组装、改造了一套用于连接压力整定箱和 RMG711 截断阀进行截断值设定、测试的工具（见图 4）。在测试前将 RMG711 截断阀指挥器连接下游的引压管根部阀关闭，缓慢拆卸与指挥器连接的卡套，将压力整定箱和组装改造的工具连接即可进行截断值的设定、测试。利用该套工具进行操作简单易学、操作安全、不会对环境造成污染、避免了天然气的浪费，经实践测试效果良好，目前已在北京处各站场推广应用（见图 5）。

岗位感受

目前北京输气管理处站场上有 12 台 RMG711 截断阀在用，以往测试时费时费力，截断值设定存在误差，同时测试过程中造成能源浪费。通过改造，截断值的设定更加准确，具备更高的可控性，员工操作起来更加简单易学，同时避免了能源浪费，为站场安全平稳运行提供了有力保障。

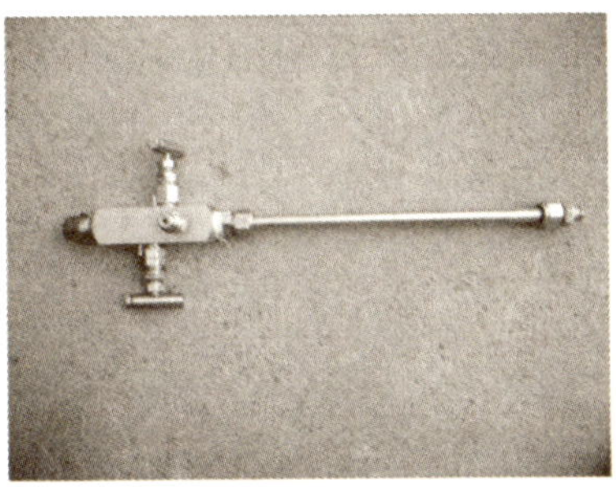

图 3　RMG711 截断阀指挥器

图 4　组装改造的工具

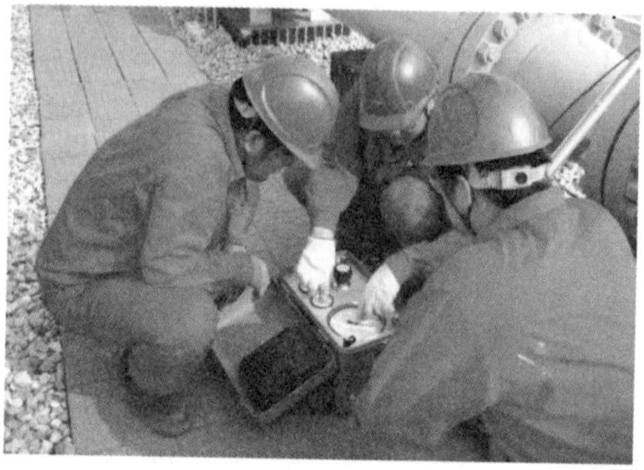

图 5　站场截断值测试

经过此次改造，对淘汰零部件进行组装改造再利用，变废为宝，避免了浪费。以往 RMG 截断阀截断值的设定、测试至少需要 2 个或 2 个以上的人员配合在线测试，至少需要 5 分钟才能完成。经过改造后，只需要 1 个人在 2 分钟内即可完成，既省时又省力，节能降耗、避免环境污染和资源浪费，又保证了截断值设定、测试准确。

◎ 案例撰写人：刘亚

知识链接

RMG711 截断阀：是直接作用自立式安全截断阀，是输气站场常用的主要安全设备，即当检测压力达到截断阀设定的截断值后截断阀迅速截断，切断气源，避免下游压力继续超高对设备造成损坏，甚至引起爆管等危险，避免对站内人员、周边群众生命及财产安全造成更大威胁，因此截断值设定得准确与否，对站场的安全运行起着至关重要的作用。

权威点评

压力整定箱的发明解决了以往 RMG711 截断阀整定压力测试中存在的操作繁琐问题，使得截断阀整定压力可以在线测试，方法简单、安全、可靠，而且减少了天然气放空，易于操作，节省了人力物力。专业技术人员利用多年工作积累的经验和扎实的理论知识，围绕着现场生产实际需要开展科技创新，再加上高度的责任感和工作热情，就可以迸发出智慧的火花，形成完美的技术组合，在实现安全生产需要的同时，降低了成本投入，提高了工作效率。

——集团公司技术专家　么子云

废旧砂不再被"抛弃"

■ 宝鸡石油机械公司

宝鸡石油机械公司新区铸造采用目前世界上最先进的碱酚醛树脂砂生产工艺。该生产工艺的特点是型砂中不含硫、磷、氮等有害元素，防止了由这些元素引起的裂纹、气孔等铸造缺陷。型砂中游离甲醛少，改善了生产现场的劳动环境。但是，该工艺的缺点是旧砂再生回收率低。每次浇注后都要淘汰一部分废旧砂，造型时需添加相应数量的新砂作为面砂。目前的生产中每天抛弃的废旧砂约10吨。

过去废旧砂的抛弃采用两种方法：第一种方法是砂型浇注后，从开箱现场洒落的旧砂堆中直接用抓斗抓到垃圾车上倒掉；第二种方法是砂型浇注后，将开箱洒落的旧砂和砂箱内壁黏结的旧砂全部投入落砂机，经过全封闭的落砂再生系统处理后，输送到造型现场，从造型混砂机搅笼口卸到垃圾车上倒掉。第一种方法操作简单，但是经过一段时间的运行，发现再生砂的性能恶化，发气量增加，耐火度下降。这是因为每次抛弃的开箱现场洒落的旧砂均是贴近铸件表面的面砂，即只循环了一次宝贵的新砂。而砂箱内壁黏结的背砂却在反复循环使用，这些背砂经过反复循环造型、浇注，砂粒表面黏结膜不断增厚、耐火度不断下降，砂子性能恶化。为了杜绝新砂用一次就淘汰，旧砂反复回用的弊端，提高再生砂的性能，采用第二种方法。即将开箱后洒落的面砂和砂箱内壁黏结的背砂全部投入落砂机，经过全封闭的落砂再生系统处理后，输送到造型区从混砂机搅笼卸到垃圾车上倒掉。这样做使再生砂的性能有了一定提高，但仍不够理想。因为倒掉的旧砂还是面砂和背砂的混合物，而且每天抛弃大量的废旧砂要经过砂处理系统的破碎机、筛分机、沸腾冷却床、摩擦再生机、微粉分离机、砂温调节器、旧砂库、多个气力输送器及管道、混砂机搅笼等一系列设备。造成设备无效损耗，动力大量的消耗、浪费。而且混砂机搅笼卸砂效率低，卸砂时现场粉尘飞扬，污染环境。

针对以上诸多的问题，2014 年 4 月铸钢车间领导召集生产和设备管理人员、技师反复研究讨论，并与砂处理设备德国进口供应商法特公司讨论，提出了一个大胆的设备改进方案。即在德国进口的砂处理设备前端砂块斗下设计制作一个快速卸砂装置，将打箱落砂后的背砂能直接卸到垃圾车上。避免背砂与面砂混合，避免需要抛弃的废旧砂经过砂处理系统的全过程。改进方案确定后，立即组织施工。由技师肖民宁设计绘图，并从老区废旧设备上拆来了电磁阀、气缸、下砂控制闸板等需要的器件，设备员陈小洪带领电钳工画线下料制作溜砂槽、安装控制器件，大家群策群力，制作完成了快速卸砂装置。

此装置完成后，经过近十个月的使用，效果非常好。形成了生产中旧砂渐次淘汰，新砂不断替代旧砂的良性循环，再生砂的性能显著提高，省去了废旧砂抛弃要经过砂处理一系列设备，造成设备无效损耗、动力大量消耗、浪费的现象。过去卸一车废旧砂需 15 分钟左右，现在只需 3 分钟左右。卸砂效率比过去提高了 5 倍，消除了卸砂时粉尘飞扬，污染现场工作环境的弊端。据粗略计算，此项改进每年可为公司节约设备、动力费用约 40 万元，受到现场工人的好评。卸砂装置及工人卸砂过程见图 1 、图 2。

图 1　快速卸砂装置

图 2　工人卸砂过程

◎ 案例撰写人：刘宝明

“阀门超市”

■ 辽阳石化公司

2014 年，面对严峻的生产经营形势，机械厂阀门车间的员工们看在眼里、急在心上，建议公司开展阀门修旧利废工作，挖掘其中的巨大潜力。原来，以往化工装置拆卸下来的部分废旧阀门多数被报废处理了，有一些仍然具有再利用的价值。公司采纳了厂和车间的建议，并将其列入公司开源节流措施规划中。2014 年年初，机械厂立即组织实施，通过建立“阀门超市”的形式，对工艺阀门进行统一管理，实现各分厂、各生产装置工艺阀资源共享，高效利用。

机械厂副总工程师专门负责，由生产计划部门统一组织，联合有关职能部门，以阀门车间为主要实施单位，在充分调研论证的基础上，制定了工艺阀修旧利废工作计划和管理流程，在取得公司管理处室和各生产厂支持的前提下，扎实稳步地开展工作，取得了比较理想的成效。

为了提高阀门的维修水平，消除技术上的盲点，面对阀门密封面有的存在深裂纹和深坑缺陷需要补焊等问题，他们成立了由技术人员、工人骨干组成的技术攻关小组，对硬质合金密封面堆焊等关键技术进行攻关，经大量反复试验，成功摸索出硬质合金堆焊的技术要点及热处理时间、温度控制等细节。

在工作过程中，对焦化装置公称直径 800 毫米闸阀的成功维修也标志着阀门维修能力的一个较大突破，每年可为公司节约维修费用数十万元。焦化装置运行介质黏度大、杂质多，阀门的长期频繁开关造成各种硬伤、划痕无法避免，频繁维修成了必然。原先，由于自有密封面自动研磨机口径较小，技术能力不足，无力开展维修，只能委托给公司外部厂家，维修费用长期外流。阀门车间决心改变这种状况，他们立足自身力量，组织技术人员收集、研究相关资料，自行摸索、设计、制作了大口径密封面自动研磨机。经反复实验、改进以及投入实际维修作业，证明使用功能良好，完全符合设计目标要求，实现了公称直径 800 毫米闸阀的维修研磨完全自主。

图 1　已经完成修复的各类阀门

截至 2015 年 3 月末，各生产装置陆续送到机械厂的各类旧阀门有 3455 台。按照工作流程，经技术人员初步筛选鉴定，有近 1452 台阀门有修复价值，经过解体、检查、维修等生产环节实现以旧翻新，成功修复了近 740 台，为公司节约采购费用近百万元。

同时，为方便生产厂一线装置查找、领用急需阀门，机械厂建立了统一的“阀门修旧利废台账网页”供需要单位随时查看，内容包括型号、规格、压力及材质等详尽信息。各生产装置已领用 74 台，标志着“阀门超市”开张顺利。机械厂以阀门车间为中心基地，已经走出一条相对成熟的废旧阀门“接收—保管—建账—鉴定—修复—领用”的完整维修管理路径，标志着废旧阀门的修旧利废工作走上了规范化、常态化。

◎ 案例撰写人：陆文涛

知识链接

硬质合金：用于制造工艺阀门密封面材料，具有良好的高温性能、优异的热强性及耐热疲劳性能，尤其是其在高温下具有优越的耐擦伤性，因而在高温高压、使用条件恶劣场合得以广泛使用。由于其属于钴基合金，存在焊接成型困难等因素，同时该材质密封面阀门造价又高，随便更换会造成极大浪费。

权威点评

阀门是炼化生产装置的常用设备，由于炼化装置高温高压强腐蚀性介质的特殊操作条件，经常造成阀门失效，常规做法是更换新阀门。辽阳石化公司将废旧阀门由机械厂统一管理，走出了一条“接收—保管—建账—鉴定—修复—领用”的废旧阀门管理路径。这种阀门超市的常态化管理模式值得借鉴。

——集团公司技能专家　胡丽莉

调筛孔提效益

■ 工程设计公司

2013 年 7 月底，麦喀高速项目沥青路面开始大面积施工。新疆油建承建的沥青路面铺筑任务为 75 万平方米，分上、中、下三层，需要自行加工沥青成品混和料 27.8 万吨，创公司历年来沥青路面施工规模之最。

沥青混凝土路面造价较高，主要由机械费和材料费构成，是项目成本控制的重点。机械作业约 2100 万元整体外包，材料约 1 亿元由麦喀施工项目部自行采购和拌和，因此控制材料成本成为路面施工成本控制的关键。

沥青路面各种矿料在加热后需在拌和机上进行二次筛分，由称重系统精确配料，多余的加热料则废弃，为减少废弃料，拌和人员常随意调整配合比，从而降低了沥青混合料质量。按照新疆交通厅的要求，新疆油建麦喀施工项目部加强了对沥青混合料的质量控制，在拌和机上安装了监控系统，随时向监控网站传输数据。对沥青混合料配合比的任何调整均会留下记录，杜绝了以往为减少废弃料人为随意调整沥青配合比的行为。

由于配合比的严格控制，麦喀项目出现了沥青拌和机生产较多废料的问题。最初拌和机每天产生 3 ~ 6 毫米废料 300 余吨，占总量 10%，且本地碎石原材价格非常高，到场价达每吨 150 元，废料价值约 45 万元，极大地影响了项目效益。

鉴于此，麦喀施工项目部组织技术人员进行技术攻关，减少废料排放。在调整冷料进料方面下工夫，调整 3 ~ 5 毫米与 5 ~ 10 毫米两档冷集料的比例。经过反复试验，不是甲料多了，就是乙料少了，难以做到平衡。去其他施工标段借鉴有效经验，结果存在同样问题。最后大家认定是碎石原材料级配太差、其他档石料中 3 ~ 6 毫米料过多而造成浪费，无法解决。

但眼睁睁任其这样发展下去，整个项目将产生 2 万吨废料，约 300 万元。项目部的管理人员没有放弃努力，一直在寻求解决方法和途径。工夫不负有心人，经过无数次的查找和试验，终于发现了问题的真正症结——热料筛孔堵孔。

大家都知道筛子用过一段时间是需要清理的，否则容易堵住筛孔，而施工经验的思维定式让现场两个月左右方对筛孔清理一次，从而忽略了现在使用的机型发生了变化。4000 型拌和机的产量比以前的机型超出一倍有余，且使用的材料是碎石，连细集料也是石屑，相比砾石和水洗砂更容易堵孔，尤其是 3 毫米的细筛孔，最容易被堵上。加之限制了人为调整热料配合比，多余料无法人为地加到混合料里，这就造成了 3 ~ 6 毫米废料的大量产生。

经过筛孔清理，果然没有再产生废料。在后期的生产中项目部制定了 7 天就清理一次筛孔的操作规定，严控废料产生；而前期产生的 3 ~ 6 毫米废弃料按较小的比例加入到沥青下面层混和料中，成功地再次进行利用。

2014 年 6 月 20 日，麦喀项目沥青砼路面施工全面完工时，全部废料仅有 80 吨左右（约 1.2 万元），与其他施工标段堆积似小山的废料相比，效果显著。新疆油建人没有在困难面前低头，坚持不懈，利用技术改进，有效控制了材料成本，保证了项目效益。

◎ 案例撰写人：常林

配件互换解决“麻烦”

■ 川庆钻探工程公司

2014 年 2 月，川庆钻探井下作业公司华阳生产基地，压裂酸化公司设备应急小组正在为集团公司第一口工厂化同步压裂重点井长宁 H2 工厂化平台做着准备。由于该井施工时间长，参加施工的压裂车有 2000 型和 2500 型共计达 35 台。压裂泵有三种型号，阀体有两种结构，消耗量最大的易损件阀体需要准备非常多，不能通用互换，在搬运阀体时，压裂泵车操作手鲜亚林一句“这么多阀体现场安装胶皮还麻烦，要是能够统一就可以少准备点了”引起技术干部陈陟的注意，也有了提高配件互换，解决“麻烦”的最初想法。

在提高互换性方面，他考虑的不仅仅是阀体的互换，首先分析了三种阀箱及配件结构的现状，如表 1 所示：

表 1　三种阀箱及配置结构情况

	HQ2000	GD2500	GD2800
适用压裂车	HQ2000 型	国产 2000 压裂车	2500 型压裂车
柱塞	3.375 英寸	3.75 英寸，可以互换	
阀体	4 英寸，导杆式	4.5 英寸，四爪式，可以互换	
柱塞密封填料	油润滑	部分相同，因为柱塞密封方式不同	
堵头	水平堵头、垂直堵头结构及密封填料均不相同		
缸盖压帽	扣型及尺寸均不相同		
排出法兰	尺寸及密封填料均不相同		
压传法兰	尺寸及密封填料均不相同		

根据各阀箱及配件结构现状，结合多年来现场使用反馈的效果，他提出了提高互换性的整合方案，如表2所示：

表2 三种阀箱整合方案

<table>
<tr><th></th><th>HQ2000</th><th>GD2500</th><th>GD2800</th></tr>
<tr><td>适用压裂车</td><td>HQ2000型</td><td>国产2000压裂车</td><td>2500型压裂车</td></tr>
<tr><td>柱塞</td><td>3.375英寸</td><td colspan="2">3.75英寸，可以互换</td></tr>
<tr><td>阀体</td><td colspan="3">整合为3.375英寸，导杆式</td></tr>
<tr><td>柱塞密封</td><td></td><td colspan="2">优化整合为统一填料组合</td></tr>
<tr><td>堵头</td><td colspan="2">水平堵头、垂直堵头整合为HQ2000的结构，堵头密封填料统一</td><td></td></tr>
<tr><td>缸盖压帽</td><td colspan="2">扣型整合为GD2500锯齿扣，结构整合为HQ2000</td><td></td></tr>
<tr><td>排出法兰</td><td colspan="2">结构及密封填料整合为GD2500排出法兰</td><td>密封填料整合为GD2500</td></tr>
<tr><td>压传法兰</td><td colspan="2">结构及密封填料整合为GD2500压传法兰</td><td>密封填料整合为GD2500</td></tr>
<tr><td>备注</td><td colspan="3">整合后GD2500阀箱的有效壁厚能得到加厚，对阀箱使用寿命会有提高；不过垂直及水平安装螺孔处螺纹压帽的承载能力要降低一些，通过安全计算能够复合安全要求；通过结构组合，整合后阀箱与复合型阀箱具有相同的工作容积比例，GD2800没有影响</td></tr>
</table>

提高互换性整合后的泵有很好的现场适用性。其阀组件由于有更大的过流面积，有更好的综合使用效果，体现在同工况下，阀座、阀体（见图1、图2）总成的使用寿命相对更长，阀沉水室不容易积留残液，更方便泵阀箱的清洁与维护；并且其螺纹压帽、密封堵头（压盖）等配件也相对更轻一些，可以降低操作人员的劳动强度。

图1 4英寸导杆式阀

图2 4.5英寸四爪式阀体

经过涪陵页岩气压裂、长宁区域工厂化压裂及各种零星配合施工任务的检验，改造后的配件（见图 3）完全达到现场施工的要求。在现场施工提高了车型之间配件的通用性和互换性，降低了配件管理的难度，大大提高了经济效益，节约了成本。

在解决麻烦，提高效率上，他分析现在阀体和胶片的结构，设计制造了一种可以方便安装、拆卸阀胶皮的装置。

图 3　改造后的配件节约了运作成本

提高配件互换性后，减少了页岩气工厂化压裂平台井下施工现场备件数量，减少了人工、运输等成本，提高了阀箱可靠性。阀胶片安装、分离装置现场使用，提高安装、拆卸效率 100% 以上，提高阀体使用效率 40% 以上，以一个平台井 20 台压裂车 50 层计算，预计可节约 30 万 ~ 40 万元左右。

◎ 案例撰写人：杨文伟

第4章 石油情怀，铸就控本增效之魂

新形势、新任务、新常态，催生新使命。百万石油人以大庆精神铁人精神为引领，在平凡的工作岗位上，满怀“我为祖国献石油”的豪情壮志，以强烈的主人翁责任感，投身石油事业改革发展新实践，爱岗敬业、艰苦奋斗，勇于创新、争创一流，淡泊名利、甘于奉献，用实际行动诠释着踏上新征程的石油人情怀，展示着迈入新时期的石油人风采。

唱响《皮带歌》 节能创效赞

■ 大庆油田公司

油井系统管理好，皮带用量看得到；
四点一线尺卡牢，松紧调整时时要；
使用皮带对型号，轮槽损坏更换掉；
载荷增加发现早，洗井质量跟踪好；
电流变化原因找，泵况异常立知晓；
机械异响需修保，行程异样平衡调；
带损突增细推敲，供液气锁参数瞧；
安全操作最重要，增油节带效率高。

大庆油田第一采油厂第六油矿的这首《皮带歌》，把皮带使用要点、注意事项等问题都编到了里面，小小的《皮带歌》不但朗朗上口，而且精准简洁，方便记忆，深入人心。而这首《皮带歌》创作者就是采油高级技师张喜民。

这还要追溯到2014年的年初。一天，无意中听到场房里传出同事的议论："咱们这皮带消耗量太大了，这个东西还不能二次利用，这要是能少用一些得节省多少钱啊！"张喜民脑中灵光一现：是呀！一个采油矿每年皮带损耗需要近万组，300多万元，是一笔不小的开支。面对日益严峻的油田开发形势，更应该从节约皮带做起，从一点一滴去节约成本。只有这样，才能保证油田效益，让油田持续稳定地发展。可是怎么做才能有效地节省皮带呢？整整好几天，他一直在思考着这个题。

解决问题，首先要寻找原因。通过不断学习研究，张喜民必须先明确皮带损耗的主要原因：这里不仅有电动机皮带轮与减速箱输入轴皮带轮的四点一线问题，还包括井下泵况、回油管线结蜡、地层供液情况、地下气体影响、带轮损坏及皮带质量、皮带安装不规范、皮带松紧度、电流不平衡率、设备润滑率、对中率等很多原因。而面对如此多的原因，能做到对皮带进行有效保护的，正是工作在基层一线的采油工人。只有每一名采油工人都能够了解皮带损耗的原因，才能对症下药，从根源入手对皮带进行维护，为企业省下这笔开支。

如何找出最有效的方法，通俗易懂地将这些看起来很复杂的东西传授给大家成了老张日夜思考的问题。老张白天思考，夜里琢磨；上班路上想，吃饭时想，睡觉时还在想。时间一天天地过去。有一天，突然一本古诗集映入他的眼帘。张喜民想到：有了！何不把问题编成诗歌，好记又好学，易普及又可流传。

可要想编制出一首诗歌，既朗朗上口，又要把操作规程、注意事项全囊括其中谈何容易。就这样，老张开始了自己的“创作历程”。他不放过任何有用的细节，不厌其烦地反复修改歌词。首先需要让员工懂得简单的操作规程，使得规范化操作规程一下映入人的眼帘；对于个别野蛮装卸皮带的情况，又需要在诗中加以警示，把平时一些不良习惯的行为一下挑在面前。同时，老张还希望将地质分析的重要意义告诉采油工人，他在地面管理、产能分析上结合生产经验进行了总结加入诗中。在诗歌中，老张更是注重环保与安全，把员工的身体健康放在首位，强调机械设备要勤保养，及时维护才能保证安全生产，预防特殊事故的发生。

经过反复修改和完善，《皮带歌》终于问世了。从皮带的损耗原因到如何预防，从地质分析到生产维修维护，再到日常管理，意义和作用全部包括在这128个字之内。

通过在全矿9个采油队一年的应用和推广，《皮带歌》起到了明显效果，不但减少了皮带的损耗，更提高了员工的素质与业务水平，与去年同期对比，单井年平均用量减少了0.5组，全矿一千多口井就是一笔可观的费用。现在，矿里的采油工一提起《皮带歌》都赞不绝口，不仅因为它能节省费用，更因为它能提高工作效率，方便又省事儿！

◎ 案例撰写人：张喜民 范永福

大庆精神

为国争光、为民族争气的爱国主义精神；独立自主、自力更生的艰苦创业精神；讲求科学、三老四严的求实精神；胸怀全局、为国分忧的奉献精神。

权威点评

基层一线青工敢于突破定势，打破传统，因地制宜地利用现有条件开展革新发明，改进了工艺，提高了效益，创造了利润，可谓一举多得。由此可见，要实现创新创效，不仅要有打破常规的智慧与思路，更要有“敢为天下先”的胆识与勇气。

——全国“双百人物”、新时期铁人 王启民

抓契机巧谈判　铁路运费降一半

■ 大连销售公司

2014 年 7 月 19 日，在大连销售仓储分公司四楼会议室里，一场谈判却紧张激烈、各不相让。谈判双方是仓储分公司和大连铁路货运中心，双方 8 名代表相对而坐，争论的焦点是一份运费合同。如果谈判成功，将彻底改变多年以来的取费模式，仓储分公司可每年节省上百万元，而另一方则意味着要为切掉一块蛋糕而心痛。

仓储分公司成立以前，大连公司所属三条专用线分别隶属于三个不同的地市级分公司，各分公司在运费管理上没有交集，因而单方面受制于铁路系统。集中管理后，仓储分公司通过数据比对，发现各专用线之间收费差异较大，最大的差距可达 4.05 元／吨，如果能够实现按最低标准收费，运费一年就可以节约百万元之多。节约的就是效益，少花的就是利润，看到这样一个机会，仓储分公司怎肯漠然置之。但合同已经延续了多年，要修改又谈何容易。争取可能无功而返，放弃却又如鲠在喉，仓储分公司抓住铁道部改制成立铁路总公司这个契机，以合同主体变更为由，主动提出商讨新合同，打响了降费攻坚战。

▸ 精心准备，细做功课，有理有据占先机

俗话说：有理不在声高。怎样才能打破这个延续多年的陈规旧矩，让铁路方面心服口服，靠喊、靠闹一定行不通，必须有法可依，以理服人。首先要弄清楚运费差价出在哪，分公司储运部几名

业务骨干花费了大量精力研究整理各项收费的来龙去脉，搜集了发改委、铁道部、辽宁省物价局和沈阳铁路局等多个方面的相关价格文件，多达数十种。通过一项项比对、分析、统计，终于找出了差价的根源就是代理服务费和防护费，并且依据规定，分公司发现这两项收费项目的收费标准和合理性值得商榷。

说干就干，趁着平日业务联系的机会，业务人员委婉地向铁路部门提出降费想法。“别开玩笑，现在什么不涨价，不给你们涨就不错了！”吃了几次闭门羹，大家发现这种沟通显然行不通，于是，决定采取“曲线合围”的策略，绕过大连车务段，从沈阳、抚顺、北京等铁路部门，通过专业人士了解各收费项目的合理性，经过多方信息收集汇总，最终找到了降费的突破口！尽管如此，公司仍然清醒认识到，要做到“谈钱不伤感情”，难度还是很大。为此公司在研究谈判原则中明确，要注重考虑对方心理上的平衡，注重通过尊重增强对方的赢家体验，注重引导对方认识到降费后仍然是一个互惠的关系。

▸ 提前谋划，摸清情况，多措并举赢主动

知己知彼才能百战不殆。工作人员连续奋斗十几天，没日没夜上栈桥、到现场、查内情，得到最真实的第一手信息与数据，全面细致了解到每条铁路专用线的经营情况、运量和运价，收集整理了上百份原始凭证单据。有了这些货真价实的依据，分公司可谓是占了先机、得了主动，万事俱备，只欠东风了。

谈判桌上，面对仓储分公司关于三条铁路专线必须采取统一收费标准的诉求，铁路方面不甘示弱，“各家情况不同要区别对待，如金州专用线三家共用，为给你公司优先保供，我们经常帮协调费心，多收一些服务费应该。”面对这样的强硬的态度，稍有不慎就

会陷入僵局。对此，仓储公司胸有成竹："我们已经调查，添加剂厂处于半停产状态，已经两年没有进货。另一家能源公司现经营不善，每年通过铁路进货连我们零头都不到，额外服务不存在。"摆出的事实如此详细具体，铁路方面最终做出了让步。这意味着金州东门车站所收取的每吨 5.8 元的代理费，将至少降低为 1.5 元/吨，金州油库每年自备车进货 20 余万吨，降费所带来的成果可想而知！

▸ 乘胜追击，讲究策略，再下一城创效益

成绩面前，仓储公司没有停下降费的脚步，而是想趁热打铁，将目标锁定到大幅降低代理费。在第二阶段更为艰苦的谈判中，公司将讲究方法策略放在首位（见图 1）。确定了"欲扬先抑"的策略，把价先杀到最低，造成心理落差，再适当抬高，超出对方预期。

图 1　仓储公司与铁路方面进行谈判确定收费标准

谈判过程中，我方代表如数家珍地拿出沈阳铁路局和辽宁省物价局 2000 年联合下发的第 60 号文等一个个规定、通知和文件，指

出依据文件，代理费应遵循双方自愿，可以少交，甚至不交。面对这样重磅的杀手锏，对方沉默了，但仍迟迟不肯松口。尴尬之际，分公司主动提出，为了支持新组建的铁路大连货运中心的业绩，为感谢多年来对公司的帮助，可以按目前标准的一半支付代理费。这个“让步”使对方感到了诚意，也有了台阶，短暂商议后便愉快达成了协议。此次降费成功取消了金州东门铁路的“防护费”，全面降低了 3 条国铁专用线代理服务费，同时还争取到铁路货运中心为分公司垫付每日发生的各项费用，节省了资金占用的利息支出。

一年多的努力终于得到了丰厚的回报。新合同成功签订后，新的收费标准较以前降低 50%，每年节省运费支出百万余元。目前，大连公司各油库专用线的铁路收费项目实现了收费有据、费率合理、标准统一。

◎ 案例撰写人：张霄汉

权威点评

这个案例的亮点，在于把降费的思路拓展到了企业外部。难在敢于向“管我的”而不是“我管的”环节要效益，妙在善于抓住铁路重组改革的契机为切入点，细在超前收集大量政策依据使对方驳不倒、推不掉，精在知己知彼、周密运作的谈判策略和技巧。而支撑他们主动作为的，是对企业发展的强烈责任感，以及“节约的就是效益，少花的就是利润”的经营理念。

——大连销售公司副总经理　刘承波

小小草帘大文章

■ 大庆石化公司

消火栓及其所连接的地下管网遍布厂区每一个角落，是消防员灭火作战的“弹药库”。大庆石化位于严寒的黑龙江省，漫长而严寒的冬季将黑土地冰冻何止三尺！钢筋混凝土构筑成数米深的消火栓井，再盖上复合材料制作的井盖，有时也不能确保井内以铸铁为材质制造的消火栓不被冻住，甚至冻坏。每年“冬防”保温工作，如何让地下534座消防栓井、7座消防水鹤过个“暖冬”一直是大庆石化消防支队指战员们执勤战备的重要任务。而在所有的保温材料中，产自南方大海中的海草经过晾晒编织而成的海草帘是消火栓冬季最好的“羽绒服”。从温暖湿润的南方大海边，运至低温严寒的东北黑龙江，海草帘价格是年年水涨船高！

大庆石化消防支队广大指战员结合实际动脑动手，从回收小小海草帘入手（见图1），写出了挖潜增效大文章。每年入冬前的10月15日是海草帘铺入消火栓井的日子，惯常做法是将库房中成捆的海草帘运至保温现场，打开直接铺入井内篦板上，盖上井盖，直至次年5月1日取出。生长在大海中的海草，虽然经历过无数次与海浪的搏击，在海中飘逸、强劲、潇洒，但如果在东北消火栓井内潮湿的环境中度过一个冬天，基本上也就断成一节节废料。如何让细如发丝的海草编织成的海草帘循环利用，成为消防指战员们分析、讨论的热点。为海草帘提供一个干燥的环境，是延长其使用寿命的关键。找到了问题的“牛鼻子”，就等于成功了一半。

图 1　消防官兵正在编织消防草帘

无水之井

消火栓井本来的设计就是无水之井，因为只有无水才能保证井内的消防栓设施四季不腐蚀，冬天不结冰。但大庆石化是一个有 53 年历史的老厂，建厂时的配套消防工程已年过半百，大部分消火栓井长年渗水，这对延长海草帘使用寿命十分不利。为了让其在冬季变成无水之井，支队在冬季来临前详细观测地下水文情况和水位沉降态势，待地下水位稳定不再下降后，再组织消防战士利用抽水泵抽出井内积水，抽不出的再用水桶淘，尽可能把井内积水清出，并对窨井风干、晾晒，努力降低井内湿度。

日观天象

清除消火栓井内积水后，按程序应该在 10 月 15 日进行海草帘入井工作，但现在改变了过往做法。这个支队密切关注 10 月 15 日前后气象变化，从风力、温度、湿度等方面综合考虑，选择相对连续晴朗、干燥的日子对存放在库中的海草帘进行晾晒，晾晒后再趁着热乎劲入井，并及时盖上井盖，主动营造了一个天时地利人和的环境。

▷ 重点巡查

因为冬季漫长，海草帘要在消火栓井内存放近 7 个月左右的时间。虽然入冬前采取多种措施淘尽井内积水，但在多种因素的影响下还会有部分井出现渗水。为了防止井内渗水时间长、水位高现象的存在，保持井内干燥，降低海草帘湿度，消防支队制定了《消防栓冬季巡查制度》，建立了台账，定期对消火栓井进行巡查。如发现有井内渗水现象时，所属基层大队应组织人员在 3 日内淘尽，否则进行经济责任考核。淘水时，有时要在 −20℃低温甚至冒雪进行，消防指战员以苦为乐，把淘出井内积水当作作战任务来执行。

▷ 再观天象

第二年 5 月 1 日，是“冬防”保温结束的时间。同样，支队也密切关注此时的气象变化，同样选择天气连续晴朗干燥的日子，轻拿轻放地取出在井中待了一个冬天的海草帘，一张张铺开，并就地进行晾晒，让在阴暗潮湿中待了一个冬天的海草帘重见天日，沐浴阳光，把所带的水分全部晾晒干净。

▷ 重获新生

多年来，海草帘也进行回收，但只回收一部分，大部分损坏的就地抛弃，不再利用。现在，这个支队组织人员对晾晒后海草帘根据损坏情况进行修补，绳断的接绳，只剩半张的拼接成一张，萎缩变薄的两张编织合成一张。以往本应淘汰丢弃的一张张海草帘，又重获新生，再次入库。半年之后，它们会再次进入消防栓井中，与曾经的小伙伴再次相拥过冬。也因此，消防支队的一个个大小伙子做起了编织海草的“针线活”。

2014 年，大庆石化消防支队在挖潜增效活动中原计划回收海草帘 8000 张，节约 12 万元，实际回收 9700 张，多节约资金 2.6 万元。虽然节约资金数额不可与生产单位在工艺优化方面挖潜增效几百万、上千万相比，但给员工带来触动却是巨大而深刻的。

◎ 案例撰写人：张祥允

权威点评

“合抱之木，生于毫末；九层之台，起于累土”。消防支队以“勿以善小而不为”的理念，从小小的海草帘入手，写出了挖潜增效的大文章，值得深思。见微知著，企业经营发展中的每一件小事，只要我们认真去做，就会有收获、有成绩，就会促进企业的蓬勃发展，小事就成为大事，体现出的价值是无限量的。

——大庆石化公司副总经理　孙玉彬

“创客”达人创效记

■ 辽河油田公司

“创客”正在逐渐成为新时代青年的身份标签。在辽河油田欢喜岭采油厂，怀揣着青春梦想的“80后”“90后”也勇敢踏上创新之路，以拼搏向上的精气神成为“创客浪潮”中的弄潮儿。

▷ 小技改搞出“大专利”

采油202队所管理的欢26杜家台块是一个低渗透稀油区块，近两年以单井单泵高压增注方式转注水开发，注水工艺的改变带来了新的管理难题。细心的管会宁发现：注水泵工作不稳定，泵出口压力不能随着井底压力变化而自动改变，导致注水不平稳，需人工调整，如调整不及时就会烧泵，严重影响注水效果。“能不能改进一下，既保证注稳水又能省时省力？”电工出身的管会宁暗下决心，一定要啃下这块硬骨头。

他从研究现有注水泵的工作原理入手，每天无论上井还是下班，笔记本、原理图、仪表参数设置说明书不离身，满脑子全是泵、变频器、数字仪表，通过不厌其烦地连接各种可能形成的电路走向，经过无数次实验摸索，管会宁终于完成了“高压增注泵注水井恒流控制技术”成果（见图1），并在现场广泛应用，填补了注水井管理一项空白，同时创效数百万元。2014年4月，“高压增注泵注水井恒流控制技术”被正式授予国家发明专利。

图 1　管会宁进行高压增注泵注水井恒流控制技术实验

▷ 废料堆刨出“大效益”

一堆躺在废料堆里的电动机皮带轮和电动机锥套，引起了王洪雨的疑惑，在他刨根问底追问下，综合队队长李树军道出其中原委。现在用斜铁或拉码拔轮加气焊切割套子的组合方法，在电动机换轮时容易出现三个问题：一是斜铁或拉码拔轮易造成电动机轮损坏；二是气焊切割后的套子会报废；三是可能在气焊操作不当时造成电动机轴损坏电动机转子大修。

这些“浪费”让王洪雨看在眼里、急在心上，如何既降低工人劳动强度又能减少损耗，成了他的“心病”。一次在 4S 店看到维修师傅用拔轮器给汽车换轮胎，他发现这种工具干起活来轻松自如，如果加以改进，应该可以解决生产上的难题。受到触动的王洪雨就像个“拼命三郎”，废寝忘食地查资料、画图纸，写了又改、画了又删，一干就是 40 个小时不知疲倦……经过反复调试论证，他完成了“抽油机电动机轮、套一次性拆卸装置”，成功解决了传统操作方法产生的浪费现象，年创效达百万元，研发专利申请已被国家知识产权局受理，现在工人们都亲切地称这套工具为“洪雨”牌拆卸器。

小装置破解“大难题”

采油女工独立完成更换密封填料的力气活难度很大，如果遇到紧急情况没人帮忙，只能让油井停在那儿。可换密封填料这活是采油队的“必修课”，一次两次帮忙还行，时间长了真不是个事。

为解决这一难题，祁辉经常围着油井转，心里琢磨着如何加点东西增加助力。在网上认真查阅相关资料后，他开始动手画图纸，方的、圆的、椭圆的形状各异，再用橡胶垫剪成需要的模样，反反复复进行了上百次实验……一套助力装置逐渐成形。该装置安装在密封填料盒压盖上方，锁定锁销，依靠凸轮杆，将助力装置固定在抽油杆上，用力下压杠杆，同时转动密封盒压盖，就可轻松将压盖转动入扣。经过现场实践，即使是一名身体单薄的女工，只要掌握了方法，都可以单独完成难更换的井口密封填料，同时避免了管钳碰盘根、踩密封填料盒等违章行为，为员工操作增加了安全系数。一经使用，工人们大力点赞。

岗位感受

作业二区副区长王洪雨：每一项创新灵感，都来自于长期的积累和全身心的投入。只要善于学习，热爱创新，就能在岗位上锻炼成创新能手。我们要用创新过程促进自身的进步，用创新成果推动企业的发展，用创新精神开创美好的未来。

2013 年以来，采油作业二区一群勇往直前的“创客”达人累计完成各类攻关课题86项，研发创新成果52项，其中获国家专利15项，累计获得厂级奖励金额达6.2万元，年创造经济效益442万元。

◎ 案例撰写人：刘茉莉 王维

知识链接

拔轮器：是对车轮、轴承等工件的拆卸等功能的专用工具。通常分为整体式和分体式拔轮器，整体式拔轮器是以油压起动杆直接前进移动，故推动杆本身不作传动，钩抓座又可以随螺纹直接作前进后退之调距。分体式拔轮器是以手动或电动油泵为动力，通过高压油管的传递使拔轮器的大活塞向前推进，勾爪勾住被卸物承反作用力，实现拉卸之功能。拔轮器具有携带方便、容易操作的特点。

权威点评

创新不在于工作的性质，职务的高低，岗位的不同，而在于对事业的忠诚热爱，在于有没有立足岗位创新创效的志向，在于肯不肯花大力气去把你从事的工作钻研透，只要我们每一位员工都具有创新的意识和行为，都能够立足岗位创造性地开展工作，那么人人都可以是创新主体，处处都可以是创效的舞台。

——全国劳动模范、中国高技能人才楷模 束滨霞

四星加油站的炼成

■ 新疆销售公司

红桥加油站位于新疆维吾尔自治区塔城市外环路，由于市场竞争非常激烈，2004 年开业以来，该站销量提高缓慢。2009 年年初，张翠英接任红桥加油站经理，面对严峻的市场形势，她深挖内部潜力，靠规范服务稳固市场，靠亲情服务拓展市场空间，化“危”为“机”，把普通的达标加油站创成四星级加油站，成品油销量连年提升，成为中国石油新疆销售有限公司塔城公司的龙头加油站。

▸ 深挖潜力，稳固客户群体

张翠英带领员工主动与客户沟通，了解他们对油品质量、服务质量、服务需求等方面意见和建议，将服务承诺变成站内的实践行动，将客户要求变为站内服务的发展方向，站务会上，大家想的是形势，谈的是销量，讨论的是提量增效的方法，全员参与，总结不足，借鉴其他站优点，改进服务质量。根据不同客户特点，提供不同的特色服务方式：对出租车以提供快捷方便服务为主；对长途大车以提供周到细致服务为主；对农用车以提供市场需求服务为主等。

2014 年 5 月，一位工地老板由于资金周转失灵，致使油款不能及时到位，油品供应间断，工地面临停工，老板十分焦急。张翠英得知后，立即赶向银行取出自家存款代买了一车油送到工地。张翠英的仗义让工地老板热泪盈眶，事后工地老板还钱时执意要附加利息，被她婉言谢绝了，她说："我信得过你，只要您认可我们的服务，就是对我们最好的赞扬！"

细致体贴的服务赢得了客户的信任，客户用一带三、三带五的客户进站率回报了加油站员工辛勤的劳动。从2009年的100吨以上10余家固定客户到2014年的50余家固定客户，加油站赢得了好的口碑，更多的单位与个人成了加油站的定点客户。

图1　张翠英为客户送油

▶ 亲情服务，拓展市场空间

农业用油占红桥加油站销售份额30%。春耕前夕，张翠英带领员工登门拜访农机客户，走遍了塔城周边的园艺场、发展队、162团等十几个农牧业基地，宣传站内服务承诺、油品知识、农业种植行情等信息。详细掌握客户资料，服务需求、耕地面积、用油量、车辆信息、种植计划。主动教授储油方法，有效的服务承揽到大量的农机客户。

工程用油不属于市场固定份额。2013 年 5 月，张翠英了解到塔裕公路修建工程，用油数量达 2000 多吨，她立即跟踪、商谈。开工前，她帮助工程队联系 5 亩场地用于堆放工程石料，为工程队节约储存成本 3 万多元。工程队不熟悉当地情况，需要砂石，她二话没说带着项目经理到周边的 3 个砂厂寻找，不仅帮客户拿到最便宜的砂石料，而且还为工程队争取到免费的水资源。投桃报李，工程队为当地连队摊铺了一条小路，双方共赢。为工程队解决了无数难题后，工程经理终于被她感动，签订了供油协议，工地的 38 台挖掘机、压路机、翻斗车以及生活车等成为加油站的固定客户，亲情服务使加油站销售业绩突飞猛进。

岗位感受

不因生活之于我们的太少而抱怨，不因工作忙碌而颓丧，坦然地生活和工作，在自己的岗位上做出真正的自己，把热情和执著投入到工作之中，把关爱和勤奋放置到服务之中，从工作中体会到快乐，从付出中体味到甘美，这是石油销售系统中无数个张翠英工作的现实体现。她们用“心”的付出，汗的挥洒，拥有了“新”的收获，赢得了广大顾客的感动，用诚信、用热情、用爱让自己的人生岁月从此无悔！

▶ 细化考核，奖罚促进双赢

红桥加油站有本销售业绩账。按人登记销售量，这些数据应用到加油站员工业绩考核和非油返利分配中。按照年度主、非油销售指标制定出考核措施，人人肩上有指标，每日考核，每月评比，每季度兑现。成绩优秀的给予奖励，业绩落后要做书面分析，有效激发出员工的内动力。在红桥站，一进便利店就可以感受到一种浓郁的营销氛围，货架上商品井然有序，员工的微笑、热情的询问、优质的服务，让进店顾客产生购买欲望。保持笑脸、行动快腿、练出巧嘴成为红桥站非油销售的三件法宝，全员行动使便利店“寸土”生“万金”。

几年来，红桥加油站主非油业务业绩节节攀升，成品油从2008年的2800吨到2014年9600吨，便利店销售从13.4万元到2014年突破370万元，多次荣登新疆销售有限公司销售龙虎榜，连续三年在新疆公司酒类销售竞赛中排名第一。加油站先后荣获销售板块、新疆销售有限公司标杆加油站、先进加油站等荣誉，站经理张翠英2011年荣获集团公司优秀共产党员荣誉称号，获得中国石油销售公司劳动竞赛先进个人等多项荣誉，实现了集体和个人的双赢。

◎ 案例撰写人：封美

权威点评

红桥加油站在市场复杂、竞争激烈、需求多元的经营环境中，经受到了磨炼和洗礼，使自己的市场之路越走越宽。

——新疆销售公司副总经理　王文喜

攻克电动机的“疑难杂症”

■ 大庆油田公司

电厂的风扇磨煤机电动机重达 20 吨，是关系机组发电供热的关键设备之一。由于启动频繁和所带负荷大，导致电动机在经过十多年的“服役”后，陆续出现烧损现象。2013 年，大庆油田电力集团油田热电厂已烧损了 3 台。

“部位相同，现象相同。”蹲在煤粉飞扬的现场，班长田伟逐项仔细地检查设备，心里却在寻思，修理一台电动机的费用至少需要 18 万元，那可是一台中档轿车的价格啊。照这样下去，企业的损失可就大了。一想到这，田伟就心疼不已。

为什么就是磨煤机电动机总烧损？其他的 6 千伏电动机怎么没这样？是维护不到位，还是其他电厂也有同样的问题？带着一肚子问号，田伟开始了求索之路。他先后咨询了同行业的多个电厂，得知沈阳一家电厂一年最高曾烧损了 8 台同类型电动机，其他企业情况也类似。他还特意跑到齐齐哈尔一个专业检修电厂磨煤机的公司询问，当看到一年里密密麻麻的电动机检修记录时，田伟明白了一件事，此类电动机的烧损在火力发电企业是普遍现象，也是一个大家都感到头疼却又无可奈何的难题。

得到了答案，田伟并没感到轻松。接受现实，还是想办法解决生产实际问题，成了摆在他面前的一道选择题。“全国同行业那么多技术专家都没办法，我们能行吗？”那几天，他的心里在犹豫不定。

作为班组的生产骨干，必须为企业分忧。“干了！”田伟狠狠地一拍桌子，把大伙儿都吓了一跳。

为了找到电动机烧损的原因，田伟连续4天在现场查看，除了每天回去短暂休息一会儿，他基本都泡在磨煤机电动机定子膛里（见图1）。夏天主厂房温度高达40℃，别说工作，即使在这里溜达一圈，浑身上下都湿透了。电动机定子膛里更是像闷罐一样，在里面跟蒸桑拿差不多，蜷坐在里面的田伟浑然不觉。

图1　田伟在检查发电机定子线圈

正赶上机组大修，在解体给水泵电动机时，田伟眼前一亮。给水泵电动机的楔片是环氧树脂制成的，结实耐用，齐刷刷没一个坏的。“能不能用武侠小说里说的那个移形换位，把磨煤机的楔片换成环氧树脂楔片呢？”创新的火花在田伟的脑海里迸发。

在班组技术攻关小组的讨论会上，田伟大胆提出了自己的想法。“设备出厂就那么设计的，你给改了会不会影响电动机的正常运行？没有了带磁的楔片，磁场效应如何保证？”施工组长庞志强的疑问，犹如当头的一瓢凉水，让田伟立刻就蔫了。

“还移形换位呢，武侠小说看多了吧。”有的班员和他打趣道。“我就不服了，一定能有办法。”田伟不认输的劲头上来了。翻看书籍资料、查阅图纸、上网咨询、研究设计，田伟又开始了成天成宿的琢磨。

“还是移形换位。”再次讨论时，田伟一开口大家就都笑了。“别笑了。我想在把楔片改成环氧树脂的同时，把下面的垫条也换成磁条。这样既加强了楔片的强度，又保证了磁效应，你们看行不行？”大家细一琢磨，虽然方法简单，但挺实用，还真可能行。

大胆假设，小心求证。田伟没有盲干，他详细地写下整个方法过程，发给电动机生产厂家请教求证。晚上 7 时，得到肯定的答复后，他心里有些底了。

说干就干，田伟带领班员更换了磁力垫条和环氧树脂楔片，并借鉴加固发电机定子线圈的方法，用涤波绳对风扇磨煤机电动机端部线圈进行了缠绑。为了绑得更结实，田伟又做了个小改动，把出厂时 50 厘米一个缠绕点缩短为 30 厘米一个缠绕点。双管齐下后，改造后的磨煤机电动机端部线圈要比以前坚固数十倍。电动机烧损率下降了 90%。2014 年年底，一家电动机专业修理公司的专家计算好风扇磨煤机烧损的时间，来油田热电厂揽活，看到拆开的电动机后，惊讶地说：“这电动机再运转个十年八年也没问题！这次我是白来了。”

几条绑绳，一些环氧树脂楔片，没有多少成本的小创新，却真正解决了这个生产实际难题。这项创新在电厂近百台大型高压电动机推广应用后，累计节约维修费用 1000 多万元，这项技术还获得了全国 QC 成果一等奖。电力行业内的多家电厂慕名前来取经，并对田伟赞不绝口：“一个工人，能想出这样的方法进行革新，还解决了连厂家都头疼的技术难题，真是太有才了！”回去后，他们都采用了田伟的这套技术。

在田伟的带领下，班里形成了浓郁的创新创效氛围。田伟和他的伙伴们先后琢磨出了拔销工具、轴承顶轴、励磁挡板、密封注胶枪等工具，虽然成本不多，但都解决了生产实际问题，为企业节约了近百万元的维修资金。

◎ 案例撰写人：龚耕　王炎

权威点评

这项技术改造，解决了高压电动机由于长周期大负荷运行造成的线圈易烧损问题，而且经济效益和社会效益都很显著，这是小员工解决大难题的典型代表。这项成果的产生也让我们更加深刻地认识到，在员工中营造浓厚的科技创新氛围，积极为他们提供创新舞台和动力，才能让更多的草根发明家产生。

——集团公司技能专家 武海玉

闫波的营销窍门

■ 吉林销售公司

六孔桥加油站位于四平市六孔桥路，隔壁就有一座营业面积1万平方米的一站式购物的综合性商场。几年来，站内30平方米的便利店竟然在逆境中茁壮成长，2014年，非油销售92万元，同比增长20%；2015年1—4月，非油销售44万元，同比增长62%。这些成绩，蕴含着便利店主管闫波的营销智慧。

▶ 巧妙摆设，惹人眼球

便利店四排货架，百余种商品。如何摆放效果最好？闫波总结了“三步法”：第一步，按照客户的消费规律确定货架摆放角度，让销售区成为顾客进店交款开票的必经区；第二步，按照商品分类摆放，热销品正面摆，特色商品台上来，大众饮料堆头卖；第三步，按照商品形状摆放，方形日用品、圆桶形饮品都可叠加成不同造型，吸引顾客眼球。为确保日期新鲜，闫波对每次进货商品的生产日期和保质期都逐一记录，每天上班他都会翻开本看一看，看到即将到期的商品，就马上下架封存。

▶ 扩展思维，对外销售

一次，闫波看见自己家小区超市写着“电话预约，送货上门”的广告，他脑子一转，便利店也可以送货上门啊！第二天，他把这个想法告诉了站经理，员工们马上就到周边的小区散发传单，当天送货就达到 200 多元。现在，便利店每天外卖营业额在 150 ~ 500 元，便利店日均营业额达到 2300 元。

▸ 发现细节，开口营销

寻找商机要靠敏锐的眼光，说动顾客要靠勤快的嘴巴，这两样不可或缺。2014 年，六孔桥站新增了彩票业务，刚开始彩票仅在站房内销售，业绩不太理想。为进一步扩大宣传，闫波让加油员收款时向顾客推荐，并组织大家分享经验，逐渐摸索出一套开口策略：顾客加油需要找零钱时，推荐顾客用零钱碰运气，从彩票最小面值推荐，并提示可能赢得的最大奖励。现在，很多顾客都把收零钱换成了买彩票，彩票销售每天营业额能够达到 200 元左右，最多的一天卖了 800 多。

▸ 以油带非，寻找商机

六孔桥加油站在做好站内日常营销的同时，积极拓展营销市场，他们利用油槽车送油到村屯地头。在一次外出送油的过程中，闫波无意听到农民要去镇上买化肥的事，他立刻上去接话："买化肥还用专门跑一趟？我们加油站就有卖，下次送油我顺便给你们带来。"看到农民疑惑的眼神，他一边宣传中国石油品牌，一边解释各种化肥的适用类型。看到闫波讲解得头头是道，当场就有两个农户提出预定要求。整个春耕期间，六孔桥站总共推销化肥 39 吨，实现营业额近 11 万元。

▸ 善于沟通，统筹调货

在一次商品推销过程中，顾客要购买 6 条中华烟，闫波查询了一下库存只剩下 3 条，他马上向其他便利店求助，连续打了几个电话后终于凑够 6 条，交到客户手里。通过这件事，他提议各便利店主管加强联系，并组建了经营处便利店主管微信群，让大家及时沟通，降低库存，促进销售。目前，每天都有近千元的商品在各店间调动、销售。

学会发掘，全员合作

在便利店日常的营销活动中，员工与顾客的接触是最直接的，闫波就根据员工的性格特点设计全员合作营销模式。加油员赵亮是女员工，嗓门亮、自来熟，加油员王志佳是男青年，闷葫芦，力气大，两人一个班组，一个开口推荐，一个火速搬运，配合默契。闫波主攻店内，他擅长相关商品推荐，卖方便面就能顺带多卖几根火腿肠，卖饮料还能捎带卖几杯咖啡，他的口号就是不让一个顾客空手走出便利店，他的QQ昵称甚至改成了“雁过拔毛”。

岗位感受

闫波：营销不是一个人的营销，而是全员的营销，只有大家相互信任，相互合作，才能创造出更好的成绩，这估计就是最厉害的营销窍门吧。

◎ 案例撰写人：王今强

6 个预留阀门

■ 管道公司

漠大线自漠河首站起至大庆林源站，全长 925.6 公里，是从俄罗斯陆路进口原油的石油干线通道。漠河首站的储油罐建设，对于漠大线日后应急抢修及俄罗斯原油增输都具有重要作用。

为降低管道运行风险，提高漠大线输量的弹性余量，改善俄罗斯来油输送趋紧状态，2012 年漠大线适应性改造工程开工。工程包括在漠河首站新建 4 座 5 万立方米储罐及配套设施、输油泵、给水泵和消防自动化升级设施等配套设施。

“凡事预则立，不预则废”。施工过程中，一直盯在现场的沈阳调度中心主任王富才获悉公司还要在漠河站新建储罐，根据对于管道生产技术多年的深刻了解，王富才意识到如若新建 2 座储罐，漠大线不仅需要管线停输，还需在与漠大线适应性改造工程工艺系统 6 个连接点各实施一次一级动火，带来潜在的安全风险及高额动火成本，可能导致漠大线全线停输，造成巨大的国际国内影响。因此虽然在工程设计方案中没有预留阀门的要求，王富才仍提出了一个工程计划外的建议——在罐区工艺管线上提前安装阀门。

针对预留阀门的建议，管道公司第一项目经理部立即组织设计、施工、监理等有关单位负责人召开专题会议，详细讨论研究，迅速拟定了技术方案，决定安装 6 个国产手动闸阀。其中，在阀组间安装 4 个阀门，包括 2 个公称直径 800 毫米进罐阀、1 个公称直径 700 毫米罐出口阀、1 个公称直径 600 毫米倒罐阀，用于漠河首站储罐扩容工程动火碰头；在给油泵房南侧汇管池安装 2 个阀门，1 个公称直径 700 毫米、1 个公称直径 800 毫米阀门，用于漠大复线工程动火碰头。

在方案确定后，第一项目经理部在第一时间协调阀门供应商组织供货，催交催运物资，精心实施，为阀门顺利安装提供保障。同时，项目经理部还千方百计为方便日后管线运行优化设计细节，如：借鉴俄罗斯标准，在新罐区修建了巡检平台，减少罐区积雪时员工巡检难度；在罐顶安装了巡检护栏及双边扶手，增强了巡检人员的安全性。

2013 年，股份公司根据漠大线未来增输需要，批复了漠河首站再建两座 5 万立方米储罐及配套设施的可研报告，6 个预留阀门在漠河首站储罐扩容工程和漠大复线工程建设中展现了巨大的价值

新建的 2 个储罐投产时，只需连接 6 个预留阀门短节即可实现工艺要求，避免了在 6 个连头点进行封堵作业、实施一级动火和管线停输，规避了站区生产运行与动火施工同时进行带来的安全管理风险，并且缩短了动火周期，保障了工程建设工期，节省出了漠大线管线停输时间。如果不安装这 6 个阀门，工程建设将需要 6 次带压封堵、动火作业共计十余处碰头点，加上动火合同谈判等工作，工期至少还要延长一月的时间。

漠河首站地处边境，路途遥远，社会依托差，一级动火所需人员、设备要从千里之外的沈阳调集。依据目前工程建设情况，漠大线管线 1 处动火点设备调遣费用约 50 万元，加上封堵费、排油费共计约 250 万元，6 处动火点共计 1500 多万元。而提前预留 6 个阀门

仅需几十万元的购置、安装成本，在降低后续工程动火成本、控制工程造价方面发挥了突出作用。

◎ 案例撰写人：刘俊哲

铁人精神

铁人精神是大庆精神的具体化和人格化。主要包括："为国分忧、为民族争气"的爱国主义精神；"宁肯少活 20 年，拼命也要拿下大油田"的忘我拼搏精神；"有条件要上，没有条件创造条件也要上"的艰苦奋斗精神；"干工作要经得起子孙万代检查""为革命练一身硬功夫、真本事"的科学求实精神；"甘愿为党和人民当一辈子老黄牛"、埋头苦干的无私奉献精神。

让每一根螺栓都知道装置开工了

■ 锦州石化公司

锦州石化公司160万吨/年延迟焦化项目，是中国石油炼化板块隐患整改项目。属于高温变温易泄露装置，要保证装置实现安全环保开工，需要做好4万多静密封点的检查，每一根螺栓、每一颗螺母正常，垫片合规，紧固一致，排凝、焊口、引压点等要实现100%排查。车间主任宋连军倍感压力，他到装置现场去检查时，总是携带扳手，对那些容易被大家忽略的部位敲敲打打。比如，压在伴热线下面的螺栓，贴近塔壁的螺母，液面计的排凝等，他都会用扳手去轻敲，听听声音，感觉一下松紧度。但是，对装置的所有细节，无一遗漏地进行检查，靠他自己力量还是有限，要把压力有效传递下去，让每一名员工都行动起来，就需要对员工传达一种理念。于是，他提出了“让每一根螺栓都知道装置开工了”的口号。这个口号形象生动，凝结了对新装置无微不至的关爱，也唤起了广大员工的主人翁责任感，洋溢着焦化人对二套焦化装置（见图1）开车工作的热情和自信。

100%检查到你所分工的每个设备的细节，敲遍你所分工部件上的每一根螺栓，摸到每一个有可能泄漏局部点位，从而实现装置在开工检查、开工过程中的几个主要环节，严格执行预紧、热紧规定动作，整个过程受控，无泄漏现象发生。最终达到装置一次开车成功，开车过程中做到不排油、不排汽、减噪声。

图 1　锦州石化焦化装置

想到的一定要做到，从细微的小事做起。他们在执行过程中严格执行预紧和热紧的工序和标准，执行作业票和区域详单，车间管理人员现场确认、记录，不放过每一道法兰。预紧中坚持重点部位液压扳手紧固，高温部位和变温部位，增加碟簧的使用，削减了波动的影响。蒸发器回装过程中通蒸汽，小浮头相当于热紧回装，消除内漏可能。

为防止多人负责容易形成没人负责，车间将开工涉及的工艺管线流程图采用立体轴视图流程和工艺平面流程图两种方式张贴，便于所有人员查找和理解。同时将每组工艺管线的分工明确到个人，在图上本人签名画圈，明确自己的责任属地，划分界限在直管段切割，无盲点。将每一道法兰、阀门、仪表孔板、引压点、排凝、压力表、机泵本体和附件都囊括在内，实现分工无盲点。按照生产受控的要求，装置开工严格执行预紧、热紧的温度。车间领导与参战人员分兵把守，开工过程步步受控，做好安全提示，作业交代，过程沟通和确认，使各工序间完美衔接。员工感慨地说：“‘让每一根螺栓都知道装置开工了’激发了我们的工作热情，这句口号，一下子把装置说活了，我们用认真负责的态度对待装置的每一根螺栓，它们也会以最好的状态来回报我们，我们带着感情建起的装置，怎能忍心不让它们健康地运转。”

锦州石化公司二套焦化装置实现一次开车成功。二套焦化静密封点4万多个，开工步骤3200个，开工期间做到全部受控，实现了不跑一滴油、不放一次火炬的高标准开工，做到了“气不上天、油不落地、声不扰民”的安全环保开工。

◎ 案例撰写人：宋连军　陆智勇

优良传统

岗位责任制：大庆会战时期形成管理制度，包括“岗位专责制”“巡回检查制”“交接班制”“设备维修保养制”“质量负责制”“岗位练兵制”“安全生产制”和“班组经济核算制”。这8种制度归纳起来，总称基层“岗位责任制”。后来又建立了基层干部岗位责任制和机关干部、领导干部岗位责任制，并强调指出：“岗位责任制的灵魂是岗位责任心”。这一整套岗位责任制，把千千万万的具体工作同千千万万名职工挂起钩来，落到实处，体现了油田生产的客观要求，具有广泛的科学性、群众性和实践性，对石油企业的科学管理，发挥了重要作用。

计量站“淘宝”记

■ 渤海钻探工程公司

全员淘宝，淘出了乐趣，淘出了效益，也淘出了惊喜。

一个弯曲的金属架，一个生锈的螺丝钉，一块巴掌大小的橡胶垫，这些都是典型的废品，但在计量站人的眼中，这些都是他们四处淘来的“宝贝”。计量站的员工在承担着仪表检定修理及钻井仪器研发等繁重任务的同时，始终不忘念好“节约挖潜经”，将淘宝进行到底。

岗位感受

计量站王国瑞：我要为站里的“淘宝”行为点赞，全员寻找螺丝钉解决了仪表修理时经常遇到的小零件短缺难题，橡胶垫角料制作密封垫实现了变废为宝，自制仪表检定架解放了劳动力、提高了工作效率，一举两得。看来‘淘宝’在生活中离不开，在工作中也很重要。

▶ 自制仪表检定架

计量站每年检定的仪表在 2 万块左右，工作量居高不下，尤其在钻井高峰期，这里的员工每天都要工作到深夜。

指重表是钻井生产中最重要的仪表之一，检定的难度也是最大的。在检定表头时，需要一定的倾斜度，通常是一人扶着表头，一个人进行打压检定，如果配合稍有差错就得重新再来。尤其是对站里的 80 后员工严晴来说，检定指重表就是一个“苦差”。

严晴想，如果有一个专门的仪表

架，那检定的效率会提高很多，但是材料从哪里来呢？严晴翻找自己的“百宝箱”，找到了几个金属架、铁丝等零件。她在技术员的帮助下，结合工作经验，找准“倾斜角度”“表头悬挂”“液压管线连接”等工艺难点，测量数据，设计图纸，利用淘来的宝贝制作了一个检定架（见图 1）。经过现场试验，效果良好，工作效率提高了 30%。为了奖励发明人严晴，计量站把这个金属架命名为“严晴指重表检定架”。

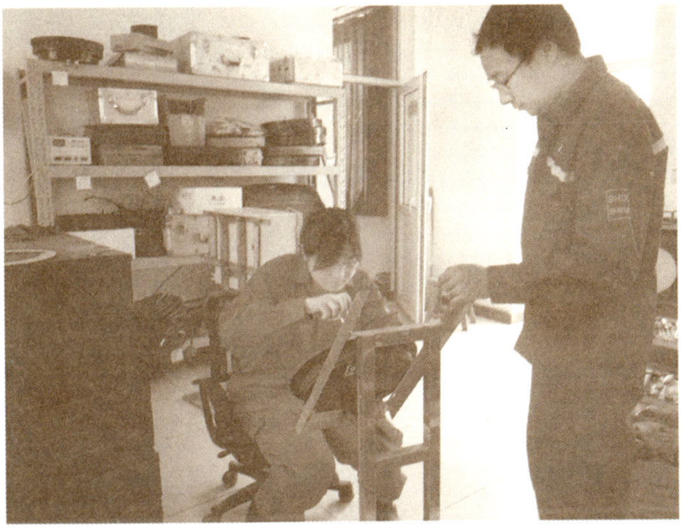

图 1　计量站员工在自制的仪表架上检定指重表

全员寻找螺丝钉

计量站员工黄琳在检定仪表时，发现一块压力表示值不准，拆卸下来经过仔细检查，原来是一颗小螺钉磨损导致的。但是她反复寻找都没有找到相同型号的螺钉，十分着急。

万事俱备，只欠螺丝钉。大家纷纷走过来帮忙，在自己的“百宝箱”中仔细寻找（见图 2），但找到的每一个螺钉都不合适。这时，陈静拿着几个螺钉走了过来，逐个试着安装，其中的一个正好合适。

难题终于解决了，大家都询问这颗小螺钉的来历。陈静笑着说：“这几个是上周打扫卫生时捡到的，我记得当天就检过这样的仪表，应该是拆下丢弃的，所以就拿过来试试，没想到正合适。”

“一个小螺钉就给工作带来了这么大的困难，幸亏我们每个人都在‘淘宝’，真是人多力量大，人多宝贝多。”经过这件事，黄琳感触颇深，也更加坚定了将“淘宝”进行到底的决心。

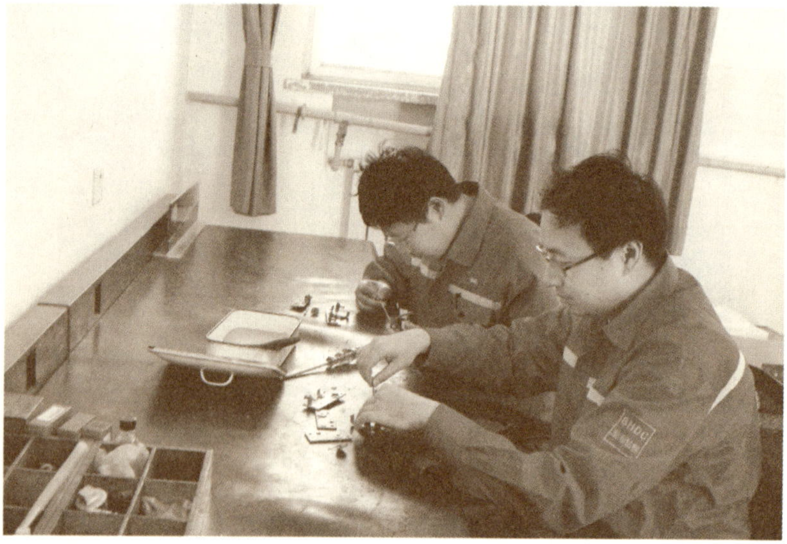

图 2　计量站员工在收集淘来的螺钉

▷ 橡胶垫去哪了

“咦，放在墙角后的橡胶垫去哪了？”下班前，李蒙正准备清理垃圾，却发现刚刚收拾好的几块橡胶垫不见了，便问身边的同事。

“我刚看见尔站长拿走了。”那几块橡胶垫只有巴掌大小，是整张橡胶垫铺设仪表台面和绝缘踏板后剩下的角料，他拿这个干吗用？带着心中的疑惑，李蒙走进了尔站长的办公室。

此时，尔站长正从配件盒里拿出一个密封垫片（见图3），先是在巴掌大小的橡胶垫上比画了一下，然后拿起剪子剪起来。看到这里，李蒙恍然大悟：原来，尔站长在用这个橡胶垫制作密封垫，这可是个“变废为宝”的妙计。

图3　计量站员工正利用橡胶垫自制密封垫

“活塞压力计中使用的密封垫是个易损件，使用寿命只有三四天，而这种橡胶制作的密封垫子耐油、耐腐蚀，十分结实耐用，可以用两个多月，而且一点也不影响使用效果。”计量站副站长尔玉新说。

大家纷纷夸奖尔站长妙计，他不好意思地笑了起来：“大家都在‘淘宝’，我也不能落在后面啊，现在我也是‘淘宝一族’了。”

◎ 案例撰写人：李署芳

服务器 DIY 维修记

■ 中亚天然气管道公司

中亚天然气管道首站位于乌兹别克斯坦与土库曼斯坦相邻的边境处，作为长达 1800 多公里管道的第一个压气站，生产任务十分艰巨，压缩机组的工况改变会给整个水力系统的安全平稳运行造成很大影响。

作为压缩机组电力供应的 GE 燃气发电机的重要性不言而喻。而全部发电机共用一台特制工业计算机作为其数据服务器，它在稳定工作了 5 个年头之后“罢工”了，使得站控室内的值班人员无法了解燃气发电机的报警状态，专业工程师也无法依据服务器内部的参数记录来分析机组的故障原因。这不但造成数次因缺少报警监控无法及时发现并处理问题，最终导致发电机停机的情况，而且对于机组出现的故障由于缺乏分析判断所需数据，陡然增加故障处理的工作量与时间。

经过 GE 厂家工程师到站分析，他们认为是服务器内部线路短路导致硬盘数据丢失或者主板损坏。无论是哪种情况，他们都表示无能为力，只能重新采购一台同型号服务器。由于该服务器是专门定制的计算机，采购周期非常长，在此期间燃气发电机运行存在隐患，全站的安全生产受到威胁。作为首站，怎么能容忍这种局面，大家决定自行对服务器进行修复。由于乌兹别克斯坦工业基础薄弱，站内很多设备的维修缺乏备件、材料支持，大家已经习惯自己动手尝试各种不同的解决办法，DIY 之精神已深深根植在每一个人的心里。

既然厂家人员提出硬盘和主板都可能存在问题，他们就首先对其硬盘进行检查（见图 1）。然而该服务器由于生产日期较早，其硬件配置已经与现在主流机型相差甚远。其硬盘接口为老式 2.5 英寸 IDE 接口，即便是 5 年前的电脑也鲜有配备该种接口的硬盘。大家挨个检查了站内所有工作用计算机和个人笔记本电脑，发现所有硬盘接口都无法与之适配。魏广锋副站长看到刚刚开始就卡壳的工作，忽然想到没准多年前废旧的移动硬盘可以用，发动全站人员休假时回家找，工夫不负有心人，他终于找到一个合适的移动硬盘。利用移动硬盘的接口连接起来进行测试发现，该服务器的硬盘没有任何问题，服务器系统和相关数据都完好无损。看着失而复得的数据，他不无感慨地说："第一步就困难重重，但回馈给大家胜利的喜悦，这是个好兆头，大家一定能成功。"

岗位感受

站长李国斌：遇到问题，自己动手，既节约开支，又收获经验，何乐不为？

大家认为服务器本质上也是一台计算机，既然有了系统，是否可以考虑用另外一台计算机运行原服务器的系统呢？这样至少可以在新服务器采购期内解一时之急。于是他们先将硬盘中的数据进行了备份，之后利用笔记本电脑创建虚拟机运行服务器系统。但几次实验下来，他们发现虽然原服务器系统在破解权限后可以在虚拟机中正常运行，但与发电机连接后却无法通信。经过不断的尝试后，他们发现它主板上的一块 FPGA 芯片及其驱动是普通计算机没有的，也无法虚拟。

“虽说软件虚拟的方法行不通，但起码我们了解了服务器的结构与工作原理，还顺便备份了服务器系统，这也是不小的收获嘛！”赵炜副站长为大家打气。

软件方面不行，大家又将视线移回到了硬件上。在用可调直流稳压电源为主板上电后，稳压电源显示输出电流明显上升，外接设备也有相应显示，由此他们判断该主板本身并没有问题。而根据经验CPU由于有保护电路出现问题的概率远小于内存硬盘等设备，所以他们最终将目光投向了主板上最后一个可能出现问题的元件——内存上。

图1　首站自控工程师测试服务器主板输出

然而该服务器配备的老式DDR一代内存又一次让大家犯了难，现在的内存技术早已到了第三代，主流市场上鲜有这种古老的内存。经过搜索国内二手电子设备市场，他们最终大海捞针般找到了一条10年前生产的同型号内存。在更换内存之后，数据服务器成功启动并正常工作，站控室内的远程报警也恢复了正常。

经过首站的同志们辛勤劳动，他们不仅用极少的代价成功解决发电机数据服务器故障，消除了站内平稳运行的一大隐患。首站有很多地方使用各种工业服务器，随着时间推移均成为停产过时的产品。通过本次成功经验，为今后处理服务器类型故障，从处理思路以及硬件结构和工作原理方面提供了参考。更重要的是成功的喜悦增加了大家 DIY 的乐趣与信心。此后，大家面对工作中出现的问题，更加勤于思考，敢于动手，相继解决了不少之前厂家工程师都犯难的问题。

◎ 案例撰写人：秦阳

知识链接

工业服务器（industrial server），是一种兼具服务器的应用特性和工控机适应性的计算机，由商用服务器和工控机演化而来。其采用高性能架构，具有工控机的可靠性，能够应用于工业现场处理，以及用来搭建工业信息系统。一般包括一块高性能工业主板，搭载一颗、两颗甚至四颗高性能处理器，ECC 内存、宽温硬盘、远程 IPMI 管理，能够扩展图像处理、视频采集、运动控制等模块。

一个“特车陈列馆”创造的奇迹

■ 吉林油田公司

在吉林油田红岗采油厂，有人把特车一队戏称为“特种车辆陈列馆”。全队现有35台特种车辆，平均新度系数仅为0.37，战功赫赫风采不减当年，已连续安全生产3725天，为生产高效运行持续给力，被人们称作“特车陈列馆”所创造的奇迹。

在队长张国发的记忆里，不止一个人对他说过：“你们队的‘老爷车’得到陈列馆去找了，还是让它们报废吧。”张国发知道，“老爷车”经历了多次上产会战，可称得上屡建战功，废了它们无异于“卸磨杀驴”，得多大效益损失。“老爷车”不但不能废，而且要倍加呵护，使其少得病或不得病，继续为红岗油田的持续稳产作贡献。

K700-3号牵引车是前苏联制造的车辆。1992年投入使用以来，这个队历任管理者、驾驶员都把该车当作自己“父母亲”一样精心照顾，及时准确医治转向、制动、传动、电路等各种病症，它已经含辛茹苦地劳作了22年，车辆主体部件仍然保持完好。目前该车的工作能力和效率丝毫不逊色于新车，成为了老设备“赶超比拼”的典范，其风采不减当年，被人尊称为“老爷车”。按照设备管理的正常使用周期8年计算，该车已将近3个使用周期，相当于3台牵引车创效，而且正孕育焕发着“第四青春”。

1996年投产使用的9406泵车和9206高温车，都是国产的黄河

162 老车，已经服役 18 年。尽管这两台车抵制不了岁月流过痕迹，显得格外陈旧，但仍然是一个棒“小伙”，目前车辆出勤率保持了同车型相当水平。2014 年年初，关爱它的驾驶员师傅给他喷上了新漆，并对驾驶室进行了精心的装饰，不仔细看根本就看不出年份来。按照车辆的使用周期 8 年计算，已是两个多周期了，也就是说它们已经干完了两辈子的活儿。常常被人们问起 8 比 18 多大悬殊？这是什么概念使车辆管理这么好呢？原来，师傅们树立“以一当十”的理念，把车辆当作自己的“儿女们”来管理，不断给予所需的养分及更新易损件，使其发挥的效率最大，这些车被大家亲切称为“概念车”。

岗位感受

特车队队长张国发：管好用好每一台设备，让他们经久耐用，能够减少不必要的投入，把成本降下来，效益才能提上去。

9205 号斯太尔立式锅炉的高温车已经使用 14 年。驾驶员吴永贵把它亲切称为“爱人”，认真践行“我负责的车是我的家”诺言，实现了车辆发动机 14 年未大修。针对车内和锅炉室的地面腐蚀老化严重的情况，驾驶员吴永贵将驾驶室和锅炉室地板清理干净，又用自家的各种花式脚垫和粉红胶皮等进行铺垫固定，将车内装饰得五颜六色、清丽干净且别致新颖，并用漆翻新了车辆，使整车焕然一新，被人们交口称赞为单位里的“私家车”。每当别人问起他这样做是否值得？他总是说：“我有这份事业是最大的幸福。”为了改进 8 台高温车锅炉的性能，他和同事精心总结了一套全自动锅炉清洗流程，依靠自己的技术力量在厂内完成了清洗，节约外修费用 20 万多元。他们还对锅炉内的组件、风道、风箱、燃油泵、喷油嘴、挡火砖等部件进行彻底的改进，又节约费用 3 万多元。

该队创新油料、材料费定额目视化管理，提升全员开源节流降本增效意识和主动作为，每台车公里数和油料及材料费消耗在公示板上一目了然，并按照油料、材料费超节情况兑现效益工资，充分调动了员工积极性。2014 年与 2013 年对比节约油料 180 吨，材料费 20 万元。

◎ 案例撰写人：刘彪　张国发

优良传统

艰苦创业六个传家宝：在大庆石油会战以及后来的油田开发建设中，大庆人发扬爱国主义精神，以“有条件要上，没有条件创造条件也要上”的英雄气概，不畏重重困难，艰苦奋斗，逐步形成的人拉肩扛精神、干打垒精神、5 把铁锹闹革命、缝补厂精神、回收队精神、修旧利废精神。这是大庆艰苦创业传统的重要内容，被称为艰苦创业的“六个传家宝”。

“自己来”成为员工的一种习惯

■ 华东化工销售公司

华东化工销售公司上海仓储分公司（以下简称上海仓储分公司）以提供化工产品仓储服务为主营业务，在仓库吞吐量相对稳定、收费标准不可任意调整的情况下，开源渠道自然就受到了一定限制。那么，如何创造更多的效益？

“搞好一个企业，就如同经营一个家庭，开门柴米油盐酱醋茶，需要花钱的地方很多。要想家境殷实，除了要能挣钱，也要会省钱。”上海仓储分公司15名员工为少花一分钱，凡事多一分“自己来”的觉悟和行动，争当“家”的主人，纷纷“变身”园丁、粉刷匠、农民、维护工等多种角色，为节流增效想办法、出点子、动身子，并逐渐养成习惯，成为“家”文化的一部分。

▶ 库容绿化花钱？自己来！

上海仓储分公司占地6.44万平方米，其中绿化面积约占1.2万平方米，要想把绿化搞好，保持库区整洁美丽，创造舒心环境不是件容易的事。“绿化养护应该找专业的，整体外包给园林公司打理。”“外包费用应该不会低吧，不如向公司申请招聘专人养护。”“多一个人就多一份人力成本，不如根据需要临时雇工合算。”“现在临时雇工也不便宜，要我说，还是我们自己干最省钱。”“我看行，可以边学边干，不仅钱少花，还能体验生活、长长技能。”员工为如何搞好库区绿化纷纷讨论起来，并最终为节约开支达成一致意见——“自己来！”全体员工自愿当起“园丁”，利用休息时间分批在库区进行义务劳动，从除草浇水学起，逐渐掌握了种植栽培、保养美化的技术，始终保持绿地整洁干净，并先后栽培成活了桃花、橘树、葡萄、金桂、海棠等各类观赏树、果树苗木 520 余棵。在为库区平添了几分生机的同时，根据测算，每年还能节约开支 4 万元。

▸ 粉刷墙面花钱？自己来！

在员工当园丁尝到甜头后，“自己来”的觉悟更多了一分。2014 年 2 月，由于受到雨水及天气潮湿等因素影响，上海仓储分公司的办公楼局部墙面出现了不同程度的脱落、污损等问题。“现在的粉刷匠工资可不低，干完这些活恐怕得费不少钱吧？”员工为刷墙的事不由自主地算起账来，“园丁的活能干，粉刷匠的活也不会难倒我们。”这一次，10 名员工主动客串，当起“粉刷匠”，自己动手粉刷墙面（见图 1）。人手一把刷

图 1　员工一字排开当起“粉刷匠”

子，佩戴一副口罩，再加几把铲刀，员工像模像样地在办公楼走廊里有序排开。大家不等不靠，自己动手粉刷墙面，改善办公环境，共同维护好公司形象。几个小时的活儿，实实在在节省了 3000 元。

▶ 分毫积成千万，自己来！

事实上，正如员工的“开门柴米油盐酱醋茶，需要花钱的地方很多”所感，上海仓储分公司为保持良好运营该花钱的地方不少。其拥有的两座各 1.62 万平方米的标准化库房，日常的诸如防撞柱的维护、逃生通道水平板面加宽延伸、月台阶梯刷警示线、建筑垃圾填埋土的置换清理等，大大小小的零星维护项目不算少，如果每次都雇外边的人来做，又是一笔不少的开支。在保障安全的前提下，为了节约成本，上海仓储分公司对力所能及之事，通过组织各类员工劳动竞赛、党员义务劳动等方式，员工又干起了“维护工”的活，仅花费材料采购费和部分装卸人员工时补贴即完成任务，大大节省了维护费用，实现了节约成本提高效益的目的。

岗位感受

上海仓储分公司员工刘少慧：我们“自己来”虽然谈不上“勤劳致富”，但至少能够“勤能减员”。而且，当每一次看到身边的同事都在为节支降费自觉“动手迈腿”时，感觉大家真的在为这个“家”想着念着，心里便对“家”多一分亲切感。

当“自己来”成为员工的一种习惯，上海仓储分公司的节流成效收获不少。据统计，2013 年以来，上海仓储分公司通过员工义务劳动累计节省各项费用达 10 多万元。与此同时，员工“自己来”的节约意识逐渐影响到他们日常工作生活的细节，随手关灯、下班及时关闭电脑以及合理使用空调等节约用电习惯也逐渐养成。2014 年，员工在冬夏两季尽可能减少空调开启时间，就比 2013 年节约电费 1 万元。

◎ 案例撰写人：熊卫斌　吴锦

权威点评

在企业，只有员工真正能把“公家”的事当成“自家”的事，才能把“牢固树立过紧日子”的思想扎根在心里深处。当员工“自己来”的节俭习惯蔚然成风，就多一份实现“开源节流、降本增效”的底气。

——华东化工销售公司总会计师　王占国

劳模标兵创新工作室

■ 长城钻探工程公司

长城钻探钻井一公司劳模标兵创新工作室组建的构想源起于长城钻探公司组织实施的“员工创造工程”，就是把钻井一公司优秀的劳模、标兵和创造人才集结到一起，发挥团队优势，破解生产难题。工作室于2014年3月份组建，目前共有成员12人，全部来自生产一线，其中有基层管理岗位的队长、副队长，也有操作岗位的司钻、大班、内外钳工。这个集结了钻井一公司创造精英的工作室虽然成立只有一年，但在引领员工立足岗位创新创造、发掘技艺传承经验、现场支招破解难题等方面，起到了较大的作用。

▶ 成为立足岗位、技术创新的引领者

目前，不少员工认为在一线工作又苦又累，还没有什么大出息，因而在一线工作不努力、不安心的现象非常普遍。工作室成立伊始，就要求所有成员把带动基层员工立足岗位创造视为必尽之责，引领示范，传播正能量。工作室成员40611队钻台大班袁志刚，利用废弃的铁板、液气大钳刹带片、链条环以及离合器气囊制作出可以伸缩的环形铁盒，通过螺栓将其安装在转盘与井口导管之间，钻具在通过时两片胶皮利用向上提力进行刮泥。由此，起钻刮泥浆再也不用人工作业，不仅降低了劳动强度，减少了井口落物隐

患，而且大大提高了生产时效。

工作室以袁志刚一样的创造事例为案例，鼓励基层员工学习劳模标兵的创造和钻研精神，立足岗位发明创造，让岗位感受到创造的价值。2014年以来，工作室共提交合理化建议14项，完成先进操作法3项，技术改进25项；推荐到长城钻探优秀节约法6项，修旧利废8项，管理提升金点子7个，全年创造经济效益超过1000万元。

成为发掘创新、推广成果的“播种机”

在钻井一公司40多年发展进程中，涌现出很多经验成果，但由于未能及时做好收集和推广，一些成果被束之高阁。工作室成立后，迅速进入这个领域，承担起成果收集、推广任务，使许多凝结着员工创造智慧的技艺、绝活得到发掘和推广。工作室秘书长、年轻的技术员李明星从微信交流中得到启示，组织本队员工对套管头快速安全装置法进行一步一动分解操作，并将关键点用手机拍照记录，再通过手机绘图软件制作成图片配文字的操作示意图，之后将这套特殊的SOP上传至微信朋友圈分享（见图1）。这套先进操作法借助员工喜闻乐见的传播媒介，收到了很好的推广效果。

岗位感受

创新工作室秘书长李明星：钻工想什么，我们就研究什么，钻工怎么干能轻巧、怎么干能安全，工作室就努力帮他们创造！

创新工作室齐玉新：十几个劳模在一起“头脑风暴”，以前没做过。通过交流，我们也学到了很多东西！

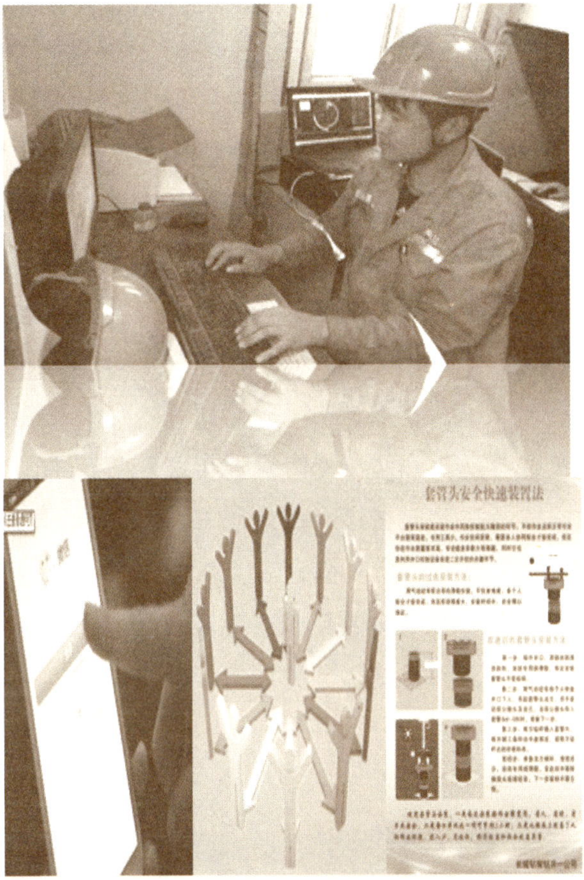

图 1　工作室秘书长李明星在微信分享和推广自制的“套管头安全快速安装法”

在钻井生产中，设备老化易导致机械事故，所以必须经常对运转设备进行检查保养。工作室成员王国臣发现柴油机司机最头疼的一件事是对柴油机进行检查，因为每对柴油机进行一次检查，都要拆装上百个零部件，又脏又累又耗时。为了解决这个问题，他联合工作室成员设计了气缸下串气测试表，不用拆卸零件就可以检测柴油机气缸密封圈和气缸缸套，准确率达 95% 以上，既能有效判断和排除柴油机故障，降低机械事故率，又能延长设备使用寿命，还降低了员工劳动强度，减少了非生产时间。截至 2015 年 2 月，工作室已完成成果收集20项，成果推广30余次，有效地提升了井队的施工质量和钻井时效，受到一线普遍好评。

▶ 成为现场创造、破解难题的“消防队”

工作室把现场及时解决急难险重问题作为工作重点，以团队优势破解难题。2014年3月的一天，工作室成员袁志刚到井队检查。在现场“小测验”中他发现，公司很多青年员工，由于参加的入厂培训课程与实际工作相脱节，导致员工上岗后安全意识差，操作水平不高。特别是在下套管过程中，经常出现人员交叉作业的情况，存在极大的安全隐患。为此，他组织工作室几名在集团公司技能竞赛操作岗位取得名次的成员进行分析研究，积极开动脑筋，想解决的办法。经过3个多月的反复验证后，袁志刚和团队编制出一个下套管标准化操作SOP模板，在新员工入厂培训时进行讲解和标准示范，使员工上岗前了解交叉作业的危害，掌握下套管标准，避免了新员工下套管交叉作业不安全的问题。

◎ 案例撰写人：盖博

小区雨水“变废为宝”

■ 华北油田公司

随着矿区绿化层次的提高，乔、灌、花、草等植物种类日益多样化，绿化面积逐年增加，绿化用水量也在逐年增多，在夏季用水高峰期时，甚至出现绿化用水与生活用水争水的现象。夏季雨水外排的传统方法，造成大量的雨水浪费。如何将雨水集蓄并应用到日常的绿化用水中，是节能方面的一个突破方向。

雨水集蓄利用是在确保雨季防汛安全的前提下采用工程、技术、经济手段，收集、利用建筑物屋顶及道路、广场等硬化地表汇集的降水径流，经汇集—过滤—储存等渠道，为绿化、景观喷泉等提供水源；采取对雨水就地收集、入渗、储存、处理、利用等措施，实现雨水在区域范围内的就地利用的简洁实用节水方法；利用单位淘汰的旧设备、旧材料建立雨水收集池，对夏季大量的外排雨水进行收集、贮存，充分利用这部分雨水来代替部分小区绿化用水，进行雨水集蓄利用。

对于平房，屋顶为坡屋顶的建筑，通过在屋檐下安装雨水收集槽，导流雨水至集蓄罐内，进行雨水收集。该做法简化了管线设计与铺设的难度，可以很好地在小区进行推广使用。另外屋面雨水含杂质少，基本满足绿化用水对水质的要求，可以直接利用屋面雨水进行绿化灌溉。

主要收集、利用过程如图 1、图 2 所示：

图 1　白色管线为平房屋檐下安装的引水槽

小区道路雨水中树叶等杂物较多，雨水大都经雨水管线汇聚到小区的雨水提升站。回流到雨水提升站中的雨水经过过滤与沉淀后，水质完全可以满足绿化用水要求。在雨水泵房的沉淀池内加装雨水泵，设置简易的滤网进一步过滤雨水中的杂物，提升至储水池内，用于绿化用水。

雨水储蓄方式大体上可分为地下储蓄、地上储蓄两种。地下储水是指利用地下雨水管线和沉淀池存储雨水，利用时集中抽取。在沉淀池内设定水位计，达到水位时启动雨水泵排放雨水直至低于设定水位，而低于水位时不启动雨水泵，雨水直接存储于地下雨水管线和沉淀池内。地上储水是指利用地上储水罐等容器储存雨水，用于绿化。根据单位实际情况，首先对原废弃的三个方形罐（两个 40 立方米，一个 10 立方米）进行焊接改造，用来收集站内的屋面雨水；其次，对原蒸汽锅炉的三个圆形罐（每个 60 立方米）进行串联，并在顶部设置了溢流口和浮漂用于观察雨水存储与利用情况；最后，将雨水泵房院内的两个高架罐（每个 36 立方米）进行改造，最后与雨水泵房处的管线进行连接，来集中收集小区的道路雨水。

图 2　员工正在安装接水槽

经过一年来的实际运行，共收集雨水 3200 多立方米，创效 17416 元，基本满足了单位和周边区域绿地的绿化用水。通过实施小区雨水集蓄绿化利用，不仅增强了干部员工的节约意识，缓解了小区水资源与园林绿地之间的供需矛盾，降低了养护成本，同时对减缓洪涝灾害、补充地下水、控制雨水污染和改善小区生态环境产生了积极影响。

◎ 案例撰写人：刘封黎　陈天伟　李江

权威点评

雨水的集蓄后绿化利用，对于减缓洪涝灾害，补充地下水，节约利用水资源，改善生态环境，具有一定的推广应用价值。

——廊坊市环保局副局长、环保专家　巨振海

我的油站我的家

■ 辽宁销售公司

“爸，你什么时候回来啊！”接到电话，又是女儿那句话，让我感到莫名的忧伤。“爸这几天忙，闲时让你妈先回去吧！”我又以同样的话语，来应付女儿。哎，听出女儿电话那边突然的落寞，我心里很内疚。自从来到加油站，我们一家三口从没在一起吃顿饭，为了工作，请女儿理解爸爸吧！因为爸爸有两个家。

是啊，我有一个小家，在仰望满天的繁星，让我沉浸在无限回忆中的那个小家。我更放不下这个地处辽蒙边界的小站，距康平经营部 40 余公里，也有沈阳分公司辽北第一站之称的大家。

晚上躺在床上，我睡不着，想起了从 2011 年 1 月任加油站核算员到站经理，让我和这个名不转经传的小站结下不解之缘……

由于地处偏远，加之方圆两公里有 5 座加油站，使原本不占任何优势的小站成了低销低效站，销量一直在 1500 吨左右。2012 年这座小站被纳入经营部承包经营之列，一个新型的经营管理模式驻站式经营诞生了。

驻站式经营运行初期，它在我脑海里是一个未知数，也把我忙的头昏脑涨，核算、计量等，并且还得跟着加油、卸油，原本 6 个人还得减少 2 人，工作量可想而知。随着时间的推移，我开始改变自己的想法，我渐渐发现，活干得多，并不是吃亏的事情。整日忙碌的工作，调快了我的生活节奏，也让我在其中得到了锻炼，磨平了我的棱角，更提高了我处理问题的能力。

仅有的几次回家，总会听到岳母一番话语："你们一起去吧！孩子我和你爸给你带着。"每当听到这句话时，我心里顿时充满了无限的感激以及积极工作的热情。

农业用油市场不可小觑。如何让过往车辆把这里当成驿站，光加油不行，得了解客户消费心理，开展特色服务。大家你一言我一语议论着。过往车辆一般都是长途驾驶，大都很疲惫，一声问候，一句话语，一份祝福，应该让他们感觉到家的温馨。针线包，急救箱，24 小时热水服务……我们尽一切努力为顾客提供方便服务（见图 1）。

图 1　即使风沙大，这个站的加油机也是干干净净

"您好，您回来啦，这趟过去有一星期了吧。""是啊，又赶上你班，这趟跑的比较远，我去进屋倒杯水。""您去吧。"这就是和老朋友的一番对话，这样的对话每天不断地重复着。看着站内

又焕发往日的生机，大家的脸上露出了久违的笑容。

山东屯加油站在优质文明服务的同时，也赢得了丰厚的回报，销量稳步提升。2013年任务2106吨，实际完成量5741吨，完成计划的273%。仅2014年11月份纯枪量就达1051吨，创造了康平经营部有史以来单站月销售的最高纪录。

前不久，加油站旁边修路，我趁机和经营部沟通，为我们“量身制定”了特色名片，借此机会加大宣传力度，加管部门也及时为我们提供惠农加油卡，以此向广大农民朋友宣传我们质优价廉的油品，并保证把油品送到田间地头，由此扩大营销网络。以主油促非油，积极推广小包装机油及针对农村市场的农用生产物资，从身边人做起，从有影响力的人做起，让他们知道我们在搞多元化经营。

岗位感受

加油站，我的家。我要用我全心全意的付出为它的美好明天而奋斗，我要加油，让这个家更大，更幸福，更美好！

晚霞掠过，乡里邻居大家坐在一起，谈天说地，非常开心。农村人的淳朴好客，早已把我们融入这里的生活。因为与邻里乡亲的和睦相处，他们热情地教我们种地种菜，使素日单调的生活不再平淡，也给我们的生活增添了不少乐趣。

有一天午饭时间，看见大车一辆一辆从门前过，媳妇着急地说：“今年可没去年的车多，这样下去可不是办法，这月任务不好完成了。”母亲安慰着：“修路只是暂时的，这样也能让你们清闲清闲，都忙一年了，看你们都晒黑了，等路修好了你们又该忙了。”“媳妇，车多你也着急，恨不得多长几双手，而现在车少你又着急，慢慢来，车少不正是发展周边市场的大好时机吗？”

通过脚踏实地，不断创新经营，山东屯加油站效益不断提升。截至2014年上半年完成3224吨，完成计划50%，非油完成计划55%。没有辛勤的劳动，没有努力的耕耘，就不会有丰富的收获。

◎ 案例撰写人：刘利虢

优良传统

四个一样：对待革命工作要做到黑天和白天一个样；坏天气和好天气一个样；领导不在场和领导在场一个样；没有人检查和有人检查一个样。

“抠门”队长“财迷”的兵

■ 渤海钻探工程公司

2014 年 8 月 12 日，火热的太阳炙烤着渤海钻探第四钻井公司 50006 钻井队承钻的家 3-24X 井井场。刚刚吃过午饭，一班副司钻周智国就带着两名钻工朝爬犁走去。这么热的天，他们这是去干啥？原来，队上一支高压闸阀坏了，队长黄建中安排他们几个修理。

“我们队长特别抠！”周智国憨憨一笑，“队长要求全队上下都要严格控制成本，不要浪费一分钱。”

周智国介绍说，有一次，队上的能耗制动机坏了，黄队长与厂家联系后得知需要重新更换刹片，每片 2 万多元。黄队长立即找来主管设备副队长张选材和机房大班蒋大臣，打开机器查看具体情况，一起研究解决方案，最后找到了问题所在，送到附近小修理厂更换了几个配件就彻底修好了，结果一共才花了几百元。

开钻前有预算、生产中有分析、完井后有总结，黄队长过日子可谓“抠”到了极致。提起成本控制，在黄队长看来，提高施工速度、缩短周期才是硬道理。2014 年 5 月，他带领 50006 队率先进入华北油田魔鬼探区家 3 区块，承钻的首口井家 3-20X 井完钻井深 3869 米，钻井周期 29.83 天，完井周期 43.88 天，平均机械钻速 14.17 米 / 小时。在井深较同区块最快纪录井增加 349 米的情况下，钻井周期缩短 2.17 天，机械钻速提高 44.15%。黄建中说：“这省下的周期都是钱啊！”

黄队长“抠门”，他手下的兵也都“财迷”起来（见图1）。材料员李军，乍一看温文尔雅，好像跟“财迷”扯不上半点关系，可是仔细探究他的成本控制经验，才发现他是个地地道道的真“财迷”。井队搬家时需要大量棕绳绑车，在搬家准备前，李军就将使用过的棕绳收集好，将旧棕绳剖开分成两份，留待搬家时使用。运输司机看见他整理大堆旧棕绳，就问他：“你们家大业大的，用几根新绳子有什么了不起，你费这劲儿干吗呀？”他却笑着说：“新棕绳8块钱一斤，省一点儿是一点儿！”这副“财迷”模样还真是生动！

图1 员工拆解下坏旧螺杆泵有用部件，实现再利用

技术员赵文更是个“精细鬼”，每口井开钻前他都要认真分析设计，研究地层及其岩性，结合邻井施工的钻头使用情况，选择合适的钻头类型。上部地层可钻性强，对于钻头切削力要求不高，就使用旧钻头，并在使用过程中优选钻具组合、优化钻井参数，以延长钻头使用寿命。他们承钻的泽70—56井，只领取了一只牙轮钻

头，发生钻头费用1万余元，节余钻头费用4万余元，大大压缩了单井成本。

如今，50006队节约挖潜蔚然成风，员工自觉从小事做起，从小件省起，废旧胶管收集起来作为铺垫放喷管线的胶垫，用旧的手套、用过的棉纱清洗后继续使用等（见图2）。

“抠门”队长、“财迷”的兵，50006队正是凭借平时一点一滴的积累，省出了效益。

岗位感受

钻井队技术员王海林：节支降耗靠大家，只有每一个人都能从自身岗位做起，持之以恒，千方百计，就能集腋成裘，聚沙成塔，我们的企业就会不断壮大。

钻井队队长黄建中：过日子是柴米油盐酱醋茶，钻井队是柴油泥浆和耗材，钻井队要跟过日子一样精打细算。

图2　规范材料管理，避免不必要浪费

“我们的奖金是相当丰厚的，把员工的钱包塞满了，活才能干得又好又快！”黄队长一脸骄傲地说。

◎ 案例撰写人：黄延兵

让加油成为一种享受

■ 内蒙古销售公司

“在第一加油站加油、购物是一种享受”，这是顾客在乌海分公司第一加油站意见簿上的留言。为了更好地参与市场竞争，第一加油站因站制宜，从创新管理、改善服务入手，掀起“改革”热潮，为油站发展不断注入新活力。2014年，第一加油站实现纯枪量11842吨，非油销售额259万元，在分公司排名中名列榜首，被内蒙古销售公司授予“青年文明号”，被分公司评为先进加油站，站经理李玲也分别被内蒙古销售公司和分公司评为优秀加油站经理。

“123”策略提高加油站工作效率

站经理李玲长期观察发现，进站加油的顾客有时不清楚哪里有空位，徘徊在进站口，导致车辆堵塞，引起顾客心烦气躁。一段时间摸索后，她制定出了“123”策略：“1”是一人掌控全局，站在1号加油机旁的加油员即1号加油员，在当班期间负责进口车辆的初次引导，当看到车辆进站，她会做出最基本判断，“加97#还是93#汽油，并环视加油现场空位……”然后做出初次引导手势；“2”是二次引导车辆，由待车加油员，将车辆在最短时间内引导到位；“3”是三个加油员协同作业，通过对讲机消除视觉盲区，提高了车辆的进站率。

“123”策略实施以来一举四得，加油员能及时收取付款小票，跑单事件减少了，员工服务更到位了，由于前庭主管能够及时调度全场车辆，提高了员工的工作效率，离便利店最近的全自助加油机改成了非自助加油机，同时调整增加了一把 97# 加油枪，加上加油员适当的引导，进店率增加了，便利店收入也增加了。

▶“金牌导购”评比让服务更专业

加油站的持续发展，在于内外兼修。为了更好地激发员工工作热情，第一加油站制定了一套非油考核办法，按照非油月销售额排名进行奖励，排名分为冠、亚、季军，分别授予深蓝色、湖蓝色、紫罗兰色丝巾，同时授予冠军“金牌导购”称号。

为了达到预期效果，李玲带领员工到当地大型商超体验消费、偷师学艺，回站后观看学习大量的影像资料，然后在站内进行实战训练，逐步完善服务细节（见图 1）。站里还定期进行销售心理学培训，并总结出一套销售之道：“生客卖礼貌、熟客卖热情、急客卖时间、慢客卖耐心、有钱卖尊贵、没钱卖实惠、时髦卖时尚、豪客卖仗义、小气卖利益。”同时，第一加油站将加油员分为三个班组，站经理、核算员、便利店主管分别带一个班开展销售竞赛，每月初，在便利店的荧光板上都会出现这样一个画面：排名第一的班组“脚踩一朵云彩”，第二名“追着云彩上山坡”，第三名则是在“草地上”。员工们个个都不甘示弱，谁都不愿待在“草地上”。

“李经理年轻有活力，带动着我们也跟着活跃了起来。”前庭主管柳娜说。

2014 年，站内有 3 名员工脱颖而出，成为月“金牌导购”，其中柳娜四次夺冠，广受顾客好评。柳娜待客有“三不放过”：一不放过，一进门就朝目标走去的、用手触摸商品，仔细看标签的；二不放过，看完货后扬起脸找导购员的；三不放过，进门东张西望，突然停下脚步的。就这样，柳娜创下“单单成交、频频夺冠”的

34 万元的销售纪录，不仅卫冕年中“金牌导购”，而且荣升便利店主管。

图 1　内蒙古销售乌海第一分公司加油站员工礼仪培训

布阵便民现场提高非油销售业绩

第一加油站因地制宜打造卖场氛围，激活顾客感受。如在不锈钢工作台上铺上炫丽的台布，并根据堆头的需要，变换台布的颜色，通过商品色彩的搭配，制造五彩缤纷的世界；每天不同时段和各重大节日，播放相应歌曲的音乐，叫醒顾客的耳朵；开展了机烤无皮红薯和烤肠业务，俘获顾客的嗅觉；开展了“休闲时刻”活动，在下午 4 点结账时，给顾客免费送上一小包零食，消除顾客焦急等待情绪的同时，也带来了商机，很多顾客会进店买饮料，进而带动了其他零食的销售。此外，第一加油站还为顾客提供免费卫生间、休闲座椅、无线网、代缴电费、网费、电话费、有线费、代售机票等增值服务。卖场氛围激活了顾客五官感受，增值服务激活了顾客的心，加油站被顾客誉为“乌海市首座便民服务加油站”。

“你们加油站服务太周到了，缴费、购物不用再东奔西走，加油站应有尽有，我为你们点赞！”顾客武先生为第一站员工竖起了大拇指。

“顾客的鼓励是我们干事创业的动力。”说这话时，连续两年获得公司劳动竞赛先进个人的第一站核算员王志云脸上洋溢着自豪的笑容。

◎ 案例撰写人：戴百聪　马祯璇

优良传统

五条要求：人人出手过得硬，事事做到规格化，项项工程质量全优，台台在用设备完好，处处注意勤俭节约。

“认真”就是尽责

■ 东北销售公司

东北销售营口分公司计划调运科是上承炼化企业、下启销售企业成品油物流体系中的重要一环，集调度运输、进、销、存于一身，是营口分公司油品调运名副其实的“中控室”，每年销售的油品近500万吨，直接面对的上下游的企业及业务单位就有十几家，每天的往来账目更是数以百万计。宋丹就是这个“中控室”中普通的一名结算复核岗位员工。

▶“我的岗位我负责”

10年前，她刚到营口分公司时，对结算复核业务一窍不通，面对毫无头绪的工作，倔强的宋丹选择了学习。寒暑易节，仅仅一年的时间，非科班出身的她，硬是把“细致、严谨”的结算复核工作干得井井有条。

宋丹从未放松对自己的严格要求，每年由她经手的业务费用支出数以亿计，日间付费金额也从最初的3个“0”到了如今的7个“0”，她始终以严谨细致的工作态度管控着这些往来的单据。多年来宋丹养成了记工作日志的习惯，每天由她经手的账目及票据，无论多忙，都要在工作日志中进行一下备份记录，以方便日后不时之需。那一本本厚厚的工作日志记录着她对工作精细化要求的点点滴滴，正是这种精益求精的工作态度，让她至今还保持着月度费用计划准确率100%、费用结算准确率100%的骄人业绩。

▶"干工作没有值不值"

宋丹在营口分公司结算复核岗默默无闻地工作，一干就是10年，她亲眼见证了分公司从无到有，从小到大的转变。近年来，分公司业务量逐年增加，结算复核的账目随之剧增。高强度的工作压力，致使她患上了眼疾，只要长时间用眼，就会流泪不止。她的视力也因此减弱，眼镜片逐年变厚，她不止一次地牺牲个人时间去加班加点，为的就是"日事日毕"。"认真"就是她工作的态度。

"宋姐，孩子都上高二了，作为女人你还这样拼，值吗？"很多人不解地问宋丹。

"没有值与不值，我既然选择了坚守，就要高标准严要求地做好坚守。"宋丹淡淡地说。

10年与票据和数据打交道，也练就了宋丹一双"火眼金睛"。大到发票名称、日期的错误，小到发票项目的错别字，只要是她经手的单据，一律亮起红灯，退回重开，宋丹的"认真"可见一斑。2014年，宋丹父亲罹患癌症，生命岌岌可危，平日里面对繁重的工作，她在单位和医院两头跑，但仍然以饱满的精神状态投入到工作中。

▶"我的工作请放心"

2014年12月16日，距离父亲去世仅过去8天，此时已是冬季运行最繁忙的时期，安排完父亲的后事，宋丹马不停蹄地赶回了公司。这天，她和往常一样认真地核对着从港作业公司取来一批铁路返空票据，发现这批单据中3万余元的路车延时费用有"蹊跷"。据她掌握，铁路收取延时费用是有标准的，即使是分公司冬季运行最繁忙的时段，也不可能有如此高额的延时费。为了验证自己的判断，一向严谨的宋丹认真核对了自备车管理系统，并向当班调度和港作业公司核实了当日的压车情况，结合运费发票号找到当日的调车单，最终确认该笔费用是由于铁路车站工作人员的失误造成的，原本由营口分公司支付的3万余元的延时费用根本就不存在。车站工作人员为宋丹“认真”的态度竖起了大拇指……

宋丹的严谨作风，不但为企业挽回了损失，而且也在外界展示了中国石油员工的良好形象。

“在石油行业工作了10年，我是有感情的，带着感情去工作，我觉得心里踏实。”宋丹说。

岗位感受

计划调运科员工宋丹：分公司把重中之重的工作交给我，是对我的信任，我不能愧对这份信任，我认为认真干好这份工作这就是尽责……

近年来，营口分公司通过依法合规促进精细化管理，先后推出了岗位流程梳理、岗位风险识别等一系列重大举措，赢得了全体员工的积极响应。全体员工立足岗位，发扬“认真”工作的正能量，带动和影响了一大批员工不断促进工作的精细化管理，全面提升了综合管理水平，而宋丹仅仅是营口分公司员工认真、尽职的一个缩影。

◎ 案例撰写人：周东宁

优良传统

三老四严：对待革命事业，要当老实人，说老实话，办老实事；对待工作，要有严格的要求，严密的组织，严肃的态度，严明的纪律。

“财迷”郭金平

■ 管道局

成家容易，持家难。企业就是家，要想日子过得好，“抠门”的习惯有必要。“守财”是一种意识，也是一种习惯，更是企业员工应该自觉践行的准则与美德。

由于连续的降雨，港清三线 AB046 ~ AB047 号桩煎台路连头施工现场的作业带上，管沟下充斥着大量积水，管道沟两旁的泥土也已经被雨水浸透，成了稀泥状，施工现场状况不太乐观。

“咱们今天的任务就是完成煎台路与主体管线的沟下连头 3 道口，现场比较泥泞，大伙要注意沟下施工安全。王宇！高亮！咱们去把水泵接上，其他人做好施工准备。”郭金平（见图 1）在开工前给机组人员开着短会。

图 1　郭金平认真核对现场记录

郭金平，管道一公司CPP110机组长，技术好、人缘好、带出来的队伍也是嗷嗷叫，一提到他，人人都会竖起大拇指。但他就有一特点，只要在施工现场，他就是中国版的“葛朗台”：设备、材料、工器具，都是他的心肝宝贝；他的“抠门”是出了名的，只要是不影响质量、安全、进度，他能省则省，加上那倔劲儿，人送绰号——“二宝子”。

“二宝子”一声散会，大家回各自岗位忙碌起来。

“宝哥呀，这根电缆可不能再短了，再短就不够用了。”正在那头连接水泵线的电工王宇皱着眉头说道。

“放心，够长，我刚才量算了一下数据，沟底到沟边是2.5米，从沟边到发电机大概是4.5米，7米的电缆足够了，如果压缩余量，拐角这里还能再节约0.5米，剩下的这段电缆还够接一个插排的呢。”郭金平瞬间给出答复。

果然，电缆线正像他说的那样，不多不少，正好够接上个插排。

“宝哥啊！我真是服了，什么都瞒不了你。”

电缆线解决了，水泵又闹脾气了，在沟里刚“狂吸”了10分钟，一股白烟就不断从翻滚着的水泡里冒了出来。王宇见状，立即关闭电源，“宝哥，水泵又犯病了，这都修过两次了，估计是主件出大毛病了，该换个新的了吧？”

“二宝子”没吭声，走到工具箱旁，抄起工具，左卸右拆，不一会儿就将“受伤”的水泵肢解得七零八落。

大伙见此情形，只得老老实实与他一块捣鼓。病因很快找到了，但是没配件。如果联系项目部采购，肯定要耽搁干活。眼看就要白忙活了，大家都有些垂头丧气。

"小张，开车，咱回驻地！"郭金平喊道。半个小时后，他又风风火火地回来了，车后面好像还拉着什么东西。"大家搭把手，把这两台泵给抬下来。"大伙凑上前一看，全都傻眼了，只见两台锈迹斑斑、不知在库房躺了多久的铁疙瘩。

"二宝子"得意地说："为一个水泵配件耽误工期，不值！这三台坏泵，就不信凑不起一台好泵！"

在他的坚持下，原本瘫痪的水泵又恢复了运转。看到困难就这样简单地解决了，大伙脸上都露出了喜悦。

> **岗位感受**
>
> 节支降耗、降本增效，需要每个人的参与、自律。只有成本"瘦身"，利润才能"丰腴"，企业才能"增收"，员工才会受益。双赢，从我做起！在开源节流的路上继续前行——奋斗吧，兄弟！

"这'二宝子'，真是茶壶里煮饺子——心中有数！"与郭金平共事多年的周树峰笑着说。

近朱者赤，在"二宝子"的带动下，CPP110 机组的员工一有闲暇就"穷捣鼓"，修旧利废慢慢变成了机组的"看家本领"。

起初，"二宝子"的"守财"之举并没有得到员工理解。有人问他："你这么抠门，图个啥？"他很认真地说："如果咱家里坏个啥东西，肯定是先看能不能修，实在修不了了也得把零件拆下来干点别的用。咱企业也是个家，也应该这样，积少成多嘛，扔掉了多可惜。"

为了收纳这些"废物"，郭金平用边角余料做了个"百宝箱"，每天工作结束后，他就在现场捡螺钉、边角料之类的东西。正是受他的感染，如今在施工现场，很难见到破铜烂铁，因为大家都自觉地将"废物"捡到"二宝子"的"百宝箱"中。

在CPP110机组员工的眼里，不存在绝对的废物、废料，他们处处留心、用心，深入挖潜，过得是“紧日子”，但精神上很充实、很快乐，这样的优良传统也随着管道的延伸而不断传承。

◎ 案例撰写人：谷玥

权威点评

“开源节流，降本增效”不是一个概念，而是要化作每位员工的切实行动，每位员工都是“利润中心”，每位员工都是“成本中心”。勿以本小而不为，领导率先垂范，从我做起，从点滴做起，齐心协力一定能提升企业效益，进而提升企业竞争力。

——集团公司技术专家、管道设计院副院长　张文伟

多待一分钟

■ 新疆油田公司

新疆油田公司重油开发公司面对老油田稳产难度大的现状，从2012年开始，激发各族员工从小事做起，培养责任意识、勤俭意识、主人翁属地意识，做到心系产量、心系成本，在节约挖潜、提质增效活动中开动脑筋，开展小技能、小创新、修旧利废等活动，寻找着属于自己的“节约挖潜经”，推动着重油公司有质量有效益持续前行。

稠油处理需消耗大量的破乳剂，每年药剂支出费用很高，是阻碍企业低成本发展的一个绊脚石。多等待一分钟，等出的是节约，是效益，更是责任心。

一次“磨蹭”引起的反思

“等孙琳加药回来，我们一起去修理3号污水泵。”92号处理站运行大班班长马明看看时间，估摸着孙琳该回来了。

5分钟，10分钟，等了近20分钟，还不见孙琳的身影。“孙琳，怎么这么久还没回来？”马明拿起对讲机问道。“马上哦，就快称好啦！”孙琳听起来好像在忙什么，大声回答着。

“称好了？这家伙今天这么磨蹭，到底忙什么呢？”马明心存疑惑地继续等着。

“我回来啦！”孙琳满脸汗珠，对大家解释道，“刚才我加药时，发现加完药的空桶掂起来不一样重，就突发奇想，想看看空桶重量会相差多少，结果发现空桶的重量相差能达两三公斤呢！”

“为什么会相差这么多啊？”马明也好奇起来。

“比较重的桶，是因为加药时没有控好，桶底有不少残留的药剂。”

一个用心算出“明细账”

经过这次“磨蹭”的加药，让92号处理站的员工都有所“觉醒”。他们为更清楚地了解这一状况，还专门为反相破乳剂的利用率算了一笔“明细账”。

集输联合站原油脱水的“功臣”是破乳剂，用来装药剂的桶，都是190千克的大桶。每次加药后，桶内总会残留1～2千克的药剂沉在桶底难以被泵抽走，92号处理站一个星期需要加一次破乳剂，约100桶左右，有近200千克的药剂留在桶底，价值约4000元。

平时麻利的孙琳，在这次加药变得“磨蹭”，是因为他把空药桶倒扣在加药口，静等桶内的残留药液全部流入加药罐内。他深知这样的等待是有“价值”的，这周是4000元，下周就是8000元……

他不仅自己这么做，还把这笔“明细账”解释给大家，把自己的“磨蹭节约经”传授给更多员工。

一分钟的等待节约“38元/滴”

“只需在加药池旁多待会儿，将加药桶倒扣在加药池上，桶内剩余的药剂就能全部倒入池中了，就等于将剩余的每滴38元的药剂全部加入到生产中，提高了利用率、节约了费用。”

久而久之，“高效利用破乳剂”的操作方法已成为集输联合站生产会上的讨论主题。联合站员工自觉执行“等待一分钟”（见图1），无论严寒或酷暑，都不会让药液留在桶内，耐心等待最后一滴药液流出，只为把成本控制到最小，将节约进行到底！

图1　员工在加药池旁尽可能将加药桶里的药剂全部倒入池中

◎ 案例撰写人：唐梅

吝啬的“眼镜哥”

■ 甘肃销售公司

“眼镜哥”，不论在工作、生活中大伙都愿意这么叫他，他就是甘肃武威销售分公司加油站管理部维修工张廷全。

“眼镜哥”个子不高，却时时呈现出一股不服输的精气神。办公桌下的小皮包，是“眼镜哥”的百宝箱，里面的“宝贝”应有尽有，都是一些从废弃加油机上拆下的可回收利用的配件。“眼镜哥”，首先是一名“拾荒者”，落伍的加油机、废弃的零件，就连一个加油机上小小的螺丝钉，都拾在他的百宝箱中，他会让“过气”的小螺丝钉，又无比鲜活地“钉”在了高速运转的加油机上。

近年来，“眼睛哥”共为加油站、工程客户更换加油机零部件3000余件，累计节省费用达十多万元。

2013年的夏秋之际，公司为红沙岗砂石厂工程安装的柴油机不知何故停止了转动，工程队的各种施工车辆无法正常运行，等候加油的司机有的不耐烦了，牢骚、埋怨一句接一句，工程部的负责人向“眼镜哥”紧急求援。“眼镜哥”带着他的百宝箱匆匆赶到现场，只见他从百宝箱中拿出万用表，针对可能存在故障的部位进行检测，几分钟就查到问题所在：原来是加油机因使用时间长、频率高，抬枪开关损坏造成加油机“罢工”。“眼镜哥”在百宝箱里找出平时留存的配件进行了更换，加油机又响起了欢快的“歌声”。工程队的负责人握紧“眼镜哥”的双手：“你和你的百宝箱，真是我的救命恩人啊！”

2014 年春节刚过，高坝出入口加油站返程车辆络绎不绝，站长盛卫萍发现 97# 汽油机出油量突然变小，给一部小车加油要十几分钟才能完成。他随即清洗了过滤器后，但问题依然存在，加油的客户不由对加油站产生了质疑。在站长与客户沟通期间，“眼镜哥”和他的百宝箱赶到了加油站，“眼镜哥”依据加油机状况，迅速判断是电磁阀问题。只见他从百宝箱中找出电磁阀及密封圈进行更换，97# 出油量恢复正常，用标准计量桶检测全部合格，所有问题迎刃而解，客户伸出了大拇指，放心离去。盛卫萍满脸愧疚：“又耽误了‘眼镜哥’的休息时间。”张廷全笑呵呵地留下他的口头禅：“这有什么，不用客气，有事说一下。”

岗位感受

维修工张廷全：只有我们身边多了“吝啬鬼”“酷抠族”，才能从源头上遏制住铺张浪费的行为。

为了配合加油站搞好设备管理，张廷全对加油站的各种退役设备进行回收和再利用。对非油品货架、液位仪各部件都能搭配和调剂使用，这样既能废旧利用，节约成本，又能保证设备的完好，为公司节约了费用。员工们常说：“‘眼镜哥’的工作看似一件粗活儿，但其中却蕴含了很大的学问，节约一点是一点，积少成多总能结硕果。”

“眼镜哥”说：“一个没有勤俭节约、艰苦奋斗精神作支撑的国家是难以强大的；一个浪费盛行的国度，不可能涵养真正的现代文明；一个没有勤俭节约、艰苦奋斗精神作支撑的企业是难以发展的。所以，在加油站上，我们更应该将勤俭节约意识渗透到生产经营过程的每一个环节，着力营造‘俭以养德，节俭兴企’氛围，努力为公司创造每一分效益。”

◎ 案例撰写人：薛军

权威点评

“拾荒”是基层维修工张廷全最自然、最快乐的工作状态，“吝啬”是他最常见、最本真的工作表现。在他的身上，我们看到了一名基层优秀员工从小事做起，从自身岗位做起，积极投身开源节流活动的主人翁情怀。

——甘肃销售公司党委书记　张国祥

朱老大的换“心”之路

■ 大庆炼化公司

高高瘦瘦的朱险峰是大庆炼化公司炼油二厂二套 ARGG 车间副主任，幽默的他走到哪里，哪里的笑声就不断。调到二套 ARGG 车间半年多，手下的技术员就隐去了主任的称号，都叫他“朱老大”，这源于他们打心眼里认可这个思路多、能吃苦的领导。尤其是 2014 年 9 月，他牵头完成的更换“心脏”项目，让员工情不自禁地竖大拇指。

二套 ARGG 车间于 1999 年投产，富气压缩机在车间生产中作用突出，被誉为“心脏”。为了满足生产需要，车间先后完成了十几项大的改造，这些改造项目的实施以及一些生产方案的调整，导致车间“心脏”存在做功过剩的情况。保证富气压缩机优质运行，富气压缩机的出口压力就会超出工艺要求的设计压力，可是要满足工艺要求，富气压缩机就要降低转速运行，这又会影响设备使用寿命。为了平衡矛盾，车间只能通过调整反飞动阀门的方式保证装置正常运行，而此举造成装置蒸汽、电消耗增加。

为了改变这种现状，朱险峰提出更换“心脏”的思路。可行性方案上报公司后，很快得到肯定的回复。作为公司重点项目，2014 年检修对富气压缩机进行整体更换。

1996 年大学毕业后，朱险峰十几年坚守一线，总结了很多设备管理方面的经验。可是当公司让他牵头富气压缩机整体更换任务后，他还是感受到“压力山大”。整体更换“心脏”，投资上千万，如果更换的“心脏”满足不了生产要求，损失不可估量。为此，朱险峰私下里给自己定下了做细、做勤的工作原则。

岗位感受

作为一线员工，我们每个班也要巡检四次，可是发现问题、解决问题的能力却与朱险峰相去甚远。这个距离，就是责任心的距离。

做细，实现零偏差。选择适合车间工艺环境的新机组，朱险峰要考虑的数据有近百个，要保证这些数据零偏差，前期就要做大量的工作。流量是富气压缩机最关键的指标之一。新机组流量设计过大，节能效果不明显，流量过小，满足不了生产需要，还会影响装置运行质量。为了计算出最准确的流量，朱险峰查阅了车间4年的操作指标、机组反飞动阀门控制阀位等几千个参数（见图1），最终将机组设计流量确定在59000米^3/小时。凭借这种精细的工作态度，朱险峰准确地向富气压缩机制造厂家提供了63个数据。

图1　朱险峰在认真检查富气压缩机

做勤，实现零距离。新机组制造过程中，朱险峰要求自己做到腿勤、嘴勤，每天都与制造厂家相关人员沟通，了解设备制造进度。遇到关键环节，朱险峰一定到现场参与其中。富气压缩机在启机升速达到临界转速后，一旦生产出现波动，富气压缩机只能降速停机，这不仅耽误启机时间，而且造成能源浪费，如果富气压缩机降至临界转速以下，生产波动停止，可在原转速基础上继续升速，就可以避免能源、时间上的浪费。在新机组仿真模拟调试过程中，朱险峰积极与制造厂家协商，并拿出具体的解决方案，使问题得到解决。

2014 年 9 月 17 日，新富气压缩机开始投入使用，很快新富气压缩机用一系列好成绩回报了朱险峰的辛勤付出。“上岗”一个月节约蒸汽 1.9 万吨，约合资金 150 多万元。

◎ 案例撰写人：张立敏

权威点评

勘查现场是公安系统破案的最主要手段，设备管理也是如此，要透过表象探究出隐藏在深处的问题。朱险峰是一个喜欢蹲守现场的人，详细查看设备的每个细小变化，他就能听懂它们的语言，读懂它们的心思。于是朱险峰有了更多更好的解决问题的思路。

——大庆炼化公司党委书记　姜国骅

金点子叩开增效窗

■ 独山子石化公司

2009年，独山子大炼油大乙烯项目正式投产，120万吨／年焦化装置各项能耗指标也十分理想，既满足设计要求，也达到集团公司下达的指标。正当干部员工沉浸在优异开工成绩的喜悦中，李良在班组生产操作实践中发现装置的能耗和运行效益还有很大潜力可挖，充满激情地摸索着一个个“金点子”，为装置打开了一扇扇节能增效的明窗。

▹ 与汽较劲，每年抠出70万元

新建成的焦化装置设备趋向大型化，除焦水运行的罐、管线和冷却设备的防冻成了冬天运行的头号焦点难题。班组在操作过程中往往会把防冻蒸汽开得大一些，宁愿牺牲班组的能耗指标来保证管线设备不被冻坏。

要是防冻的蒸汽量刚好满足管线设备的防冻需要，让蒸汽的消耗和安全生产在最佳的结合点上，这会节约很多蒸汽。李良开始从操作调节上下工夫，只要他当班，他就把上一个班蒸汽开度关小一点，并做好记号，半小时到现场检查一次，一个班下来，防冻能满足要求，下个班在原来的记号上再关小一点。半个月后，他摸索出蒸汽阀门保留1/3的开度完全能满足防冻需要。

然而，将经验传授给其他班组时，要么操作不得要领，把蒸汽关小了，造成管线设备产生水击的声音；要么就还是继续过度防冻。这过度与不及的隐患同时存在，风险太大。

李良对现场防冻流程研究后，想到了在每支蒸汽伴热线的出口增加一个疏水器，这样不会因为每个人的操作习惯差异，造成蒸汽浪费或者管线冻凝的风险。而且，增加疏水器后，班组核算每天的蒸汽量节约了 8 吨，新疆有 6 个月冬季操作，每年节省蒸汽 1440 吨，节约成本 9.5 万元。

尝到甜头后，李良趁热打铁，相继提出整个装置的高压蒸汽和低压蒸汽的运行优化方案，方案经过实施后，每天节省蒸汽 100 吨，年节约成本 70 万元。

▸ 与油较劲，得一项增效专利

焦化装置在工艺上是有加工渣油、劣质油品优势的，在新装置设计时也考虑了在焦炭塔顶回炼污油的措施，以便消化各装置的污油，达到全厂生产增效目的。然而，这个厂产生的污油成分以重油为主，塔顶的控制温度正好是重油的结焦点，回炼污油加剧塔顶管线的结焦程度，不仅影响装置污油回炼能力，而且在 65 米高塔顶管线进行清焦作业，安全风险也高。

这难题又点燃了李良琢磨“金点子”的热情。塔顶的管线每次有清焦作业，李良不管是否当班，都会爬到塔顶和技术干部一起查看结焦的情况，根据结焦部位、趋势及软硬程度分析原因。先后尝试改变污油回炼的压力和在污油中掺兑轻油的办法，收效甚微。

2010 年 7 月，装置开工快一年了，李良不但没有放弃，反而显得着急了，因为他希望利用 2011 年 8 月全厂大检修的机会，通过改造装置流程来解决这个难题。一旦错过，那又得等下一次停工机会。

通过查阅资料、与工艺干部现场讨论、推敲，李良在3个月拿出污油流程改造的成熟方案：将污油回炼注入点由焦炭塔顶改到原料油缓冲罐。改造的流程投入运行后，污油回炼量从原来的10吨/小时提高到30吨/小时，翻三番；焦炭塔顶管线清焦由半个月一次变为半年一次，结焦速度减缓了12倍；给污油回炼的效益和安全都上了“保险”。后来，李良还为他的这个点子申请了集团公司专利。

与水较劲，一年节下一个本溪湖

焦化装置的生产工艺中，需要利用大量的水来冷却和清除焦炭塔内的焦炭，为了节约水，冷却和除焦的水采取密闭的措施，减少挥发。即使这样，每天还会有两百吨损耗，需要补充等量的新水来保证生产。2011年年底，联合车间组织班组的骨干员工跨装置学习，李良了解到了蒸馏装置回用了硫黄装置净化的酸性水，蒸馏装置用不完的净化酸性水就排掉了。李良立即建议车间向厂部提出从硫磺装置引一条净化酸性水的线到焦化的冷焦水罐，利用蒸馏结余的水补充到焦化的冷焦除焦用，减少补充新水。建议很快得到采用，装置每天补充新水减少至70～80吨，一年下来可节约2万吨新水。辽宁籍的同事夸李良：“俺们本溪有个世界最小的湖，每昼夜水流量也是2万多吨。”

◎ 案例撰写人：王中强　单江江　汤志斌

四个“女汉子”点亮“宝石花”

■ 福建销售公司

福建南平上凤加油站于 2003 年 3 月投运，地处顺昌洋口上凤村国道 316 线 235 公里处，周围 10 公里有 7 座竞争对手的加油站，且顺昌县城区 4 个角都被他们占据，位于城郊的上凤站被排挤在市场边缘。激烈的市场竞争、复杂的周边环境一度让这个乡镇小站销量徘徊不前。2012 年 12 月，上凤站推倒重建，客户完全流失。该站重新投运后，客户基础为 0，日均销量一直徘徊在 3 吨左右，月均亏损 6.6 万元，是一座名副其实的“双低站”。

岗位感受

加油站经理张爱丽：都说人多力量大，但是人多在小油站却不一定是好事。油站减员增效，工资翻番。荷包鼓了，比什么都让员工高兴。

2013 年 3 月，上凤加油站试行目标经营责任制，张爱丽竞聘当上了该站经理。面对这种几乎被蚕食的竞争环境，她承包后的第一件事就是召开站务会，与 5 名员工做了一次彻底的思想沟通。最后，3 名女员工留下，加上她自己，4 个“女汉子”组成了一支“娘子军”，员工从 6 人减到 4 人。

在减员控制人工成本之后，她做的第二件事就是优化各岗工作。首先是排班，3 名员工三班两倒，她自己排长白班，兼任值班经理的工作，主要职责在外挖客户，在没跑客户和办业务时都在站里。因油站经理常常需要外出跑业务，无法24小时都在站，于是她教会了员工各项基本技能，让人人都是多面手，一个顶俩。她善于钻研，对于各项盘点表，她事先研究好公式，设置好台账，复杂的事务分分钟就能搞定，节约了大量宝贵时间。就这样，4个“女汉子”顶起了一座站（见图1）。

图1　上凤站在当班交接，四名员工的小站，很难照齐一次“全家福”

除了给油站“瘦身”，让员工变成多面手外，她还做了关键的一件事，就是“凝心聚力”。对于这样的小站，人多，一方面浪费人力资源，另一方面事情容易推搡；人少，劳动强度增加，容易让人疲累。于是她特别懂得观察员工状态，善于调整员工情绪，尽力挖掘她们的潜力。她以身作则，带领她们践行“把油站当家，把顾客当朋友”的理念，从节约一张纸开始，到变废为宝，人人争当油站主人翁，成功降低五项可控费用。

在一系列的整顿后，张爱丽对外也展开了强烈的攻势，她挖客户挖到了竞争对手登门学艺的地步。凭着锲而不舍的精神，她共

“抢走”竞争对手34家客户，油站销量逐步攀升。

承包后，截至2013年8月，在不到半年的时间，该站油品日均销量由承包前的3.3吨提高到6.7吨，非油月均利润从900元提高到1500元，客户增长到12家，五项可控费用月均减少近600元，员工的工资较之前翻了一倍。该站利润2013年1—8月同比，从亏损十几万元到盈利近30万元，彻底改变了效益低、人员收入低、士气也低的典型低销低效站现象，成功摘掉了“双低”的帽子。截至2014年年底，该站的日均销量8.3吨，较承包前增幅152%；非油品月均利润2653元，比承包前增幅195%；固定客户8家，散客33家，较承包前实现了质的飞越。

◎ 案例撰写人：张丽萍

预见性地节约成本

■ 工程建设公司

物资采购工作常常受项目进度、工程变化等因素影响而发生一些突发情况，这些状况往往导致物资采购成本的上升。其实，只要在日常工作中注意积累经验，合理运用预见性的工作思维，就可以避免很多因突发情况而导致的采购成本上升问题。

土库曼斯坦鲍塔乌项目是土库曼斯坦7个气田集输工程的一部分，整个集输工程工期短、要求高对EPCC各个环节的工作提出了全新的挑战。公司为此项目制定了“以快速完工为目标，以利用好已有的设计成果、成熟的物资产品资源为突破口，快速建成、快速投产”的项目执行方案。鲍塔乌项目共有9座井场，线路总长62.5千米以及10千米集气管线和3座阀室。

2014年6月23日，公司采购管理部大宗材料组收到土库曼分公司鲍塔乌项目部发来的无缝管采购计划，钢管外径从88.90毫米到406.40毫米，重量共计10216.89吨。部门领导指定陈扬来负责此项采购工作。作为这项工作的负责人，接到采购计划后，陈扬习惯性地先检查采购计划清单，这时，陈扬发现采购计划中并未包括外径2英寸以下的无缝钢管。

根据以前集输项目抗酸无缝管的采购经验，陈扬总结出项目上使用抗酸无缝管的特点是：外径从大到小，规格多，每种规格数量少。这些特点导致钢厂不愿意响应无缝管采购计划，这其中2英寸以下的抗酸管采购更为困难。如果前期招标中的钢管不包含这些小口径的钢管，那么在后期采购过程中采购难度将会增大、价格增高，如果不提前谋划，将会大大提高项目成本。如果将来增补采购，不仅采购成本不好控制，而且公司与厂家进行价格博弈时将丧失主动权。

想到这里，陈扬立刻催促项目部尽快提交 2 英寸以下的无缝钢管清单。项目部反馈的信息是当时设计部门还无法提交全部的站内管线清单，因此陈扬只好按照现有采购计划中物资种类及数量进行招标采购，最终上海宝钢商贸有限公司中标。

按照平时的工作流程，到这里，招标任务就已经完成了。但陈扬仍然没有忘记 2 英寸以下的无缝钢管未列入采购清单的问题。为了贯彻“开源节流、降本增效”的工作思想，切实做到降低采购成本，在得到总经理办公会授权后，在大宗材料组领导的带领下，陈扬会同土库曼鲍塔乌项目部一起针对后期有可能发生的少量增补情况与上海宝钢商贸有限公司进行了商务谈判。在谈判中，陈扬代表大宗材料组向供应商提出如下需求：一是对于后续小批量、多规格的增补管材，当买方提供需求规格及数量后，卖方须承诺接单；二是双方在此前的订单基础上就价格、交货期进行协商，另行签订增补合同；三是卖方确认报价中已包含订单中 HIC、SSC 及技术规格书中要求的其他试验费，如买方后期增加试验要求，每组试验费用不得高于 2 万元。经过艰苦的商务谈判，最终卖方接受了公司所提出的要求。

2014 年 8 月 26 日，项目部发来无缝钢管的增补采购计划，钢管外径从 25.00 毫米到 323.90 毫米，重量共计 827.69 吨。在该计划中，小批量钢管规格有 15 种。陈扬将该计划发给厂家进行价格确认时，厂家却试图调高小批量钢管的价格。陈扬立刻向厂家提出此前商务谈判中增补采购时的价格要求，坚决要求厂家执行之前的报价。

经过测算，此订单为公司节约采购成本101200元。这个订单对陈扬来说也有着不同寻常的意义。它不仅为陈扬日后处理类似问题打下了良好基础，也使陈扬认识到：良好的职业操守，专业的工作态度，厉行节约的职业精神，是成为一名专业采购员的三大“法宝”。

◎ 案例撰写人：陈扬　宋诤

优良传统

三个面向、五到现场：领导机关工作要做到面向生产、面向基层、面向群众；生产指挥到现场、政治工作到现场、材料供应到现场、科研设计到现场、生活服务到现场。

“小数点”精神

■ 大港石化公司

众所周知，计算时放错小数点位置，就会失之毫厘，谬以千里，炼油装置生产更不例外。

2012年10月，车间一名员工在进行关键参数调整时，将67.5%输成6.75%，造成装置停工，经济损失较大，教训惨痛。大港石化公司第三联合车间生产四班以此为鉴，将“小数点”理念不断渗透到日常生产的各个方面，形成了独具特色的“小数点”精神。

透过现象看本质，统计总结找规律。班组将日常工作概括为“五个任务点”：巡检、监盘、操作变动、现场监护、应急处置；员工清楚“五个注意点”：变化点、质量点、失误点、隐蔽点、风险点；抓好接班、交班、夜班、恶劣天气、节假日五个特殊时间点，由点连线，接线成网，疏而不漏，确保安全生产全天候。

2014年2月28日0时12分，班组在13分钟内完成了监盘发现可燃气体报警，现场确认，启动应急预案，佩戴空气呼吸器，快速判断切除泄漏点等一系列动作，成功处理了因液位计引压管断裂，汽油、液化气大量泄漏的重大恶性事件，受到总经理嘉奖。此事件发生在午夜时分，但班组员工的高度警惕，快速果断的处理，保证了公司经济效益和社会效益的小数点不退位，这都源于班组对任务点、注意点和时间点精准精确的把握。

不放过“细枝末节”，不简单“四舍五入”，平稳生产是装置长周期的根本保障，平稳率是考核炼化装置的一项重要技术指标。生产四班把平稳率指标的小数点往后多算一位，精雕细琢，实现了班组管理再上新台阶（见图 1）。

图 1 班组员工精心操作

2013 年公司对催化装置平稳率考核指标为 99.9%，生产四班采取了三项措施：一是将目标值精确为小数点后两位，提高到 99.99%；二是将平稳率统计频次由每班一次细化为每小时一次；三是将影响平稳率的中压蒸汽温度、稳定塔液位和解析塔底温度等 11 个重点项分解到人，由专人负责。员工赵志负责南区平稳率的控制，她发现夜间气温降低时，系统管网循环水温也随之降低，造成液化气冷后温度低，从而造成稳定塔液位波动，影响平稳率考核。经过大家讨论分析，制定了 22:00 前降低液化气冷却器循环水用量的方案。经过一个月的持续实践，成功解决了稳定塔液位平稳率问题，同时还提高了产品质量。就是这样的高标准、严要求、细管理，使一个个难题迎刃而解。

采取这三项措施后，班组平稳率连续 6 个月 100%，成效显著。

2013年这套19年的老装置平稳率名列中国石油23家炼化分公司第一，取得了有史以来的最好成绩。

积少成多，降本增效，催化剂是催化裂化装置主要助剂，价格高、消耗量大。降低催化剂单耗是该装置降本增效的重要手段。目前车间采取小型自动加料，既保证了稳定的平衡剂活性，又降低了劳动强度。日常操作中，岗位员工只需按照车间操作指令，设置加料重量、频次即可。

岗位感受

生产四班班长王峰：对于一套较大规模的生产装置，小数点后的数字，并不起眼，但滴水成海、聚沙成塔，一次小调整、小改变，终将汇集成大收获。节约、细致、精心、持恒，这就是“小数点”精神的实质内涵。

2013年12月，细心的班长王峰（集团公司技能专家）核算后发现，本月催化剂单耗实际消耗1.62千克／吨原料，比目标值1.6千克／吨原料多了0.02千克。这么细微的差距完全可忽略不计，但他没有放过。经过逐项排除检尺不准、旋分工况差、主风过孔线速高等原因，发现问题出在自动加料器上。原来当自动加料器下料重量达到设定值时，加料风动蝶阀关闭。由于蝶阀关闭需要1～2秒时间，每次会多下料1千克左右。随后，他将设定值由50千克/15分钟改为49千克/15分钟。到了2014年底，大家一算，全年节约催化剂30吨，增效50余万元。

近年来，生产四班将“小数点”精神与实际生产相结合，各项经济技术指标始终名列前茅，取得了一流的工作业绩。第三联合车间推广“小数点”精神之后，各班组工作效率和工作质量得到了显著提升，各项经济技术指标均有良性改善。

◎ 案例撰写人：王峰　吴萌

“瘦”下来的车队 “胖”起来的效益

■ 北京天然气管道公司

衙门口加气站转运车队共有 9 台车头，16 台车板，年行驶 40 余万公里，年送气能力 1116 万立方米。每年转运车队为公司创造巨大效益的同时，也增加着公司的运输成本，燃料、轮胎、维修在车辆运输成本中占很大比例。加气站针对提高运输效率想办法，围绕降低运行成本齐发力，经半年时间实现了单车运输成本下降 39%，切实为公司节省了运行成本，提高了工作效率和效益。

车型改造降能耗

“哎，今年的油耗又增加了不少啊！”年底了，转运车队队长黄新军看着统计出来的数据，又在为车队成本的增加发愁。不知不觉中他溜达到了站门口，看着排队等候加气的车辆，有小厢式槿车、半挂橇车等，他们都是以天然气为燃料的车辆，忽然他灵机一动，“燃气汽车？我们是不是也可以换成燃气牵引车头呢？”

经过市场调研论证和相关单位的走访，他发现燃油车头百公里平均油耗为 43 升，平均油价为 8.2 元 / 升，平均百公里运费 352.6 元。燃气车头平均百公里气耗 50 立方米，燃气价格为 2.04 元 / 米 ^{3}，平均每百公里运费 102 元。相较以前平均每百公里节省运费 250.6 元，节省超过三分之二的费用，每年能为公司节省超过 100 万元的资金。

加气站在 2014 年 5 月购买了燃气车头 4 辆，替换原有燃油车头 5 辆。截至 2014 年 12 月底，仅燃油费用一项就为公司节省 76 万余元。

▸ 轮胎更换降成本

加气站车队司机赵立军送气回来向车队长汇报完毕送气情况之后，没有像往常一样离开，而是吞吞吐吐的。“老赵啊，有什么话就说，别吞吞吐吐的。”“黄队，1676 车的驱动轮胎又磨损严重了，可是从动轮胎还完好无损，如果现在更换轮胎会不会太浪费啊？”

“嗯。”黄队沉思起来：加气站运输车辆轮胎的平均使用寿命约为 6 万公里，每次更换轮胎均为整体更换，费用较高，而且还会造成一定的浪费。

“黄队，你说如果我们采取定期更换车辆在用轮胎位置，将易磨损的车头驱动轮胎调换到车板从动轮胎位置，同轴使用磨损程度相同的轮胎，这样会不会好点？”

“好主意，就这么办！”黄新军兴奋地一拍大腿道。

岗位感受

我站自从购买了 4 辆燃气牵引车头，维修、燃料等成本有了明显下降、安全方面也得到提升。通过培训学习车辆维修技术，每名员工都动手参加，既增强了动手能力，又增加了员工的主人翁责任感和团队的凝聚力。节能降耗不是一个人的事，必须大家齐心协力共同参与。

调换轮胎位置后，经过一段时间的观察，发现车辆轮胎的使用寿命延长至 7 万～8 万公里左右。每台车辆 18 条轮胎，实际年节约成本达到近 10 万元。

▸ 自己动手减维修

“A06 车板边灯右后方灯泡不亮，一会儿送去维修站维修。”

在一次周安全检查中，细心的黄新军发现了一项隐患，随即记在了隐患排查记录表上。“送维修多麻烦，还耽误时间，小毛病自己都可以解决！”旁边的驾驶员马瑞星小声嘟囔。

图 1　司机维护保养车辆

之前，加气站所有的车辆维修保养均由中国重汽维修站完成，维修成本高，速度慢，既浪费资金又耽误生产。但是如果部分故障能够自主解决，不但能大大降低进站维修的次数，还能降低车辆的故障率。

加气站一方面从驾驶员思想入手，强化责任意识，培养人车感情，增强驾驶员定期维护保养车辆的主动性和自觉性；另一方面加强驾驶员技术技能培训，重点培训机械原理知识和维护维修技能，让驾驶员更加了解自己的爱车，更加合理地进行维护保养，自己解决存在的部分故障，大大降低了车队的运输成本。“这样不但能降低车辆故障率，控制运行成本，还能增强我们司机的技能，等将来年纪大了不能开车了，就回老家开个修理厂去。”这几乎成了每个司机的心声。

◎ 案例撰写人：黄新军　任叶飞

海边"淘金"增效益

■ 广西石化公司

广西石化10万吨级码头坐落在广西钦州的蔚蓝海域，码头的主人是一个叫作储运二部的大家庭，家庭成员个个以"勤俭持家"为理念，将节约变成了习惯。作业在广西石化公司的"生命线"和"保障线"上的他们，在工作中用实际行动为公司抠成本，挖效益，他们戏称自己是海边的"淘金人"。

▷ 流程改造，开辟新路

码头地理位置优越，如何利用海边这一地理优势成了储运二部开展"开源节流、降本增效"工作的关键。为了能使公司的原料及产品能通过海运这一最廉价的方式运输，部门人员做了大量的优化工作。

针对公司海运出口成品油出厂计划必须增加码头海运大吨位成品油功能这一需求，部门领导、设计院、生产技术部门组织技术人员多次到现场对现有的工艺流程进行确认并讨论改造方案，本着利用现有设施、尽量节俭投资的原则确定方案，并以最快的速度完成了项目立项、审批、与设计院的对接和项目实施等工作，最终在2013—2014年完成了汽油、航煤下海，蜡油、石脑油上岸等6项万吨级海运技改技措项目，使得公司所有的原料及产品都能够从自己的码头接卸，为公司避免了船舶停靠其他码头产生的靠泊费用，降低了运行成本。

根据统计，这些技改项目完成后，仅2014年就为公司增加成品油出厂140.69万吨，而如果从其他码头接卸每吨需多付接卸费17.14元，海边“淘金人”用智慧和汗水为公司“挖”出了2430.45万元的效益。

▹建言献策，集思广益

为了集思广益，进一步挖掘部门降本增效工作上的潜力，部门自2011年以来每年坚持开展合理化建议征集活动，收到了不少节能方面的“金点子”。

如2014年的合理化建议活动中，部门根据员工建议对库区消防上水系统进行了改造，将提升池前段的自来水管线同生产补水泵的出口管线通过跨线连接起来，实现市政自来水管网与库区消防水罐的连通，利用市政管网压力直接对库区消防水罐进行补水，避免了生产补水泵的运行。2015年，员工对操作方法进行了合理性改进，在储罐液位较高的情况下利用液位压力以自压的形式进行装船，在保证装船速率的同时尽量减少机泵运行时间，既节约了电量，又减少了机泵的磨损。

经计算，以上两条建议每年可分别节约电力约1.8万度和6.6万度，每年可节约电费支出5.7万元，真正做到了“金点子”里出黄金。

▹精细管理，降本增效

“黄金本无种，出自勤俭家”，家庭如此，企业也是一样。为了精细管理、加大对员工的行为习惯和工艺指标的管控力度，储运二部下达了一系列的规章制度及考核规定，从办公能耗、工艺操作指标等方面对员工提出要求，做到“持家有道”。如《储运二部节能降耗管理规定》对办公属地进行了划分并落实责任人，杜绝长流水、长明灯等浪费现象。而在操作方面则对雨水、污水排放及高凝点原油的加热温度进行控制，要求班组在保证安全环保的情况下尽量保持罐区排水走雨水流程，而当储罐加热温度高于油品凝点 15℃时，要求停止运行换热系统，这样防止油品变质的同时也避免了蒸汽的浪费，安全节能两不误。

当地夏季降雨频繁，降雨量较大，加之码头接卸原油品种中高凝点原油所占比例不断增加，仅以上两条“家规”就可以很大程度上减少污水处理系统和换热系统的运行时间。如果按每度电 0.65 元、每吨蒸汽 140 元计算，每年可为公司节约数十万元的开销，这也是海边“淘金人”用智慧换来的财富。

◎ 案例撰写人：唐钰淏

权威点评

储运二部全体员工在确保“生命线”平稳运行的同时，紧紧围绕开源挖潜降本，从大处着眼，从小处着手，小舞台上演大戏，努力为公司增效作贡献，体现了石油人忠诚企业、甘于奉献的精神风貌，无愧于“淘金人”的称号。

——广西石化公司党委书记　方栋良

凉水塔的故事

■ 阿姆河天然气公司

“喂喂，设备组王云、唐拥军、陈波、陈芍桦。哪个现在有空，马上赶到凉水塔查看情况，风机好像又出问题了。喂喂，再通知一遍……”临近中午，对讲机里传来一阵急促的喊话。“哎，这太阳大的，回去喝点水吧。”正说话间，听到对讲机发出的喊话。“糟糕，又出问题了，掉头走……”组长唐拥军说道。刚巡检完设备正准备回办公室的我们立即赶到凉水塔查看情况。

阿姆河公司第二天然气处理厂循环水冷却塔 T-4401 投运两个月以后，空冷风机 K-4401A 的联轴器弹性膜片在运行中出现两次断裂（见图 1），且风机运行过程中出现整体振动，尤其以电动机附近振动最为明显。同时启动两台空冷风机时，振幅明显加大。运行时人站在电动机附近的钢制平台上震感明显。长此以往，振动不仅会对风机和电动机的使用产生严重影响，而且还会造成凉水塔填料支撑结构的破坏，极有可能引起填料垮塌。若凉水塔或风机出故障停摆，将会影响整个装置的安全运行，整改势在必行。

设备组成员唐拥军、王云、陈波、陈芍桦四位同志会同寰球监理公司尤涛工程师、工程承包方陈雪松工程师等人员现场检查后，作出故障原因分析如下：由于电动机基座安装在一根横管上，而横管连接在风机支座和塔体上，电动机基座不牢固，运行时产生振动并传给风机。长时间运行造成振动逐渐加大，联轴器膜片在高温水汽环境和交变载荷的双重影响下断裂。填料出现垮塌，主要原因可能是填料支撑的强度不够，连接部位不牢固。填料自重加上水和水垢的额外重量，超过支撑件的承重极限，最终导致填料层和支撑结构垮塌。

图 1　联轴器弹性膜片断裂

看到这大家忧心忡忡，唐拥军、尤涛当即决定再召集一些专家，现场会诊，并将照片发给国内专家咨询意见，最后决定针对凉水塔结构进行优化改造。

此项整改工程量较大、耗时耗力。为确保安全可靠，我方多次与设计方和供货商沟通联系，制定最终整改方案，并安排整改于 2014 年 9 月装置临停检修期间进行。在采气工艺总工程师柴辉的支持鼓励下，处理厂技术专家协调组织承包方 CCDCT 和施工队伍加班加点连续奋战十几个工作日，终于圆满完成此项任务（见图 2）。

图 2　专家和施工队伍连续奋战，解决难题

“终于整好了！”看到这一结果大家心里都松了口气。平凡的岗位有一群人在默默坚守，坚守的是责任，是希望！截至目前，凉水塔及其风机综合使用效果良好，保证了装置的正常生产。

◎ 案例撰写人：陈波

后记

在集团公司广大干部员工深入开展“五新五小”群众性经济技术创新活动中，我们征集并编辑了开源节流降本增效典型案例集，目的是促进经验共享、强化效益观念、培养创效能力、养成节约习惯，既把案例征集上来，又把理念传播开去，进一步促进形成全员、全过程、全方位开源节流降本增效的良好氛围。

各企事业单位对案例的总结推荐工作非常重视，在广大干部员工丰富实践的基础上，组织懂专业、会管理的同志认真总结提炼；在推荐上报前，有关部门和专家对案例进行审定，对成效进行评估。一些单位的主要领导、主管领导亲自把关，有的还为案例撰写了点评。

集团公司财务部、法律事务部、安全环保与节能部、科技部等部门给予大力支持，对相关内容进行了审阅并提出了很好的修改意见。大庆油田党委、渤海钻探工程公司党委选派骨干力量，对案例进行认真修改完善。石油工业出版社对本书进行了精心编排。在此，对在案例撰写、审改和出版等工作中付出辛勤劳动的领导和同志，致以诚挚的谢意。

本书编委会

2015 年 9 月